外国货币史译丛　　　　石俊志 主编

A MONETARY HISTORY

OF ITALY

意大利货币史

【意】米歇勒·弗拉迪阿尼（Michele Fratianni）
【意】弗兰克·斯宾里尼（Franco Spinelli）　著

康以同　译

中国金融出版社

责任编辑：仲　垣
责任校对：潘　洁
责任印制：张也男

Original Title：A Monetary History of Italy
Author：Michele Fratianni and Franco Spinelli
ISBN：978－0521443159
Copyright ⓒ Cambridge University Press 1997

图书在版编目（CIP）数据

意大利货币史/（意）米歇勒·弗拉迪阿尼（Michele Fratianni），
（意）弗兰克·斯宾里尼（Franco Spinelli）著；康以同译．—北京：
中国金融出版社，2019.12
ISBN 978－7－5220－0285－9

Ⅰ．①意…　Ⅱ．①米…②康…　Ⅲ．①货币史—意大利
Ⅳ．①F825.469

中国版本图书馆 CIP 数据核字（2019）第 212660 号

意大利货币史
Yidali Huobishi
出版
发行　中国金融出版社
社址　北京市丰台区益泽路 2 号
市场开发部　（010）63266347，63805472，63439533（传真）
网 上 书 店　http://www.chinafph.com
　　　　　　　（010）63286832，63365686（传真）
读者服务部　（010）66070833，62568380
邮编　100071
经销　新华书店
印刷　保利达印务有限公司
尺寸　155 毫米×230 毫米
印张　22
字数　300 千
版次　2019 年 12 月第 1 版
印次　2019 年 12 月第 1 次印刷
定价　78.00 元
ISBN 978－7－5220－0285－9
如出现印装错误本社负责调换　联系电话（010）63263947

总　　序

货币史是经济史的重要组成部分。

货币史研究可以分为两种形式：一是关于古代货币本身的研究，在中国体现为《钱谱》《古泉谱》等民间著作，西方国家亦有各种《钱币目录》流传于世，这种研究被称为"钱币学"；二是关于古代货币发展历程的研究，在中国体现为历朝的《食货志》，以及近代学者撰写的货币史论著，西方国家亦有各种关于古代货币发展历程的专著。

近代数百年间，世界范围的社会史学出现了蓬勃的发展，结合古代钱币学的丰硕成果，促进了货币史学的崛起，各种货币史著作纷纷涌现，使我们能够在此基础上，开展进一步的研究。

研究货币史可以使我们同时获得两个方面的学术成果：一是货币学的学术成果；二是历史学的学术成果。研究外国货币史更可以使我们深刻了解世界各国的社会结构、历史演变和文化根源。

货币史学借助货币学与历史学学科交叉的方式，通过对古代各王朝货币状况的分析，深入探讨货币起源、货币本质、货币演变规律等货币理论，使货币理论从历史实践上获得更加坚实的基础。

此外，货币史学更重要的意义在于揭示历史真实，辨真伪，明是非，以史为鉴，面对未来。

古代各民族、各王朝的盛衰兴替，都有政治、经济、军事、文化等诸多方面的原因。然而，传统的政治精英史对于古代各民族、各王朝的败亡，多归咎其军事失败或政治失败，很少分析其经济原因。

马克思主义主张：经济基础决定上层建筑。采取马克思主义的科学研究方法，分析古代各民族、各王朝的经济变化，才是找出其败亡原因的最佳途径。

从经济角度研究古代社会是一个比较可靠的视角。记述历史的人，大多难以摆脱其政治立场。因此，史书典籍中记载的帝王将相、社会精英们的政治、军事活动及其言论主张，多有虚假伪造。经历了后世历代王朝基于各种不同政治立场的人们的反复篡改，历史就变得更加扑朔迷离。然而，无论是伪造历史，还是篡改历史，都围绕着政治立场展开，很少在社会经济状况方面蓄意作伪。于是，从经济角度研究古代社会，我们就获得了一个比较可靠的研究视角。

无论在中国古代，还是在外国古代，货币都是社会经济中枢纽带。货币发展对社会变化发挥着重要的影响作用。所以，研究外国货币史是拨开世界古代各国、各王朝盛衰兴替迷雾的"钥匙"。

然而，迄今为止，我国对世界各国货币史知之甚少，有关资料、书籍十分匮乏。为此，国民信托博士后工作站与华南理工大学货币法制史研究中心联手合作，针对世界各国货币史进行研究。在此基础上，我们邀请了一批国内金融学、法学、史学和外国语的专家学者，经过认真广泛的调查搜集，筛选了一批外国货币史著作，翻译成中文，介绍给国内读者。

我们相信，这套《外国货币史译丛》的出版，对于我国货币理论研究，以及我国关于世界各国历史、政治、经济和文化的研究，具有一定的参考价值。

2017 年 4 月 16 日

序

1861—1991 年的意大利货币史就是该国中央银行——意大利银行的历史，也是其与政府和其他为公众服务的商业银行的关系史。本书的读者会了解关于影响这段时期发展的内外部重大事件的叙事性和分析性研究。我不想对本书做一个概述，因为作者本人已经做得很好了，我只是评价一下与其他中央银行相比，意大利银行有何不同。

从组织结构和文化上讲，没有两家中央银行是相同的。每家中央银行都有其历史的印记。从某些方面讲，意大利银行的历史使其具有独特性。1894 年的立法规定，意大利银行在该国95 个省设立分行，总数达到99 家，包括在罗马和米兰各有两家分行，以及在那不勒斯的一家分行。所有分行被划分为14 个区域组，这类似于美联储的12 个分区，负责监管当地银行和提供现金及支票清算的服务。与美国联邦储备银行类似，意大利银行并非政府所有。意大利银行的股东是商业银行和保险公司。

意大利银行的高级委员会是决策机构，相当于美联储的公开市场委员会。高级委员会挑选行长，但要经过政府批准。行长的任职时间可以很长，因为没有规定任期。高级委员会成员包括行长（任主席）和13 名由不同区域的股东银行选择的代表，且代表不可有明显的政治联系。委员会的任期是3 年。在每月召开的委员会例会上，财政部的一名代表参会，但没有表决权。

与西欧国家的其他中央银行相比，意大利银行成立较晚，而且

1

直到 1926 年才获得垄断发行货币的权利。但与成立较晚的特点相比，意大利银行获得独立于政府地位的时间更晚，这要到 20 世纪 80 年代才实现。而意大利银行的货币政策是否不再受财政融资的影响，仍需要观察。正像本书明确指出的，在意大利历史的大部分时期，货币政策都服从于财政政策。意大利政府将很大一部分预算赤字货币化；通过此货币化过程，政府征收了巨额通货膨胀税。

帮助意大利银行在过去几年里获得决策自主权的是连续几届联合政府的弱势，这使得意大利银行能够在此期间的大部分时间里自主决定贴现率。1992 年 1 月的立法正式确认了这种自主权。这一历史性变化推翻了 1866 年 5 月 1 日的立法，该法规定发钞银行（在 1926 年以前有多家发钞银行）需要得到政府授权才能调整贴现率。该法还规定财政部可以从发钞银行获得贷款，以维持其账户运行。自 1990 年起，意大利银行不再有义务对财政部的预算赤字进行融资；自 1993 年起立法对此有了明确规定。意大利银行同时获得确定商业银行最低存款准备金率的权力。这一做法使意大利银行不同于其他中央银行（尤其是英国、加拿大和新西兰），这些中央银行不再依靠正式的存款准备金工具来实现货币政策目标。

在意大利银行争取获得"从未有过的一定程度的独立性"（引自本书作者）过程中，还必须提到欧洲货币体系（意大利在特殊条件下加入该体系）和 1991 年的《马斯特里赫条约》的贡献。阅读本书不仅可以了解当时的经济和政治因素，而且可以知道一些倡导或推动这一进程的重要人物。

安娜·舒瓦兹

前　　言

　　本书的写作时间超过了 10 年，因为我们两人同时还在研究货币史的其他问题。本书的意大利文版于 1991 年由蒙达多瑞公司出版。英文版的内容少了很多，但覆盖更长时间区间，包括了 20 世纪 80 年代和 1992 年 9 月的货币危机。

　　我们感谢在整个写作过程中许多阅读过本书部分内容的读者。必须提到的一些人是：本尼阿米诺·安德里阿塔、米歇尔·博多、卡尔·布鲁内、费里珀·科萨拉诺、保罗·德·格拉奥维、雷纳托·德·玛蒂亚、恩兹欧·格瑞里、格尔博托·格勒尼、大卫·雷德勒尔、托马斯·梅尔、阿兰·梅尔策、斯特凡诺·米克斯、曼弗雷德·纽曼、法布瑞兹奥·奥尼塔、鲁吉·帕斯尼提、马里奥·萨辛尼里、保罗·萨冯纳、安娜·舒瓦茨、鲁吉·斯帕冯塔、理查德·斯拉、保罗·斯洛斯·拉比尼、维托·坦兹、朱根·冯·哈根和艾尔玛斯·维克。我们对拉弗·冯亚的出色翻译表示感谢。

　　本书的部分内容在下列机构做过交流：印第安纳大学、意大利布雷西亚大学、比利时鲁汶天主教大学、伦敦经济学院、西安大略大学、美联储理事会、意大利银行、国际货币基金组织、德国康斯坦茨大学货币理论与政策研讨会、意大利卡利亚里大学、威尼斯大学、博科尼大学、罗马第二大学、美国国家经济研究局货币研讨会、意大利特伦托大学和 ISPE。

　　我们感谢意大利布雷西亚农业信贷银行提供的财务支持；感谢斯坎诺奖（1991）和圣·文森特奖（1992）评选委员会对本书意大利文版给予的一等奖评选。

目 录

图

表

第1章
意大利货币史的结构、
主要问题和数据

本书研究 1861—1991 年的意大利货币史，时间跨度 131 年。此前本书的意大利文版于 1991 年由蒙达多瑞（Mondadori）公司出版。英文版与意大利文版有两方面的差异：英文版涉及包含 20 世纪 80 年代的更长的时期，而意大利文版截至 1980 年；英文版内容更紧凑，删除了许多历史细节，这部分内容我们认为英文读者可能兴趣不大。

激发我们撰写本书的原因有几个。第一，传统的意大利经济史"论述"缺乏一个特定的分析框架。即使有框架，也更偏好微观经济学而不是宏观经济学领域。也就是说，意大利的经济史侧重"真实"方面而不是名义或货币方面，而后者是宏观经济学的研究领域。因此，我们认为本书可以填补一个空白。但我们并不想走到另一个极端来填补这个空白，即通过一个模型来研究意大利的货币史。虽然我们的研究总体上是基于货币主义的观点，但我们不是依靠单一模型。我们的目的是利用多个经济模型来解释意大利的货币史。

第二，涉及意大利货币政策讨论的质量和货币政策的效果。在 20世纪 50 年代的"高点"之后，接下来的几十年，讨论质量和政策效果都不理想。从理论角度看，货币的概念变得不重要了，被国内信贷的模糊概念所取代。在实践中，对越来越服从于公共部门融资需求的货币政策来说，信贷提供了一种技术支持。对货币政策的予取予求在 70 年代达到极致，当时意大利的货币当局几乎就是财政部的分支机构，通货膨胀达到了战后最高水平。在 70 年代结束时，学术界和业界的观点开始转变，即认为，经过几年过渡，中央银行应更加独立于财政部，并更严格地控制货币存量以实现更大程度的货币稳定。两个关键点分别是1979 年决定加入欧洲货币体系（EMS）和 1981 年所谓的意大利银行与财政部的"离婚"，这使得中央银行不再是政府债券拍卖时的兜底买家。

之前的研究者

本书不是政治统一之后第一个系统研究意大利货币史的著作，不过，其他著作的研究时间区间比我们的短很多。在这些历史著作中，值得提出的有苏皮诺（1895，1929）、阿尔博提和科纳罗（1931）、科比诺（1931，1938）、迪·纳蒂（1953）。苏皮诺采用了一种非正式的结构——一种适合当时数据很少情况的方法。他使用的数据包括银行现钞、贷款、汇率和政府预算。关于价格的数据非常稀少。

阿尔博提和科纳罗更关注政府预算赤字和意大利与其他国家之间的关系。对重要事件的解释主要是制度性的。科比诺出版的 5 卷著作具有更多分析性，而且也比其他著作更详细。他提供了大量制度性和统计信息以支持其观点。迪·纳蒂分析了自 1893 年以来的发钞银行，对理论的运用也好于阿尔博提和科纳罗的研究。他研究的主题是发钞银行与政治当局之间的关系。政治当局帮助了这些银行的设立和发展，但也为了政治目的利用它们。

本书的结构

本书包括两部分。第一部分包括第 1 章和第 2 章。第一部分有两个目的，一是讨论我们构造的数据库，二是提出意大利货币史的主要议题。第 1 章是总体性的。第 2 章分析我们研究的中心议题，即过去 131年中的货币增长及其决定因素。长期时间序列数据以图或表格形式列出。实际货币统计数据放在第 2 章附录中，目的是让有兴趣的读者可以验证我们的结果或做进一步的研究。①

本书第二部分包括第 3 章至第 10 章，按 7 个时期划分，给出重要事件的记述和解释：从政治统一到 1913 年（第 3 章）；第一次世界大战（第 4 章）；两次大战之间（第 5 章）；第二次世界大战和 1947 年的稳定计划（第 6 章）；20 世纪 50 年代和 60 年代（第 7 章）；70 年代（第 8 章）；80 年代（第 9 章）。第 10 章是结论。

由于篇幅的限制，我们没有加入第三部分，这部分是对第二次世界大战后四位意大利银行行长的评价。这四位行长分别是唐纳托·梅尼赫拉、圭多·卡里、保罗·巴菲和卡罗·阿泽里奥·钱姆皮。有兴趣且懂意大利语的读者可以查阅 Spinelli 和 Fratianni 的研究（1991，第 11 章、第 12 章和第 13 章），该研究根据《意大利银行年报》整理了前 3 位行长的简历。

由于本书收集了大量新数据，所以我们首先要给出这些货币统计数据以及其他数据的定义、方法和来源。我们随后给出本书的一些典型事实，先是国际比较，然后是分析交易方程式中 4 个变量的变化，最后是讨论意大利的公共财政情况。

本书的货币统计数据

建立不同"政体"下和金融体系不断演变情况下的长期时间序列数据一定会面临理论和统计方面的困难。在本书覆盖的 131 年历史中，意大利从金本位转向不可兑换的信用货币；经历了不同时期的固定汇率

---

① 由于版面的限制，我们不能打印在本书中使用的其他时间序列。这些数据可以通过写信给我们获取，来信请附一个 3.5 英寸磁盘和一个写明地址及贴好邮票的信封。

和浮动汇率制度；也实行过钉住利率、国内信贷和基础货币的货币政策策略。问题的复杂之处是，上述政策在不同时期的形式和实质是不同的。一些时期（如20世纪初期）法律上规定是不可兑换的纸币体制，但实际上是金本位制（弗拉迪阿尼和斯宾里尼，1984）。还需要指出的是，在1926年之前意大利有几家金融机构行使发钞银行的职责，而且相互竞争（弗拉迪阿尼和斯宾里尼，1985）。直到1926年意大利银行才垄断了发钞业务②。"中央银行业务"的竞争性和中央银行业务与一般银行业务之间的交叉使问题进一步复杂化。

在这131年里商业银行也一直在演变。开始时，非发钞银行根据硬币开出存单，而且贷款的地域限制非常严格。这些银行的地方或省份特点可以从牌照的名称上体现："大众"银行、"农村"银行、"抵押"银行等。需要说明的是，有些银行的业务范围覆盖整个城市、省份或地区；但这类银行一般是发钞银行而不是普通存款机构。随着意大利经济一体化的不断深入，越来越多的银行申请全国性牌照。目前，意大利的银行体系由几家机构主导，这些机构在全国大部分地区设有分支机构。大型银行——意大利商业银行、意大利信贷银行、罗马银行、拉夫罗国民银行等——在全国到处都有机构。

20世纪30年代的经济危机促使政府对金融体系进行大规模干预。政府大规模入股商业银行。除了收购最大的一些存款银行——如前面提到的几家——政府还规定商业银行可以办理的业务，这也是追随美国和其他国家的模式。存款银行不允许持有私人公司的股权，但可以购买政府或准政府机构的有价证券，或向私人部门提供不超过18个月期限的贷款③。对更长期限的资金业务，立法批准设立了一类新金融机构。这些是所谓专业信贷机构，但这类机构不得进入货币市场。

从本质上讲，《1936年银行法》（该法目前仍适用于现代意大利的多数金融交易）的目的是将货币市场与债券市场相分离。有一类金融机

---

② 严格地讲，这并不正确，因为财政部发行的是硬币。
③ 即美国1933年的《格拉斯—斯蒂格尔法》。

构，即所谓的普通信贷机构可以吸收活期或定期存款类负债，但利率不得超过规定的上限；可以对私人部门进行短期融资。另一类是专业信贷机构，最具代表性的是意大利墨比里尔信贷银行，可以进行长期融资，但不能吸收存款类负债。这两类金融机构正规业务的交叉部分是都可以购买政府或准政府机构的有价证券，无论期限长短。但两者业务交叉的真正原因是操作时无法区分短期和长期贷款，因为银行业的普遍做法是在贷款到期时进行展期。

普通信贷机构与专业信贷机构之间的基本区别并不是在资产负债表的资产端而是在负债端；前者有存款类负债，而后者有债券类负债。正是基于这一区别，所以我们的研究仅涉及普通信贷机构而不包括专业信贷机构。

基础货币

基础货币指的是具有最终交易媒介性质的资产的集合。我们可以将基础货币想象成倒金字塔的顶端（最下端），这种金字塔型的资产具有不同的货币性，与顶端的距离表示相对于基础货币的货币性的逐渐减少。所有资产都可以转换成基础货币，但价格不同。基础货币类资产给持有者一种信息和交易便利，但机会成本是放弃的利率。这一定义足够宽，适用于商品和信用货币本位制，而且也适用于在信用货币本位制下的多种制度安排，如单一货币当局，或几个相互合作的货币当局（如现代意大利的情况），或相互竞争的中央银行（如1926年以前的情况）。

为了便于说明，我们发现从现代意大利（即第二次世界大战后的时期）开始讨论基础货币产生的过程非常有用。现代意大利有4家机构承担货币当局的职责：意大利银行、意大利外汇局、财政部和意大利投资银行。意大利银行于1893年成立，由三家银行合并而成。此后意大利银行收购了倒闭的罗马那银行的负债；在1926年之前，意大利银行作为发钞银行之一，与西西里银行和纳波利银行展开竞争。1926年意大利银行成为唯一的发钞银行。意大利外汇局1945年设立，负责监管外汇市场、管理外汇储备和汇率④。虽然意大利银行与意大利外汇局之间有正式分工，但实践中最好还是将意大利外汇局看成是意大利银行的组成部分。意大利银行行长是意大利外汇局的当然局长。此外，意大利银行为外汇局在外汇市场上进行干预提供人员和设施支持。由于两家机构的业务是一体化的，所以资产负债表通常也合并在一起。

意大利投资银行是财政部的一个独立机构，负责向地方政府发放贷款，资金来源是邮政存款。与外汇局的情况类似，意大利投资银行的独立性仅是形式上的；实际上，财政部长是投资银行董事局的当然主席。在这4家货币当局机构中，财政部显然处于最重要地位。意大利银行的业务直接受财政部长指导，财政部长还是信贷和储蓄跨部门委员会（CICR）主席，该机构是意大利有关储蓄、信贷和外汇事项的最高决策机构。但从法律和惯例角度讲，意大利银行行长有一定程度的决策自主权。意大利银行的决策自主权或独立性无法与德意志联邦银行相比（阿莱辛纳和萨默斯，1993；弗拉迪和黄，1995）。

表1.1概括了1968年底意大利基础货币来源和使用的关键信息。该表是意大利财政部、意大利投资银行和其他政府公司假想的资产负债表的合并表，以及意大利银行和外汇局的合并表，实际上是4家意大利货币当局机构的合并表。在本章附录里可以看到4家机构的单独账户以及业务机制过程的具体描述。

表 1.1　　　　　　　1968 年底意大利的基础货币　　　单位：10 亿里拉

A1：	前一期预算赤字合计	14640	L1：	公众持有的硬币和现钞	5260
	公众持有的债券	−2684	L2：	公众在财政部和投资银行的存款	41
	商业银行持有的债券	−2997	L3：	公众的邮政存款	5266
A2：	向商业银行的贷款和垫款	1828	L4：	商业银行持有的硬币和现钞	323

④　UIC 继承了 1917 年成立的相关机构。

续表

A3：	其他资产减其他负债	−426	L5：	商业银行在意大利银行的存款	140
A4：	意大利银行和外汇局净外国资产	3770	L6：	商业银行在财政部和投资银行的存款	178
A：	商业银行的可兑换外汇	266	L7：	商业银行在意大利银行的授信额度	511
			L8：	商业银行的可兑换外汇	266
			L9：	商业银行在意大利银行的准备金存款	2412
来源合计		14397	运用合计		14397

表 1.1 的左边表示基础货币的来源，标注为 "A"；右边表示基础货币的运用，标注为 "L"。从统计学的角度讲，与来源方相比，从运用方编制基础货币表更容易。这也是我们使用的方法。负债方的 L1 至 L9 在第二次世界大战后的多数时期里都有月度数据。第二次世界大战之前的数据很少；机构也有变化，所以无法用表 1.1 的形式列示第二次世界大战前的基础货币。

另外，L1 项不是基于独立的观察值，而是计算流通中硬币和现钞合计数与 L4 项之差得出。在来源方，A2 项、A4 项和 A5 项在第二次世界大战后的多数时期都有数据，但 A1 项和 A3 项没有相应数据。我们实际收集 A4 项和 A5 项数据（我们标注为外部来源部分），然后通过从基础货币总数中减去外部来源部分得出 A1 + A2 + A3（国内来源部分）。

从分析角度讲，将表 1.1 来源方项目进行分组是有意义的。公众持有的基础货币是 L1 项、L2 项和 L3 项的合计。

$$BP = L1 + L2 + L3 \qquad (1.1)$$

其中 L1 项是流通中现钞减 L4 项。

L4 项至 L8 项之和在美国的文献中称为超额准备金（BE）。

$$BE = L4 + L5 + L6 + L7 + L8 \qquad (1.2)$$

而 L9 项是法定准备金（BR）

$$BR = L9 \qquad\qquad (1.3)$$

根据等式（1.1）、等式（1.2）和等式（1.3），我们得到基础货币

$$MB = BP + BE + BR \qquad\qquad (1.4)$$

根据我们对表1.1来源方的讨论，以及将国内和国外来源部分别用BD和BF表示，我们可以得出另外两个恒等式：

$$BF = A4 + A5 \qquad\qquad (1.5)$$

$$BD = MB - BF \qquad\qquad (1.6)$$

其中等式（1.6）是为了强调国内来源部分基于减法得出，而不是独立的观察值。基础货币的国内来源部分可以再分解货币当局向财政部的贷款（$MBTR$）和向商业银行及非政府机构的贷款（$MBOT$）：

$$BD = MBTR + MBOT \qquad\qquad (1.7)$$

我们可以将$MBTR$视为国家债务中的无息部分。

$$DEBT = S + MBTR \qquad\qquad (1.8)$$

其中$DEBT$等于中央政府造成的国家债务余额，S是私人部门持有的有息债务。$MBTR$包括财政部发行的纸币和硬币；货币当局向财政部的贷款；投资银行、普通商业银行（纳波利银行和西西里银行）和全国保险基金的贷款；以及公众持有的邮政存款，这部分存款是财政部的直接负债。国内基础货币的非财政部部分（$MBOT$）由等式（1.7）计算得出。

货币存量

货币存量的定义是公众持有的基础货币总额加上所有银行存款（D），包括活期和定期存款。我们区分意大利活期和定期存款账户多少有些主观武断，因为支票账户一直不是重要的交易工具。更重要的是，我们无法识别整个时期持有活期和定期存款的相对成本，以致不能检验存款行为的差异。

$$M = BP + D \qquad\qquad (1.9a)$$

在基础货币的广义定义中，邮政存款是BP的一部分。在狭义定义

中，邮政存款（D^{pos}）是货币存量的一部分，而不是基础货币（BP^{ex}）的组成部分

$$M = BP^{ex} + D^{pos} + D \qquad (1.9\text{b})$$

来源和统计问题

德·玛蒂亚（1977）使用发钞银行和意大利银行的原始文件编制了发钞银行的资产负债表。这些资产负债表对我们计算基础货币和货币存量非常重要。遗憾的是德·玛蒂亚的研究只到 1936 年。此后时期我们依靠的是意大利银行的年报和统计月报和/或意大利统计局的数据（1976）。在某些情况下我们不得不在按照不同标准收集得到的不同序列数据中做选择，或在找不到观察值时不得不进行插值处理。我们尽量保持 131 年历史中时间序列数据的一致性，但并没有达到所有数据都是合理的程度。

某些序列数据历史上没有，因为在一些时期我们使用的概念并不存在。1946 年以前的法定存款准备金就是这种情况。确实在本书研究的历史中，我们无法区分超额准备金与法定准备金；该序列只能表示为银行持有的基础货币。而在 1936 年以前，该序列仅包括硬币和纸币。无法获得普通银行在发钞银行的存款序列数据。直到 1945 年才公布发钞银行的私人部门全部存款负债数据。因此，对 1861—1945 年来说，L2（假设是公众在货币当局的存款数额）会超过真实但未知的 L2，因为商业银行在发钞银行的存款包括在汇总的 L2 之中。其影响是，L5（假设是商业银行在发钞银行的存款数额）会低于真实但未知的 L5。需要指出的是，这种度量误差会影响基础货币在公众与商业银行之间的分布，但不影响总规模。这种度量误差对货币乘数的影响不清楚：公众持有的基础货币的计算值高于实际价值的情况可能会降低货币乘数，而银行持有的基础货币计算量偏小可能会提高货币乘数。

本书中使用的基础货币定义与意大利银行在第二次世界大战之后使用的定义是一致的。我们的研究力图保持这种一致性。邮政存款是基础

货币的一部分（Fratianni，1972）。但在 20 世纪 80 年代，意大利银行更倾向于在基础货币中淡化邮政存款，以至于在最近的《年报》中基础货币的广义定义中邮政存款完全消失了。虽然我们坚持邮政存款应当包括在基础货币当中，但我们也使用基础货币的狭义定义。[5]

在整个研究时期内，国际储备存量都等于基础货币中的外汇部分，但当代时期例外，因为这段时期意大利银行和外汇局有权决定商业银行持有的外汇资产中有多少可以兑换成里拉。因此，国际储备（IR）等于：

$$IR = A4 + A5 + 商业银行外汇资产中不能兑换成里拉的部分$$

$$(1.10)$$

比率 BF/IR 小于或等于 1。当 $BR = IR$ 时，商业银行的所有外汇资产都可以兑换成里拉；当 BF 小于 IR 时，只有一部分外汇资产可以在意大利银行兑换成里拉。

其他统计数据

在意大利的货币史中，公共部门的行为非常重要。作为征税者、公共商品和服务的购买者、补贴和转移支付的执行者，意大利政府对经济的影响有很多不同方式。在我们研究的时期内，相对于私人经济，政府的绝对和相对规模都有所增加（弗拉迪阿尼和斯宾里尼，1982）。对我们来说有直接兴趣的是政府的另一个方面，即它对金融市场的影响，包括货币和债券市场。当政府支出超过税收收入时，政府就会出现债务，债务可以是有息债务（如债券）和无息债务（如货币）。预算赤字的融资会影响到债券和货币市场。

正如货币统计数据中的情况，过去有关公共财政的数据不公开。收集这方面的信息花费了大量资源和时间。在一些情况下，我们依靠基础数据来源；在另一些情况下，我们使用经过学者修正的数据，这些学者

---

⑤ 弗拉迪阿尼和斯宾里尼（1984）也使用了狭义定义。

对公共部门核算有很高的专业知识水平，他们的数据修正了公布数据和弥补了已知的疏漏。

公共部门核算有应收应付制和现金收付制预算之分：前者指立法规定的支出和预期税收收入，后者指实际发生的支出和实际税收收入。至于哪种预算制度更好，取决于研究的目的。由于本书重点是金融市场，因此现金收付制是显而易见的选择。

公共部门核算的另一个区分是经常账户和资本账户。前者记录当期消费（如军费支出）性质的交易，后者记录会在今后一段时间内产生收益的交易（如道路建设）。对计算支付支出的投资部分来说，这一区分很重要。但是，核算分类也极大降低了我们想取得的效果。对处于破产边缘企业的补贴被划为资本支出，但这仅与转移支付略有不同，其目的是维持这些企业的所有者和雇员的当期消费水平。一方面是由于这种区分的模糊性，另一方面是由于本书侧重于金融问题，所以我们决定忽略经常和资本账户的区分。

公共部门核算的最后一个区分与政府层级有关。公关部门是我们所说的最广义政府，包括国家、地区、省、城市和政府管理的公司。我们研究的样本期长度使我们无法收集广义定义的公共部门数据。因此只能主观选择中央政府这一狭义定义。

中央政府总的现金支出（G）和税收收入（T）的时间序列，在1861—1959 年使用的数据来自雷帕茨（Repaci，1962），其余年份来自意大利统计局的《统计年鉴》和意大利银行的《年报》[6]。所有观察值都是基于日历年度[7]。1861—1931 年的经常支出和税收，以及1861—1914 年的资本支出是基于应收应付制；其他时期是基于现金收支制。

---

⑥　我们将把意大利银行的年报缩写为 R. A. 。

⑦　雷帕兹（1962）报告的预算数据是基于 6 月 30 日截止的财政年度。财政年度流量转换成日历年度流量是根据公式 $y(t) = 0.5x(t) + 0.5x(t+1)$，其中 $y(t)$ 是 t 年的日历年度数据；$x(t)$ 是 t 年截至 6 月 30 日的财政年度数据；$x(t+1)$ 是 $t+1$ 年截至 6 月 30 日的财政年度数据。

从理论上讲，所有政府预算赤字等于中央政府产生的全国性债务。根据前面的等式（1.8），政府债务等于私人持有的债务（S）和中央银行持有的债务之和。S 可以用下式表示：

$$S = S(d) + eS(f) \qquad (1.11)$$

其中 $S(d)$ 是国内持有的有息债务，$S(f)$ 是以外币计价的有息债务，e 是汇率（外国货币的本币价格）。

变量 $S(d)$ 包括永续公债、有固定期限的债券、多年期财政部债券和短期国库券减去货币当局持有的债券余额。数据来源是意大利统计局的《统计年鉴》（各期）和意大利银行的《年报》[8]。

$eS(f)$ 是外债，包括中央政府和准政府机构（如意大利铁路等）签订的以外币计价的银行贷款和债券。这些准政府机构的债务包括在内是因为这些机构得到了中央政府的支持。虽然 $eS(f)$ 的来源与国内持有的债务相同，但数据质量比较差，因此未知的度量错误可能比较高[9]。

从理论上讲，债务的变化等于政府赤字的变化。在实践中，情况可能并非如此。造成差异的因素有几个：（1）一些支出类别属于预算外；（2）财政部债券的价格可能低于或高于面值，而政府债务余额是按面值计算的；（3）汇率变化会提高或降低外币债务的本币价值，造成与债务最初价值的差异；（4）预算核算方法可能与债务核算方法不一样。

---

[8] 见弗蒙提尼（1986）。实际上，变量 *MBTR* 是通过间接方式计算的。就国内持有的债务存量（指 debiti patrimoniali 与 debiti fluttuanti 的合计数）而言，我们加上了财政部对发钞银行的负债（德·玛蒂亚，1967，第 187 页，1 行，up 1935 and BI afterwards）和公众持有的邮政储蓄存款余额，再减去 $S(d)$。从 1884 年至 1917 年，$S(d)$ 和 *MBTR* 数值的时间点是 6 月 30 日而不是一年末。为了获得年末的观察值，我们使用了与预算数据相同的转换方法。

[9] 我们的时间序列 $eS(f)$ 从 1917 年开始，包括在境外出售的国库券和从美国及英国获得的贷款。外国负债占总债务的很大比重。在 1919 年外国债务大约等于国内持有债务的 33%。在 1926 年，美国和英国的外国贷款从政府账户中消失了；设立了一个分期还款基金，使用奥地利支付的战争赔款收入来偿还上述贷款的本息。自 1936 年至第二次世界大战结束，对外国债务的还本付息暂停了。政府账户没有记录 1946 年重新出现的外国债务，当时对债务条件进行了重新谈判。最后需要指出的是，国内数据来源与美国国会参议院黄金和白银调查委员会报告的数据之间有差异。

在我们的估计中，上述 4 个因素的重要性递减。第一项的作用方向是使 *G* 与 *T* 之间的差异低于实际预算赤字。第二项造成的偏误方向不容易判断，如果债券的最初发行价格低于面值，则 *DEBT* 的一阶差分 *dDEBT* 会高估实际赤字；如果债券发行价高于面值，则情况相反。第三项和第四项可能会造成临时性扭曲影响，尤其是当意大利是一个显著依赖外债借款的国家时。我们的判断是第一项因素起主要作用，并可以解释政府赤字的平均样本值（用 *dDEBT* 度量）高于（*G* − *T*）的事实。我们选择用 *dDEBT* 度量政府赤字水平。

意大利的收入（用 *Y* 表示）在 1980 年之前是净国民收入（意大利统计局 1976；ISCO, Quadri della contabilita nazionale, 1960—1980），其余时间是 GDP（BI. R. A. 1991）。价格水平（*P*）在 1980 年之前是净国民收入缩减指数，其余时间是 GDP 缩减指数。实际收入表示为 *Y/P*。1861—1945 年，世界其他国家的实际收入指英国的实际收入，其余时间指美国的实际收入。1861—1868 年英国的实际收入用工业生产指数来度量（米切尔，1962），1869—1945 年使用弗里德曼和舒瓦茨（1982）编制的实际收入变量来度量。1975 年前美国的实际收入来源同样来自弗里德曼和舒瓦茨（1982）；1976—1980 年美国的实际收入指实际净国民生产总值（ISCO）；其余时间使用实际 GDP（《总统经济报告》，1992）。

1861—1913 年的世界其他国家的价格水平（*P**）使用法国批发物价水平（Michell，1978）；1914—1945 年使用英国收入缩减指数（弗里德曼和舒瓦茨，1982）；1946—1975 年使用美国收入缩减指数弗里德曼和舒瓦茨，1982）；1976—1980 年使用美国净国民生产总值缩减指数（ISCO）；其余时间使用美国国内生产总值缩减指数（《总统经济报告》，1992）。

1861—1913 年意大利的市场利率（*i*）使用意大利固定利率国债的年平均收益率（德·玛蒂亚，1978），其余时间使用多年期财政部债券的年平均收益率（意大利银行，《统计月报》）。因此，意大利的利率是长期政府债券利率。1861—1913 年世界其他国家的市场利率（i^*）使用法国长期利率（德·玛蒂亚，1978）；1914—1975 年使用美国高等级公司债券的收益率（弗里德曼和舒瓦茨，1982）；其余时间使用美国Aaa 级公司债券的收益率（《总统经济报告》，1992）。因此外国利率包含了少量违约风险，而意大利的利率中则没有这种风险。

使用同一时期外国价格和利率可以计算出汇率（e），用里拉的价格表示外国货币：即 1861—1913 年的里拉/法郎汇率（斯宾里尼和弗拉迪阿尼，1991；博格塔，1933；意大利统计局，《1955 年统计年鉴》）；1914—1945 年的里拉/英镑汇率（意大利统计局，《1955 年统计年鉴》）；其余时间的里拉/美元汇率（国际货币基金组织，《国际金融统计》）。

区　　间

我们将本书 131 年的历史分为 7 个子时期，并在 7 章中分别进行讨论（第 3 章至第 9 章）：1861—1913 年、1914—1920 年、1921—1931 年、1938—1949 年、1950—1969 年、1970—1980 年和 1981—1991 年。第一个子时期（1861—1913 年）大致属于文献称为国际金本位制时期。为方便起见，我们将采用这一表述，但意大利实行金本位制的时间更长。意大利"金本位"时期的特殊性是几家发钞银行之间的竞争性。意大利银行成立于 1893 年，当时 3 家发钞银行（包括皮埃蒙特国民银行）合并后承接了倒闭的罗马银行的资产和负债。在此后的 33 年里，即一直到 1926 年，意大利银行不得不与纳波利银行和西西里银行分享发钞的权利。

1914—1920 年与 1938—1949 年两个子时期分析两次世界大战的货币和财政后果。正如人们预期的，在这段时期意大利经济受到了巨大冲击，包括实际冲击和名义冲击。在两次大战之间的时期 1921—1937 年，政策是有成效的，而且制度创新也很多。为了消除第一次世界大战造成的通货膨胀恶果，法西斯政权实行了强有力的稳定计划。政策目标是使意大利恢复金本位制和重整工业。此外，1926年的立法和《1936年银行法》从根本上重塑了银行业监管框架，其他国家也出现了类似情况，因为立法者都在尽力治理30年代的经济和金融危机。

1950—1969年大体与布雷顿森林体制一致。这是意大利货币史上比较繁荣的阶段，但在20世纪60年代后期意大利银行追求的政策目标与价格稳定并不一致，并成为"走走—停停政策"的牺牲品。在本书中70年代非常突出，因为这段时间同时出现了负面的供给冲击（两次油价上涨）、高通货膨胀过程和意大利货币当局被动的应对政策。后者涉及大量行政指令，对银行体系实行严格的限制，并隔离了意大利金融市场与世界市场。外生因素是政府债务大幅度增加；意大利货币当局通过实施低利率政策来配合扩张性财政政策。

在20世纪80年代，意大利货币当局有了重大改变，从财政当局获得了越来越高的货币政策独立性。在此过程中，货币当局得到了欧洲货币体系约束的外部支持和一位开明的财政部长的理解。

此外，我们也分析另外两个更广义的子时期：几家发钞银行共存与相互竞争时期（1861—1925年）和垄断发钞业务时期（1926—1991年）。

国际比较

现在可以从国际视角来定量分析意大利货币史的基本情况了。为此我们编制了表1.2，对意大利与世界其他国家（ROW）的关键宏观经济变量进行比较。在编制ROW的时间序列时，我们可以选择分离出一个重要国家（这个国家可以作为世界其他国家的"代表"），或对一组外国进行加总。虽然更多国家的加总可能具有更好的代表性，但数据的可得性会严重限制此种方法的实用性。我们决定优先使用一个代表性外国"更干净"的数据，而不是一组国家"更肮脏"的数据。

表1.2

国际比较（年度百分比变化）

时期		实际收入			价格			名义	名义利率			实际利率			实际
		意大利	ROW	相差	意大利	ROW	相差	汇率	意大利	ROW	相差	意大利	ROW	相差	汇率
1862—1991 年															
	均值	2.16	2.18	-0.02	6.90	1.99	4.91	4.06	6.46	4.63	1.83	0.52	2.81	-2.28	-0.85
	标准差	6.54	3.64	7.52	14.38	5.58	12.77	17.29	2.92	2.31	1.34	11.35	5.33	9.70	12.32
1862—1913 年															
	均值	1.26	2.25	-0.99	0.65	-0.39	1.04	0.02	5.13	3.64	1.50	4.64	4.11	0.53	-1.01
	标准差	3.94	3.00	4.84	5.63	4.15	5.34	2.54	1.60	0.70	1.17	5.83	4.32	5.42	5.06
1914—1920 年															
	均值	0.00	-1.67	1.67	21.10	14.01	7.09	15.77	4.88	4.26	0.61	-13.78	-8.66	-5.12	8.68
	标准差	4.30	6.27	7.79	12.68	7.40	6.13	21.15	0.83	0.57	0.35	10.20	6.17	4.90	18.11
1921—1937 年															
	均值	2.21	2.03	0.18	0.06	-2.84	2.91	1.13	5.74	3.99	1.75	5.96	7.02	-1.05	-1.78
	标准差	4.29	4.89	6.04	7.84	5.18	8.76	14.04	0.61	0.67	0.49	8.12	5.92	9.21	10.24
1938—1949 年															
	均值	0.57	1.28	-0.71	32.75	4.69	28.06	26.88	5.98	2.98	3.00	-20.21	-1.53	-18.68	-1.18
	标准差	18.63	4.30	20.75	29.67	4.21	30.41	43.40	0.71	0.36	0.84	20.92	3.92	21.40	32.19
1950—1969 年															
	均值	5.59	3.93	1.67	3.62	2.5	1.12	0.3	5.74	3.92	1.82	2.20	1.46	0.74	-0.83
	标准差	1.44	2.66	2.75	2.02	1.36	12.28	1.27	0.56	1.01	1.37	2.05	1.40	2.40	2.42

续表

时期	实际收入			价格			名义汇率	名义利率			实际利率			实际汇率
	意大利	ROW	相差	意大利	ROW	相差	汇率	意大利	ROW	相差	意大利	ROW	相差	汇率
1970—1980 年														
均值	3.23	2.26	0.97	12.95	6.72	6.23	2.83	10.04	8.01	2.03	-2.06	1.51	-3.57	-3.04
标准差	3.15	2.52	3.11	4.66	1.25	4.05	8.49	2.93	1.30	2.07	2.37	0.81	2.27	6.54
1981—1991 年														
均值	2.12	2.21	-0.09	9.72	4.51	5.22	3.37	13.11	10.30	2.80	3.89	5.91	-2.01	-1.85
标准差	1.19	2.35	1.91	4.2	1.87	2.99	15.58	3.20	1.81	1.61	0.88	1.3	1.4	14.04
1862—1925 年														
均值	1.32	1.80	-0.48	3.25	0.63	2.62	2.44	5.16	3.77	1.39	2.33	3.38	-1.04	-0.18
标准差	3.97	3.88	5.24	9.23	6.98	6.44	8.91	1.49	0.72	1.10	8.58	6.81	6.43	8.14
1926—1991 年														
均值	2.97	2.54	0.43	10.44	3.32	7.12	5.63	7.72	5.47	2.24	-1.23	2.26	-3.49	-1.50
标准差	8.26	3.39	9.23	17.38	3.32	16.54	22.62	3.39	2.93	1.42	13.34	3.29	11.99	15.37

注释:

ROW 表示世界其他国家，计算方法如下。实际收入，1861—1945 年是英国的实际收入；其余时间是美国的实际收入。价格水平，1861—1913 年是法国批发价格；1914—1945 年是英国价格缩减指数；其余时间是美国价格缩减指数。名义利率，分别是与价格水平相同时期的法国、英国和美国的长期利率。实际利率，是相同时期的名义利率减去价格变化。名义汇率是与价格水平相同时期里拉/法国法郎、里拉/英镑、里拉/美元汇率。实际汇率的百分点变化等于名义汇率的百分点变化加上世界其余国家的通货膨胀率再减去意大利的通货膨胀率。

我们选择的代表性国家是法国、英国和美国。在不同历史阶段，每个国家都可以作为"代表"世界其余国家的角色。具体来说，在1861—1945年，世界其他国家的实际收入是英国的实际收入；在1946—1991年，世界其他国家的实际收入是美国的实际收入。就世界其他国家的价格水平、市场利率和汇率而言，代表国家分别是法国（1861—1913年）、英国（1914—1945年）和美国（1946—1991年）。

在131年的历史中，平均来说，意大利的产出增长与世界其他国家的产出增长差异不大。与世界其他国家相比，意大利的产出增长在19世纪较慢，但在20世纪较快。在第一次世界大战期间和在1950—1969年的布雷顿森林体制时期，这种增长率的正差异尤其大。另外，在上述两个较高平均增长时期之外，意大利的经济增长比世界其他国家的波动性更大。可以说布雷顿森林体制时期是一个特别美好的时期，因为同时出现较高经济增长和较低波动性的情况。

但通货膨胀的情况却有所不同：意大利的年平均通货膨胀率高于世界其他国家3个百分点。在金本位和布雷顿森林体系期间，有1个百分点的正通货膨胀率差。20世纪的通货膨胀率比19世纪高，其中20世纪70年代出现了和平时期最高的通货膨胀率。另外，在意大利银行垄断发钞业务后，通货膨胀率几乎是此前的3倍[10]。平均通货膨胀率与通货膨胀率的波动性之间呈现正相关，这是一个比较普遍的现象。

里拉在外汇市场上的贬值与通货膨胀率的差异多少并不一致：汇率变化只体现了80%的通货膨胀率差异。因此，平均讲，里拉实际上是升值了。里拉实际升值的最突出时期出现在20世纪70年代和80年代。

意大利的市场利率一般高于世界其他国家，但并不足以完全弥补通货膨胀率之差。平均讲，与世界其他国家相比，意大利的实际利率要低2.3个百分点。最大负利率差出现在两次世界大战期间和20世纪70年

---

[10] 由于自1926年以后受许多其他因素的影响，所以我们不能从这一观察中得出如下结论：与相互竞争的多家发钞银行相比，一家垄断发钞业务的机构会造成更大通货膨胀。

代及 80 年代，也即意大利试图将本国金融市场与世界相分离的时期。另外，在金本位和布雷顿森林体制时期，利率差是正的。

总体而言，汇率体制影响到意大利的相对表现。在金本位和布雷顿森林体制时期，名义变量的变动基本与世界其他国家一致。意大利的特性出现在两次世界大战之间的时期，在 20 世纪 70 年代和 80 年代更为显著，当时国内通货膨胀明显较高，国内实际利率显著较低，里拉出现实际升值[11]。与其他历史时期相比，70 年代最符合如下"国家偏好"的特点：相对高的通货膨胀率、低利率以及金融市场的分离。

交易方程式的变量

交易方程式中有 4 个变量（货币、货币流通速度、价格水平和产出），它们也是一个国家货币史的重要宏观经济变量（弗里德曼和舒瓦茨，1963）。在整个研究中我们都会涉及这些变量并说明其相互作用的重要问题。这里我们仅向读者展示这些变量的最基本变化趋势（表 1.3）。

表 1.3　　　　　　　交易方程式（年度变化百分比）

时期	货币	流通速度	价格	实际收入
1862—1991 年				
均值	10.49	−1.42	6.90	2.16
标准差	10.48	9.44	14.38	6.54
1862—1913 年				
均值	4.44	−2.53	0.65	1.26
标准差	5.41	7.58	5.63	3.94
1914—1920 年				
均值	22.72	−1.62	21.10	0.00
标准差	9.91	12.32	12.68	4.30

---

[11]　除了在第一次世界大战期间里拉的实际贬值之外，我们剔除了会增强意大利特点的战争年份。

时期	货币	流通速度	价格	实际收入
1921—1937 年				
均值	3.27	-1.00	0.06	2.21
标准差	5.13	9.64	7.84	4.29
1938—1949 年				
均值	30.42	2.89	32.75	0.57
标准差	12.49	21.51	29.67	18.63
1950—1969 年				
均值	12.36	-3.15	3.62	5.59
标准差	2.19	2.78	2.02	1.44
1970—1980 年				
均值	17.39	-1.21	12.95	3.23
标准差	3.23	6.32	4.66	3.15
1981—1991 年				
均值	10.35	1.5	9.72	2.12
标准差	2.61	2.97	4.20	1.19
1862—1925 年				
均值 M. S	6.57	-2.00	3.25	1.32
标准差 Dev. St	8.30	8.31	9.23	3.97
1926—1991 年				
均值 M. S	14.28	-0.86	10.44	2.97
标准差 Dev. St	10.68	10.46	17.38	8.26

注：货币的定义是纸币、硬币、活期和定期银行存款、邮政存款的合计。价格用实际收入缩减指数度量。实际收入由名义收入与价格缩减指数的比率计算出。1980 年之前名义收入指净国民收入，其余时间指国民生产总值。货币流通速度是名义收入除以货币存量。年度变化百分比是自然对数的一阶差分。

货币流通速度呈现一种递减趋势，或准确地说，年平均增长率是 -1.4%。如图 1.1 所示，货币流通速度的下降在 19 世纪尤其明显。1861 年货币流通速度是 6.23，相当于 8.3 周的国民收入。到 1889 年下降到 1.88，或 27.6 周的国民收入。在这段时期，存款的增长比现金快很多，反映了意大利银行业务的发展。1889 年以后，货币流通速度继续下降，直到 1978 年达到了最低值（0.8）。货币流通速度的下降与货币是一种奢侈品的假说是一致的，这是关于货币需求的实证研究所发现的（斯宾里尼，1980；卡里阿里，斯宾里尼和菲戈，1984）。这一现象并非意大利所独有；实际上，弗里德曼和舒瓦茨在《美国货币史》（1963）得出了类似结论。

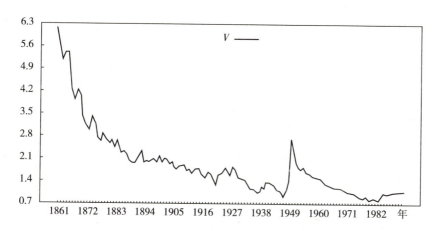

图 1.1　货币流通速度，1861—1991 年

表 1.3 说明货币流通速度的变化一般与通货膨胀正相关。实际上，当通货膨胀率上升和/或人们认为未来价格会加速上升时，货币流通速度就会下降。在第二次世界大战时期，随着通货膨胀率每年几乎上升 100%（图 1.2），货币流通速度实际上出现了加速的情况。20世纪 80 年代似乎是正相关的一个例外：这段时期的货币流通速度与70 年代相比上升了，而通货膨胀却下降了。我们使用了"似乎"一词，因为 80 年代是金融创新和放松管制的时期。意大利逐步取消了对资本流动和汇率的管制，使国内利率变化与国外利率一致。因此，虽然通货膨胀下降了，但意大利的利率相对于通货膨胀率却出现了上升。总之，我们的数据与如下假说一致：货币需求的变化与市场利率水平是反向的。

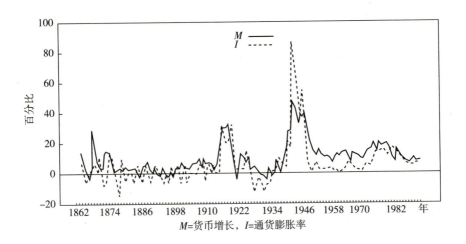

图 1.2　货币增长与通货膨胀，1862—1991 年

平均讲，货币年均增长率超过产出增长率 8 个百分点以上；平均通货膨胀率大约是 7%。正如我们已经指出的，通货膨胀主要是 20 世纪的现象；1861—1913 年，价格水平的波动实际上是处于 0 水平线上。并不意外的是，两次世界大战期间是高通货膨胀的突出时期；两次世界大战之间的时期价格水平总体稳定，而且还包括一段时间的实际通货紧缩；第二次世界大战之后，尤其是 70 年代，成为和平时期相对高的通货膨胀时期。

普遍认可的是，平均通货膨胀率与波动性是正相关的。在某一既定体制内，情况确实如此，但不同体制之间并不一定。实际上，虽然金本位时期的平均通货膨胀率接近于零，但在金本位时期通货膨胀率的波动性比 20 世纪 70 年代和 80 年代高通货膨胀率时期更大。类似的情况也出现在货币增长中。图 1.2 刻画了这两个时间序列在金本位时期与其后时期期间大起大落的变化。例如，在 1872 年价格水平上涨了 11%，1875 年下降了 16%，1877 年又上涨了 11%[12]。该图还显示了货币增长

---

⑫　对金本位制度下名义变量的一般特征，感兴趣的读者可以参阅克莱恩（1978）、博多和舒瓦兹（1984）。

与通货膨胀之间高度同步变化。尽管在金本位时期这两个变量呈现很高的波动性，但在 1913 年以后这种同步变化呈现出更紧密的趋势。总体来说，通货膨胀的波动幅度超过货币增长的波动幅度。

与 19 世纪相比，20 世纪的经济增长率更高。此外，与第二次大战以后时期相比，金本位时期和两次大战之间时期的经济增长波动性更大（图 1.3）。在第一次世界大战期间没有出现类似的大起大落。特别有意思的是产出增长与通货膨胀之间的关系，如图 1.3 所示。第二次世界大战后的理论，如解释菲利普斯曲线的理论，一致认为产出（或失业）与通货膨胀之间有替代关系，这意味着除非经济体系受到负的供给冲击，通货膨胀与经济增长是正相关的，但意大利的数据没有显示产出与通货膨胀之间有任何系统性正相关关系。

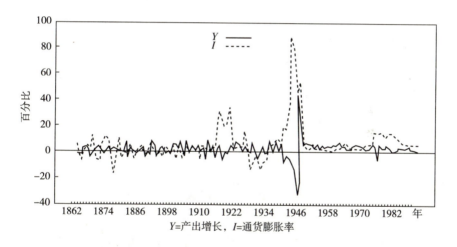

图 1.3　产出增长与通货膨胀，1862—1991 年

有两种分析长期趋势的方法。第一，我们可以考察各个子时期的平均值，看通货膨胀上涨的同时是否伴随着产出增长。从金本位时期到 20 世纪 80 年代，有 5 个子时期这两个变量的变动方向相反，只有 1 个子时期两个变量变动方向相同（从 20 世纪 70 年代到 80 年代）。也就是说，原始数据没有证实通货膨胀是经济增长引擎的假说。一个更正式的证据是非滞后年份数据的交叉相关性系数。在整个时期，该系数

是 -0.25；金本位时期是 -0.07；1914—1920 年是 0.28；1921—1937 年是 0.37；1938—1949 年是 -0.43；布雷顿森林体制期间是 -0.28；70 年代是 -0.12；80 年代是 -0.83。金本位时期较低的交叉相关性系数与这两个变量的高波动性是一致的（图 1.3）。相反，产出增长与通货膨胀在 20 世纪更具有序列相关性，尤其是第二次世界大战之后。例如在 80 年代，通货膨胀在前半期要高于 80 年代平均值，而同期产出增长则低于 80 年代平均值；而通货膨胀在后半期低于 80 年代平均值，产出增长则高于 80 年代平均值（图 1.3）。如果没有这种持续性，则很难出现较高的负交叉相关性系数。在第二次世界大战期间也出现了很强的负相关，而 70 年代的滞胀则令人意外地呈现出较低的负相关。二次大战期间和 70 年代都出现了负面的供给冲击。许多工业化国家在 70 年代也受到相同冲击（布鲁诺和萨克斯，1975），但在应对高通货膨胀的做法方面意大利与众不同。

总之，没有系统性证据表明在通货膨胀与产出增长之间存在可以利用的替换关系，这并非否认存在菲利普斯效应。本书能分离出几个子时期，在此期间决策者利用了通货膨胀来刺激经济增长。但这些刺激行为只有临时性效果，并不能年复一年地反复使用。

公共财政

本书的一个重要问题是，公共财政是较高通货膨胀的根本原因。更准确地说，政府预算赤字与货币政策之间有紧密联系。货币当局过于依附政府，以致无法保持决策自主权。为了弥补巨额财政赤字的目标，通常情况是货币当局会以低利率来配合政府融资，即过度创造基础货币。财政赤字的主要原因是政府支出不断增加，而不是税收收入增长缓慢。转移支付是最不可控的支出项，尤其是在第二次世界大战之后。

表 1.4 反映了意大利公共财政的关键信息。政府支出占国民收入的比重呈现出快速上升的趋势：从金本位时期的占 13% 上升到 80 年代的

近 59%。税收情况也类似，占国民收入的比重也大幅度上升，但收入增幅系统性地小于支出增幅；因此意大利出现了越来越大的财政赤字。与以后的时期相比，赤字的增长在金本位时期要小很多，而且在意大利银行垄断货币发行之后增幅甚至扩大了 2 倍。

　　除了两次世界大战，20 世纪 70 年代和 80 年代是财政赤字非常高的时期。80 年代预算赤字平均占国民收入的 20%，而历史平均值是 8%。

表 1.4　　　　　　　　　政府预算及其融资（百分比）

时期	（G/Y）	（T/Y）	（DEF/Y）	（dMBTR/DEF）
1862—1991 年				
均值	25.54	18.44	7.96	50.08
标准差	14.98	8.85	10.47	355.99
1862—1913 年				
均值	13.45	12.34	2.86	82.05
标准差	1.87	2.04	4.11	533.54
1914—1920 年				
均值	44.07	14.40	29.30	38.17
标准差	13.94	1.10	17.62	24.70
1921—1937 年				
均值	23.99	17.86	2.73	−42.60
标准差	6.94	3.08	6.48	311.96
1938—1949 年				
均值	33.34	15.31	20.09	56.56
标准差	11.48	4.65	11.51	21.84
1950—1969 年				
均值	22.75	20.70	2.83	62.40
标准差	2.10	1.65	1.22	41.38
1970—1980 年				
均值	36.59	26.36	11.11	51.94
标准差	8.57	4.56	5.51	39.96

时期	（G/Y）	（T/Y）	（DEF/Y）	（dMBTR/DEF）
1981—1991 年				
均值	58.74	42.11	19.49	18.5
标准差	3.53	3.23	3.00	8.42
1862—1925 年				
均值	17.67	12.90	5.73	64.41
标准差	11.12	2.29	10.82	483.49
1926—1991 年				
均值	33.16	23.80	10.12	36.20
标准差	14.31	9.54	9.72	156.65

注：G = 中央政府总支出；T = 中央政府的总税收收入；DEF = 中央政府总债务的一阶差分；Y = 名义国民收入；dMBTR/DEF = 通过财政部创造的基础货币量。

平均讲，意大利货币当局将预算赤字的一半货币化。这种非常高的货币化比率表明货币当局缺乏独立于政府的地位，也表明公共财政与货币政策之间的紧密联系。一个明显例外是两次大战之间的时期，当时的政府从意大利银行的借款实际下降了，这时期预算赤字达到了一个历史低点。在两次世界大战期间，正如人们所预料的，赤字的货币化比率非常高。第二次世界大战之后，该比率在 20 世纪 70 年代之前一直保持在 50% 以上。在 80 年代初期，财政部不再要求意大利银行在拍卖市场上购买政府债券。由于受到欧洲货币体系运行的约束，意大利银行逐步从政府那里获得了独立性。货币化比率大幅度下降，成为整个研究区间的最低值。

图 1.4 展示了政府债务占国民收入的比率。在意大利统一时该比重大约是 0.4，到 19 世纪下半叶上升到 1.4。债务增加主要是为了对新国家所需要的基础设施和公共产品进行融资（弗拉迪阿尼和斯宾里尼，1982）。随后该比率持续下降，直到第一次世界大战爆发。第一次世界大战及战后时期该比率上升到 1.6。法西斯政权的紧缩财政政策导致了

该比率在20年代下降0.6，但随后当局在非洲的扩张野心又造成该比率大幅度上升。直到40年代结束时，债务占国民收入的比率才下降到0.4以下，也就是说回到1861年的水平。

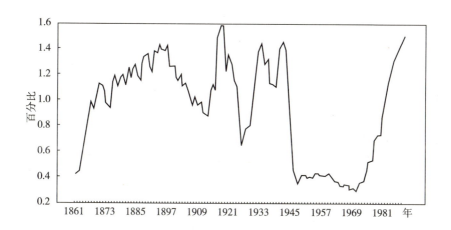

图1.4 政府债务占国民收入比率，1861—1991年

债务/国民收入比率最近的上升发生在20世纪70年代，当时意大利和其他工业化国家一起，都出现了福利国家政策的快速扩张。转移支付达到前所未有的水平；财政赤字引发了新债务。由于利息支付，所以新旧债务导致财政赤字进一步增加。

附录：基础货币的构建

财政部、意大利投资银行和政府公司

美国财政部的财政和货币业务操作是分别记账的。与美国不同，意大利没有这种机制。意大利银行的年报中公布财政部、意大利投资银行和政府公司的合并账户。我们在表1A中简化了该账户的形式，以便突出意大利政府财政赤字融资的各种方法。

表 1A　　　　　　　1968 年财政部、意大利投资银行和
政府公司的账户（10 亿里拉）

政府赤字	2062	向公众和银行出售的长期政府债券净额	1093
		向公众和银行出售的国库券及邮政存款净额	422
		向意大利银行出售的长期政府债券净额	219
		向意大利银行出售的国库券和邮政存款净额，在意大利银行的其他账户	281
		政府对外负债的减少额	−2
		政府其他国内短期负债的增加额	36
		政府硬币和现钞发行净额	13
	2062		2062

从上面的账户（流量概念）中，可以通过加总政府以往所有赤字来重构财政部的资产负债表（存量概念）。各个时期的数据加总是可行的，因为表 1A 右边所有项目的数据作为存量都可以找到；因此加总所有以往财政赤字可以得到现有余额。表 2A 就是按照上述方法计算得出，该表是截至 1968 年底一种理想化的、实际上并不存在的财政部资产负债表。

表 2A　　　　　　构建财政部、意大利投资银行和政府公司
资产负债表（10 亿里拉，截至 1968 年）

所有时期预算赤字合计		意大利银行和外汇局持有的国库券	1335
减去		从意大利银行和外汇局借款	1684
		（1）从意大利银行的借款	
公众持有的政府债券	2684	（2）强制性农业存货票据	
		（3）财政部在意大利银行的政府债券存量账户	
		（4）在意大利银行和外汇局的其他借记账户	
银行持有的政府债券	2997	减去：	
		（5）财政部持有的硬币和现钞	
		公众和银行持有的邮政存款	5249
		公众和银行持有的国库券	2171
		财政部硬币和现钞的流通余额	190
		其他负债，如公众在财政部的存款	40

第1章 意大利货币史的结构、主要问题和数据

上面资产负债表右边的项目代表政府预算赤字货币化的各种方法；简单来说就是创造基础货币的不同方法。就第一项而言，法律上没有限制意大利银行和外汇局购买政府债券的数量。自第二次世界大战以来这一项一直在增加；这很大程度上反映的事实是，在 20 世纪 80 年代以前意大利银行一直是财政部政府债券拍卖中剩余部分的购买者；也从一定程度上说明作为货币政策工具，公开市场操作的运用越来越多。在第二次世界大战之前，公开市场操作非常少，而且在多家银行都具有中央银行智能的时期，公开市场操作几乎不存在。正如所介绍的，意大利银行是财政部的代理机构（国际清算银行，1963，第 199 页）。意大利银行代理财政部的服务职能包括政府各部门的支付指令、收缴国家收税、出售和兑付政府债券及国库券。这些交易记录在一个特别账户中，相当于美联储资产负债表中的"应付财政部存款"（弗里德曼和舒瓦茨，1963，第 797 页）。此账户余额的负数或正数，分别表示财政部的净负债或净资产（在表 2A 中表示净负债）。根据法律，财政部的负余额不能超过当期财政年度预估政府支出的 14%。

对财政部能够从意大利银行直接借款的数量，法律也规定强制性农产品存货票据是财政部的负债，这种负债的产生是因为当时政府有一项监管主要农产品（如小麦和大米）零售价格的政策。生产成本与市场价格之间的差额由财政部负担，由于当时没有收入来覆盖这方面的支出，所以财政部向生产者发行此类具有法律偿还义务的票据，生产者可以在商业银行兑换成现金。商业银行可以将此类票据视为储备。在第二次世界大战之后该项目快速增长，曾达到占预算支出 10% 的水平。1964 年农业支持计划终止，这类票据的余额也逐步消失。

财政部赤字货币化的最大单一渠道，也即基础货币创造的最大单一渠道是通过邮政存款系统。目前仍然有争论的是邮政存款是否是基础货币的组成部分。关键问题是，与其他基础货币资产相比，邮政存款与政府证券资产是否具有相对可替换性。在本书中，我们认为，与政府证券相比，邮政存款替换其他基础货币资产的特点更强。

政府机构持有意大利银行和财政部发行的硬币和现钞。这种持有可以视为财政部的一种资产或财政部负债的一种减少。接下来我们分析期限不超过 1 年的国库券。在货币当局实行固定利率时期，国库券是一种基础货币资产。在 1969 年之前，国库券的发行是基于一种完全弹性化的供给计划，而且利率是事先确定的年息 3.75%。为了使此类政府证券成为基础货币，能够以既定价格购买和出售的确定性非常重要。同样重要的是，与债券相比，国库券具有与其他基础货币资产的相对可替换性。构建表 2A 的基本假设是国库券比债券的相对可替换性高；注意是更高而不是具有无限性。但在实行完全价格支持计划的时期，公众不可能将现金与国库券视为完美的替代品，因为在各种"体制下"，商业银行只将库存现金和在中央银行的存款视为完美的替代品。这里关键问题仍然是相对可替换性。在货币当局不再实行固定利率的时期，国库券重新获得了债券融资的传统功能。

意大利银行和意大利外汇局

表 3A 展示的是第二组货币当局的资产负债表，即意大利银行和意大利外汇局的合并表。读者会注意到表 3A 左边的前两项与财政部、意大利投资银行和政府公司合并表（表 2A）右边的前两组项目是一样的。从历史上讲，向商业银行贷款和再贴现一直是中央银行业务的非常重要部分；在现代意大利，与美国和其他欧洲国家一样，这类业务的相对重要性一直在下降。资产负债表资产方的第三项和第四项之和构成了意大利银行和外汇局对世界其他国家的债权。读者可能会有些疑惑，为什么商业银行的可兑换货币出现在意大利银行和外汇局的资产负债表上。原因是意大利外汇局是法律唯一授权进行外汇交易的机构。从技术上讲，商业银行只能暂时持有外汇，它们必须随时准备应外汇局要求将外汇出售给后者。因此，商业银行将外汇视为一种储备金，按当时的汇率以里拉计价；而意大利银行和外汇局享有针对世界其他国家的债权，该债权数额等于商业银行的可兑换货币，也是货币当局对商业银行的一种等额

负债。使问题更加复杂的是，并非所有外汇都被列为"可兑换货币"，只有那些在需要时可以变现的外汇才符合标准，一部分外汇是不符合标准的，合格与否的标准由外汇局确定。总之，为了将商业银行持有的一部分外汇划分为意大利银行和外汇局针对世界其他国家的部分债权，这种非传统的核算方法是基于法律上的排他性规定，即外汇局全权负责外汇事项以及意大利银行和外汇局认可商业银行的一部分外汇作为储备金的政策决定。

最后一个资产项目不太重要，因为涉及向私人部门或专业信贷机构（istituti di credito speciale）的贷款。熟悉美国货币体系的学生可能清楚我们关于"其他资产"和"其他负债"的属性分类，因为复杂的交易可以放在此类别下，如货币掉期业务。

表 3A   意大利银行和意大利外汇局合并资产负债表

（10 亿里拉，截至 1968 年）

资产		负债	
国库券和政府债券	1335	流通中现金	5393
向财政部贷款	1684	商业银行的存款	2553
向商业银行贷款和再贴现	1828	商业银行的授信额度	511
国际储备加上短期、中期和长期国外净资产	3770	其他负债 （1）特别信贷机构的存款 （2）国外存款	
商业银行持有的可兑换货币	266	（3）公众存款	1149
其他资产，如向特别信贷机构和公众的贷款	723	（4）其他财政部信贷 （5）权益净值	
	9606		9606

在表 3A 的负债方，我们首先分析流通中现金，包括由国内私人部门、商业银行和世界其他国家（如果有）持有的意大利银行发行的纸币。我们知道在当代意大利，财政部发行的硬币和纸币面值不超过1000 里拉（表 2A）。商业银行的存款科目构成银行储备金的大部分。还有一个不常用的科目是"商业银行的授信"，代表中央银行承诺在需

要时向商业银行的贷款额。即使没有发生额，这一科目也被视为实际负债。经过中央银行的许可，商业银行可将此授信额度作为部分储备金。这项负债的抵消项是"其他资产"，以区别于向商业银行的实际贷款和贴现额。从理论角度看，将中央银行的授信额度作为商业银行的一种实际储备金的做法也许可以争论，但这是意大利货币体系的一个制度性安排。

基础货币

合并表2A和表3A就可以得出表1.1的内容。

第 2 章
货币增长及其决定因素

导　　论

在第 1 章里我们比较了意大利与具有代表性的世界其他国家的情况，我们发现意大利的特别之处是具有较高和持续的通货膨胀。[①] 在本章中我们分析货币增长及其决定因素，即导致意大利通货膨胀率的决定因素。我们首先依据"近似"决定因素来分解货币存量增长，并从数量上分析这些决定因素对货币增长率的贡献度。然后我们放宽基础货币独立于货币乘数的假设，并研究这两个变量的相互影响。最后我们分析在固定或管理浮动汇率体制下基础货币的决定因素。本书的一个主要发现是，在所研究的 131 年里，意大利的货币政策一直在配合财政政策措施。货币当局的这种依赖性意味着政府将预算赤字中很大一部分货币化了，征收了巨额通货膨胀税。我们也将分析在意大利历史中财政主导地位为什么是根深蒂固的。

---

　　① 从第 1 章起，我们所说的世界其他国家的实际收入从 1861 年至 1945 年是指英国的实际收入；1946 年至 1991 年是指美国的实际收入。对价格、利率和汇率而言，1861 年至 1913 年我们使用法国的数据；1914 年至 1945 年使用英国的数据；1946 年至 1991 年使用美国的数据。

分解货币存量增长

我们将货币存量定义为基础货币乘以货币乘数，而货币乘数与三个标准比率有反向关系（布鲁内和梅尔茨，1964；弗里德曼和舒瓦茨，1963；卡甘，1965）。

$$M_t = m_t MB_t \tag{2.1}$$

$$m_t = (1 + k_t)/(k_t + rr_t + re_t) \tag{2.1a}$$

$$k_t = BP_t / D_t \tag{2.1b}$$

$$rr_t = BR_t / D_t \tag{2.1c}$$

$$re_t = BE_t / D_t \tag{2.1d}$$

M 的增长率可以分解为货币乘数的变化和基础货币的增长率。由此，可以用 k、rr、re、$MBTR$、$MBOT$ 和 BF 的贡献率以及相互作用来表示，即

$$\ln m_t - \ln m_{t-1} = c(k) + c(rr) + c(re) + c(com1)$$

$$c(k) = \ln(1 + k_t) - \ln(1 + k_{t-1}) - \ln(k_t + rr_t + re_{t-1})$$
$$\qquad + \ln(k_{t-1} + rr_{t-1} + re_{t-1})$$

$$c(rr) = -\ln(k_{t-1} + rr_{t-1} + re_{t-1}) + \ln(k_{t-1} + rr_{t-1} + re_{t-1})$$

$$c(re) = -\ln(k_{t-1} + rr_t + re_t) + \ln(k_{t-1} + rr_{t-1} + re_{t-1})$$

$$c(com1) = \ln m_{t-1} - \ln m_{t-1} [c(k) + c(rr) + c(re)] \tag{2.2}$$

$$\ln MB_t - \ln MB_{t-1} = c(MBTR) + c(MBOT) + c(BF) + c(com2)$$

$$c(MBTR) = \ln(MBTR_t + MBOT_{t-1} + BF_{t-1})$$
$$\qquad - \ln(MBTR_{t-1} + MBOT_{t-1} + BF_{t-1})$$

$$c(MBOT) = \ln(MBTR_{t-1} + MBOT_t + BF_{t-1})$$
$$\qquad - \ln(MBTR_{t-1} + MBOT_{t-1} + BF_{t-1})$$

$$c(BF) = \ln(MBTR_{t-1} + MBOT_{t-1} + BF_t)$$
$$\qquad - \ln(MBTR_{t-1} + MBOT_{t-1} + BF_{t-1})$$

$$c(com2) = \ln MB_t - \ln MB_{t-1} - [c(MBTR) + C(MBOT) + c(BF)]$$

$$(2.3)$$

符号 $c(x)$ 表示 $x = k$、rr、re、$MBTR$、$MBOT$、BF 对货币存量增长率的贡献。此外，由于这些变量的变化是离散的，所以出现了两个相互作用项：$com1$ 反映货币乘数决定因素的交互作用，$com2$ 反映基础货币决定因素的交互作用。对基础货币的狭义定义而言，有两个 k 比率而不是一个：$K_1 = BP^{ex}/D$ 和 $K_2 = D^{pos}/D$。在这种情况下分解程序会变得稍微复杂一些。

表 2.1（广义定义）和表 2.2（狭义定义）给出了分解货币增长率的结果，度量方法是整个研究区间和子区间的平均值。可以看到货币增长率、基础货币和货币乘数的变动幅度很大。图 2.1 是货币增长率和货币乘数变化情况；图 2.2 是基础货币增长率及其"财政部"构成因素。在 131 年的历史中，货币存量年度平均增长率为 10.5%。与和平时期相比，战争时期的增长率要高很多；与货币垄断发行之前相比，货币垄断发行之后的增长率几乎高了 3 倍。不出意外，在金本位时期货币增长受到很大约束；但在两次世界大战之间的时期，货币增长率更低。正如我们在第 1 章中指出的，与 1862—1913 年相比，1921—1937 年的货币增长率较低，通货膨胀率也较低（0.06%，1862—1913 年为 0.65%），而产出增长较高。实际上，在两次世界大战期间，产出增长率几乎比金本位时期高一个百分点（2.21%，金本位时期为 1.26%）。在布雷顿森林体制时期，货币增长率处于历史高位，同期年均通货膨胀率达到 3.6%，平均产出增长率达到 5.6%。货币增长率在 70 年代大幅上升，通货膨胀也是如此（12.9%）；而产出增长率则下降到 3.2%。在最后一个子时期（大体上与欧洲货币体系的运行时期一致），货币增长率显著下降，通货膨胀率和产出增长率也是如此（分别是 9.7% 和 2.1%）[2]。

---

② 货币增长速度下降不是意大利独有的现象。包括欧洲货币体系之内和之外的其他国家也经历了货币去通胀的过程（弗拉迪阿尼和冯·哈根，1992，第 2 章）。

表 2.1　　货币增长分解（包含邮政存款的基础货币）

	1862—1991年	1862—1913年	1914—1920年	1921—1937年	1938—1949年	1950—1969年	1970—1980年	1981—1991年	1862—1925年	1926—1991年
货币年均增长率（%）	10.50	4.40	22.70	3.3	30.4	12.40	17.40	10.30	6.60	14.30
$c(k)$	0.73	1.18	-1.49	0.53	-0.61	1.66	1.43	-0.63	1.15	0.32
$c(rr)$	-0.12	—	—	—	-1.14	0.32	0.05	-0.79	—	-0.23
$c(re)$	0.11	0.009	-0.19	0.18	-0.82	0.82	0.3	0.26	-0.008	0.23
$c(com1)$	-0.005	-0.002	-0.009	0.02	-0.12	0.03	-0.01	0.01	0.005	-0.01
$c(MBTR)$	7.40	2.07	26.88	0.14	27.01	4.02	12.66	11.30	4.33	10.45
$c(MBOT)$	0.20	-0.68	-6.40	-1.09	5.09	3.45	1.05	-1.58	-0.88	1.24
$c(BF)$	1.15	0.84	0.58	0.13	2.43	2.23	1.13	1.25	0.75	1.55
$c(com2)$	0.98	1.02	3.36	3.37	-1.42	-0.17	0.77	0.51	1.23	0.74

注：

符号 $c(x)$ 表示 x 对货币存量增长率的贡献。根据本章中方程式 (2.2) 和式 (2.3) 的分解算法。

表 2.2　货币增长分解（不包含邮政存款的基础货币）

	1862—1991 年	1862—1913 年	1914—1920 年	1921—1937 年	1938—1949 年	1950—1969 年	1970—1980 年	1981—1991 年	1862—1925 年	1926—1991 年
货币年均增长率（%）	10.5	4.40	22.70	3.3	30.40	12.36	17.4	10.30	6.6	14.30
$c(k_1)$	0.98	1.79	-3.86	2.72	-4.13	2.29	1.71	0.02	1.61	0.37
$c(k_2)$	0.08	0.27	-0.54	0.87	-0.51	-0.43	-0.23	0.34	0.14	0.04
$c(rr)$	-0.14	—	—	—	-1.39	0.47	0.09	-1.13	—	-0.28
$c(re)$	0.18	0.008	-0.29	0.29	-0.97	1.16	0.45	0.39	-0.01	0.38
$c(com1)$	-0.01	-0.001	-0.003	-0.002	-0.13	-0.04	-0.02	-0.006	—	0.02
$c(MBTR)$	5.64	1.02	30.50	-7.93	29.51	0.96	10.55	10.25	3.51	7.71
$c(MBOT)$	-0.20	-0.83	-10.00	-4.44	7.00	4.74	1.12	-2.60	-1.28	0.84
$c(BF)$	1.43	1.05	0.76	-0.57	2.94	3.11	1.56	1.85	0.93	1.90
$c(com2)$	2.52	1.14	6.20	12.34	-1.90	0.04	2.17	1.23	1.67	3.33

注：

符号 $c(x)$ 表示 x 对货币存量增长率的贡献。根据本章中方程式（2.2）和式（2.3）的分解算法。在本表中有两个 k 比率：$K_1 = BP^{ex}/D$ 和 $K_2 = D^{pos}/D$。BP^{ex} = 公众持有的基础货币，但不包含邮政存款。D^{pos} = 邮政存款。D = 银行存款。货币乘数的分解要比方程式（2.2）略微复杂。

从表2.1和表2.2可以推出一些基本模式。第一，基础货币是货币存量增长背后的最主要因素。在131年中，平均来讲，广义基础货币增长率可以解释93%的货币存量增长；狭义基础货币增长的解释能力略低，也达到90%。与广义基础货币增长相比，狭义基础货币增长的变化更大。一般来说，在货币存量低增长的金本位时期和两次世界大战期间，基础货币占货币存量增长的比重远远小于战争期间和20世纪80年代[3]。

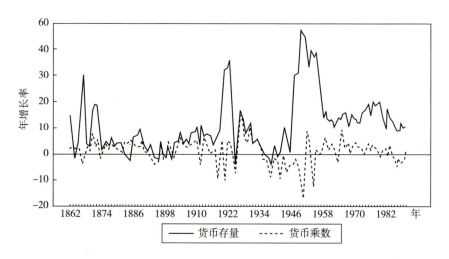

图2.1 货币存量与货币乘数

第二，基础货币的财政部构成（*MBTR*）对基础货币（*MB*）的增长总体上有主导影响（图2.2），对货币存量增长的影响也类似（表2.1和表2.2，图2.3）。国内基础货币的其他构成（*MBOT*）在金本位时期、两次世界大战期间和20世纪80年代，一般会消减*MBTR*对货币存量增长的影响；但在20世纪30年代至1980年，却增强了其影响[4]。

---

③ 对广义定义而言，变化范围从金本位时期的最小73%到20世纪80年代的最大111%。就狭义（定期存款）定义而言，变化范围甚至更大，从两次大战之间的最小 −18% 到1938—1949年的最大123%。

④ 表2.2显示，1921年至1937年，*MBTR* 和 *MBOT* 相互影响。但是，这些结果很难解释成非常大的互动项。

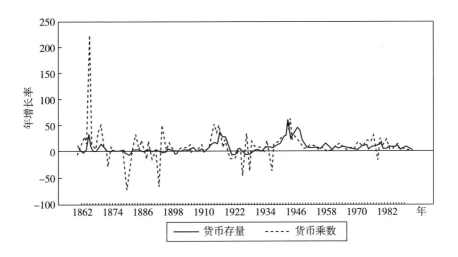

图2.2 基础货币与财政部构成

外汇构成（*BF*）对货币存量增长有正面影响，这一点与 *BD* 不同，后者既有正面影响也有负面影响。从相对程度来看，在金本位和布雷顿森林体制时期，外汇构成的影响是最大的；也就说当汇率基本固定时，外汇储备流动在调节外部失衡中发挥着重要作用。

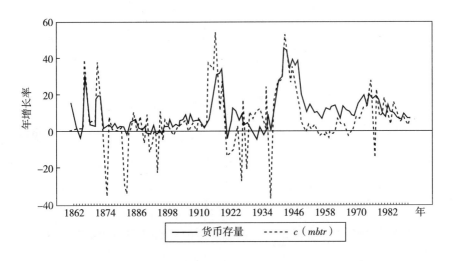

图2.3 财政部构成对货币存量的贡献

第三，货币乘数中的比率中，k（狭义定义下为 k_1）对货币存量影响最大。该比率呈现出大幅度下降的趋势，如图 2.4 所示。这种趋势反映了在意大利经济中银行所发挥的更广泛和更重要的作用，以及相对于现金和邮政存款而言，持有银行存款的净成本相应下降。由于 k 与货币乘数之间的反向关系，因此 k 的变化显著增大了货币存量的增长，尤其是在 19 世纪，当时 k 下降的幅度非常大。另外，不确定性的增加也导致人们将部分银行存款转为现金，这会抑制货币存量的增长。在两次世界大战期间和 19 世纪 80 年代初期的金融危机时期，情况就是如此。

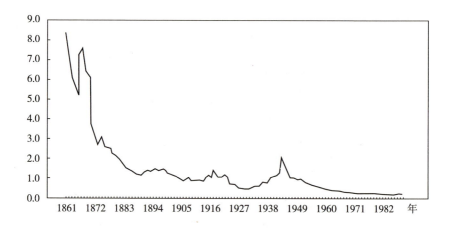

图 2.4　k 比率

在影响货币存量长期增长方面，其他两个比率（re 和 rr）发挥次要作用。超额准备金比率（图 2.5）在 1865 年至 1939 年呈现小幅下降趋势；由于对恩诺蒂 1947 年的稳定计划（见第 6 章）的预期，其又出现了大幅度上升，50 年代以后直到目前再次呈现下降趋势。1947 年意大利开始实行法定准备金规定，与前面提到的战后稳定计划相关。这一事实解释了为什么在 1938—1949 年 rr 的贡献是负面的。在 20 世纪 80 年代法定准备金比率再次提高（图 2.5）。

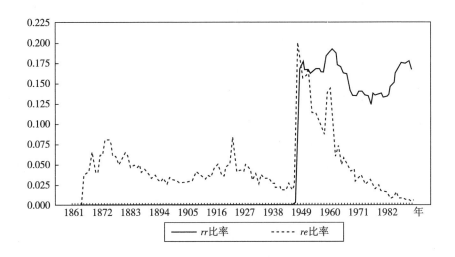

图 2.5　*rr* 比率和 *re* 比率

　　总之，货币存量长期增长主要是因为货币当局采取的行动，尤其是与政府赤字融资相关的行动。中央银行对商业银行贷款的增长和外汇储备的增长只发挥了很小作用。货币乘数的长期变化对货币存量增长有贡献，但幅度不大。公众持续将银行存款转换成现金是造成货币乘数增长的唯一重要因素。这些结果对基础货币中是否包括邮政存款并不敏感。

货币乘数与基础货币之间的互动

　　在上一节中我们分解了影响货币存量增长的 5 个决定因素。这种方法类似于增长核算，并假设货币乘数是独立于基础货币。现在我们放宽这种独立性假设，并研究货币乘数对基础货币变化的响应程度，以及相反情况。

　　货币乘数与基础货币之间相互作用的理论基础可以在布鲁内和梅尔茨（1968，1989）、博格（1971）和弗拉迪阿尼（1976）的研究中看到。最核心的是，m 与 MB 之间的联系是通过利率。基础货币的增加会降低债券和资本的利率，诱导一部分货币转向债券和资本。另外，公众会将一部分货币需求重新配置到无利息的基础货币（k 比率更高）。银行存款利率的调整越接近市场条件，则基础货币转换到存款的程度就越高。通过提高超额准备金与存款的比率，商业银行也会对较低市场利率做出回应。

通过分析货币存量对基础货币变化的弹性数值，我们能够看到货币乘数与基础货币之间的反向关系。

$$\varepsilon(M,MB) = \varepsilon(m,MB) + 1$$

$$\varepsilon(m,MB) = \varepsilon(m,i)\varepsilon(i,MB) + \varepsilon(m,P)\varepsilon(P,MB) \qquad (2.4)$$

其中，$\varepsilon(x,y)$ 表示 x 对 y 变化的弹性。基础货币通过市场利率 i 影响货币乘数和资本价格 P。在布鲁内和梅尔茨模型（1969）$\varepsilon(m,i)$ 中，$\varepsilon(P,MB) > 0$；而在 $\varepsilon(i,MB)$ 中，$\varepsilon(m,P) < 0$。由于 k 和 re 的上升会降低货币乘数，方程式（2.4）意味着这两个比率会对基础货币的短期变化有正向响应，而货币乘数会对基础货币有负向响应[5]。在意大利，银行存款的交易价值一直相对较低，同时支付相对较高的显性利率。因此，基础货币对货币乘数的影响预期比其他国家要大；比如在美国，银行存款有比较高的交易价值，而且仅支付较低利率或没有显性利率。

使用 1862—1980 年的相同样本期，弗拉田尼估计了货币乘数 k 的转移函数，他将基础货币作为唯一输入变量[6]。在这些估计中，他发现 $\varepsilon(m,MB)$ 的短期价值等于 0.5。对货币乘数变化和基础货币增长原始数据的图形分析（图 2.6）证实了这两个序列之间的负相关性。在长期内，随着 $\varepsilon(i,MB)$ 从负值转为正值，货币乘数与基础货币之间的这种负相关性消失了。

---

⑤　对货币乘数的实证研究遵循两种方法：分解法或"构成成分"法（拉斯赫和约翰尼斯，1987），或集合法（布恩霍夫，1977；弗拉迪阿尼和纳比里，1979；哈费尔和黑恩，1984）。

⑥　关于转换函数的标准参考文献是鲍克斯和约金斯（1971，part Ⅲ）。关于单变量输入的转换函数应用到货币乘数的研究，见弗拉迪阿尼和纳比里（1979）。

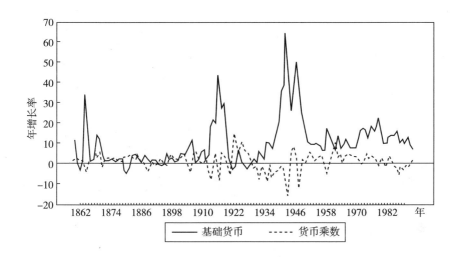

图 2.6 基础货币和货币乘数

在上述讨论中，基础货币是外生变量的假设非常重要。对于基础货币独立于货币乘数的假设，有两点异议。第一个异议是基于汇率—利率的考虑。在固定汇率下，货币当局控制的是基础货币的国内构成，而不是总数。BF 会对政策行动和货币需求变量（见下节）做出响应。另外，即使在浮动汇率时期，如果货币当局将利率固定或确定利率目标，则基础货币的变化也可能不独立于货币乘数的变化。对货币乘数的冲击可能造成利率提高，这又会抵消货币当局行为的影响。例如，如果 k 意外上升并提高利率，则实行固定利率体制的当局会控制基础货币的增加。因此 k 的变化会在相同方向上影响基础货币，而 m 会在相反方向上影响到 MB。总之，m 与 MB 相互影响。

在本书研究的整个历史中，固定（或有管理浮动）汇率和利率目标制十分流行，而且有时同时实行这两种体制。正是基于这些考虑，所以格兰杰因果检验的方向是从货币乘数到基础货币，而不是相反（弗拉迪阿尼，1988）就不令人意外了。

下一节我们将分析在多大程度上基础货币是内生变量，可以由货币当局保持稳定汇率的意愿来决定。

固定汇率体制下的基础货币

在固定汇率制或有管理的汇率体制下，货币当局可能无法控制全部基础货币：中央银行可以控制国内构成 BD，但不能控制外汇部分 BF。根据国际收支的货币理论观点，BD 的变化全部由 BF 的变化抵消；所以 MB 不会改变[⑦]。货币政策完全服从于管理固定汇率体制的规则。这些结果是基于国内和国外资产完全可替换的假设。在资产不完全可替换的不太严格条件下，BF 变化与 BD 变化之间的关系可以用式 2.5 表示（多恩布什，1980，第十章）：

$$\Delta BF_t = a_0 - (1 - a_1)\Delta BD_t + a_2\Delta Y_t - a_3\Delta i_t^* \qquad (2.5)$$

其中，Y 是名义国民收入，i^* 是外国利率，两者是货币需求的变量；Δ 是一阶差分算子，a_2 和 a_3 是正参数。参数 a_1 是国内利率水平下的基础货币需求曲线斜率与同样利率下国内债券需求曲线斜率的比率的负数。a_1 的范围是 0 到 1：当国内与国外资产完全可替换时是 0；否则是正数，而且国内外资产可替换性越弱，则越接近于 1。

但方程式（2.5）并不能充分展示 ΔBF 与 ΔBD 之间的互动过程。货币当局不是在一个真空环境下改变 BD；他们的行动受到历史经验、国内因素和国外因素的影响。有证据表明，在金本位体制下，货币当局并不遵守游戏规则，而是对冲外汇储备的流动，以便使基础货币全部或部分免受外部失衡的影响（纽斯克，1944；布鲁费尔德，1959；米切利，1968）。我们在研究意大利货币史的过程中证实了违反游戏规则的倾向。就货币当局对国内因素的响应而言，本书的一个重要发现是财政和货币政策是密切相关的。在 1926 年之前，意大利的发钞银行愿意以较低利率向政府贷款，而这种贷款利率会造成资本外流。1926 年之后，

[⑦] 关于国际收支的货币理论的标准参考文献是由弗兰克尔和约翰逊（1976）主编的著作。另外非常有用的是克莱宁和奥费瑟（1978）进行的调查。

意大利银行继续这样做，而且直到现代之前其对政府的依赖还有所增加。这些考虑使我们设计了如下货币当局的响应函数：

$$\Delta BD_t = b_0 + b_1 \Delta BD_{t-1} + b_2 \Delta BF_t + b_3 DEF_t \qquad (2.6)$$

其中，BD 的滞后值表示历史，BF 表示外部目标，DEF 是政府预算赤字。参数 b_3 反映货币当局配合财政赤字融资的行为；在意大利该参数预期是正值。b_2 是对冲参数，当货币当局想要实现国内目标时，该参数为负值。在 $b_2 = -1$ 极端情况下，货币当局完全对冲了外汇储备的流动。另外，如果货币当局希望促进国际收支的调整过程，则 b_2 可能是 0 或正数。

意大利在 1862—1991 年共有 56 年实行固定或有管理的汇率体制：1862—1865 年、1884—1891 年、1904—1914 年、1951—1970 年和 1979—1991 年。在这些年当中，ΔY、Δi^*、DEF 和 BD_{t-1} 是外生变量，并决定两个内生变量 ΔBF 和 ΔBD。方程式（2.5）和方程式（2.6）的估计使用了工具变量技术[8]。下面是参数估计：

$$a_0 = 2875 \qquad (1.45)$$
$$-(1 - a_1) = -0.5 \qquad (2.23)$$
$$a_2 = 0.28 \qquad (5.19) \qquad \text{（2.5 估计式）}$$
$$a_3 = -392 \qquad (1.39)$$

$\overline{R}^2 = 0.65$，SEE $= 2557.3$，残值自相关性 LM 检验 X^2（4）$= 11.6$（$P = 0.02$）。

$$b_0 = 471 \qquad (3.47)$$
$$b_1 = -0.002 \qquad (0.02)$$
$$b_2 = -0.80 \qquad (3.69)$$
$$b_3 = 0.19 \qquad (7.97)$$

---

⑧　工具变量包括一个趋势外生变量、两个滞后一期的内生变量和外国名义收入（有关这些变量的定义和度量见第 1 章）。从估计的回归方程式中得出的预估残差值可以看出，存在显著的异方差性。因此对变量进行重新加权，对系统的估计使用了怀特（1980）的调整方法。

$$\bar{R}^2 = 0.93, \text{SEE} = 2286, X^2(4) - 5.49(P = 0.2)_\circ \quad (2.6 \text{ 估计式})$$

抵消系数 $-(1 - a_1)$ 的 -0.5 的数值表明，在意大利资产与外国资产之间存在不完全可替换性，这一发现与我们对历史事件的分析是一致的。平均讲，货币当局对冲了 80% 的外汇储备流动，这也表明国内目标重要性超过外部目标。这一发现也与我们的历史分析相一致。货币当局通常推迟采取解决外部失衡问题的纠错行动。当调整无法推迟时，纠错行动的影响可能是巨大的。最后一点但并非不重要的是，财政政策与货币政策之间有紧密联系，这是下节的主题。

为了更好地分析基础货币在固定汇率条件下的决定因素，我们使用估计的参数构建了如下简化方程式（因为影响不显著，放弃了 BD 的滞后值）

$$\Delta BF = 4398 + 0.466\Delta Y - 653\Delta i^* - 0.16DEF$$

$$\Delta BD = -3048 + 0.32DEF - 0.37\Delta Y + 523\Delta i^*$$

名义收入的变化会提高外国构成的影响，而且幅度大于基础货币的国内构成减少的幅度，因此基础货币总额会增加。10 亿里拉政府赤字会造成 BF 1.6 亿里拉的收缩，但会使货币当局扩大 BD 3.2 亿里拉，最终造成 MB 增加 1.6 亿里拉。外国利率提高对 BF 和 MB 有抑制作用。

铸币税和通货膨胀税

在第 1 章中我们看到意大利中央政府赤字在 1861—1991 年平均占国民收入的 8%。除了两次世界大战期间，20 世纪 70 年代和 80 年代是预算赤字最高的时期（分别占国民收入的 11% 和 19.5%）。此外，对本章主题更重要的是，这些赤字的平均 35%，或占国民收入的 2.8% 是通过货币化融资的。当然，在这很长的历史中有很大差异。货币化比率最低时期是 19 世纪 80 年代的最初两年（分别占国民收入的 -7% 和 -8%）以及 1937 年（占国民收入的 -10.4%）。货币化比率最高时期当然是两次世界大战时期，其中 1944 年占国民收入的 32%，是全球最高。如果剔除两次世界大战，则 20 世纪 70 年代和 80 年代是货币纪律最差或货币政策最大程度配合财政政策的时期。在第一次石油危机和财政政策主导性最高的时期，1976 年货币化比率上升到占国民收入的 11.9%，这也是和平时期有记录的最高值。1981 年货币化比率占国民收入的 9%，这一年也是意大利银行不再承担购买财政部拍卖政府证券的兜底职责。

根据上述背景，我们将预算赤字定义为方程式 2.7：

$$DEF^P/Y + i(S/Y) = (\Delta MBTR/Y) + (\Delta S/Y) \qquad (2.7)$$

其中，DEF^P = 基本赤字。我们可以求解方程式（2.7）得到 S/Y 的稳态值：

$$\frac{DEF^P/Y - (\Delta MBTR/Y)}{\left(\frac{\Delta Y}{Y}\right) - i} \qquad (2.8)$$

方程式（2.8）分子中第二项是我们度量的铸币税，在表 2.3 第三列中给出了具体数值[⑨]。提取出铸币税有助于货币当局降低赤字/国民收入比率的长期数值。实际上，对方程式（2.8）分母的正值（即满足稳定条件）和给定基本赤字来说，铸币税越高，则稳态的 S/Y 越低。当分母是负值（即不满足稳定条件）时，政府可以通过获取更多铸币税和保持较低基本盈余来稳定债务/收入比率。表 2.3 表明在多数情况下稳定条件可以满足。当稳定条件不满足时，如在金本位和两次世界大战之间时期，意大利出现了基本盈余。

[⑨] 铸币税一般定义为政府从货币创造中获得的收入。从实证角度讲，铸币税一般度量为剔除价格水平后的基础货币增量。我们度量铸币税的方法更严谨，因为我们考虑的是基础货币的财政部构成，而不是整个基础货币。选择这种方法的原因是政府可以很容易从中央银行"借款"。这种区分是比较重要的，因为从理论上讲，独立的中央银行有可能从铸币税中获得很多，又不影响货币供给的增长。关于这一点，见克莱因和纽曼（1989）。

表 2.3   铸币税与通货膨胀税

时期	基本赤字		稳定条件	通货膨胀税
	收入	铸币税		
1862—1991 年				
均值	5.10	3.65	2.48	2.51
标准差	13.34	7.81	13.95	15.31
1862—1913 年				
均值	−1.69	0.63	−2.84	−4.00
标准差	4.56	3.06	6.72	6.92
1914—1920 年				
均值	33.16	11.80	17.39	24.75
标准差	23.37	7.85	14.49	16.87
1921—1937 年				
均值	−1.84	0.40	−2.83	−4.15
标准差	6.46	5.37	10.67	8.74
1938—1949 年				
均值	25.15	17.13	27.40	28.86
标准差	16.68	15.83	27.50	29.60
1950—1969 年				
均值	1.65	1.65	2.11	0.79
标准差	1.27	1.03	2.39	1.25
1970—1980 年				
均值	9.29	6.05	2.08	5.43
标准差	4.99	5.14	4.44	2.37
1981—1991 年				
均值	10.23	4.27	0.13	0.89
标准差	5.99	2.77	2.74	4.32
1862—1925 年				
均值	2.12	1.70	−0.01	−0.40
标准差	13.93	5.17	10.15	12.23

续表

时期	基本赤字		稳定条件	通货膨胀税
	收入	铸币税		
1926—1991 年				
均值	7.99	5.54	4.87	5.33
标准差	12.17	9.37	16.57	17.42

注:

基本赤字等于总赤字减去利息支付;铸币税指基础货币的财政部构成百分比变化,再乘以基础货币财政部构成占名义国民收入的比率;稳定条件指名义国民收入增长率与政府为其债务支付的平均利率之差;通货膨胀税是通货膨胀率乘以有息负债实际价值和基础货币的合计数,再减去债务偿还的实际价值,用占实际国民收入的百分比表示。

通货膨胀税虽然与铸币税有关,但不完全相同。为了了解这一点,我们改写方程式(2.7),用价格水平 P 而不受收入来缩减所有变量和获得式 2.9:

$$DEF^P/P - (\Delta MBTR/P) - (\Delta S/P) = (MBTR/P + S/P)\pi - (S/P)i$$

$$(2.9)$$

方程式(2.9)的含义是直接的。只要实际基本赤字超过财政部的基础货币(即中央银行直接贷款给政府)实际流量和出售给私人部门政府新债务的实际流量的合计,则政府就获取了通货膨胀税。方程式(2.9)右边告诉我们,这一税收与通货膨胀率(π)和债务存量(具有固定名义面值)正相关,而与政府债务的利息支出(S/P)i负相关。

图 2.7 展示了铸币税和通货膨胀税,两者都用占实际国民收入的比重来度量[10]。这两组序列有正相关关系,但不是完全正相关。例如,1929—1934 年,铸币税平均占实际国民收入的约 3%,而通货膨胀税平均占实际国民收入的 −11%。1986—1991 年,铸币税同样占实际国民

---

[10]　我们计算的铸币税等于 MBTR 的流量除以价格水平,用占实际国民收入的比重来表示。

收入的约3%，但通货膨胀税占实际国民收入的比重下降到 -2%。在这两段时期，实际利率都处于历史高位（20世纪30年代比80年代还要高），造成政府不得不将大量资金支付给政府证券的持有者。

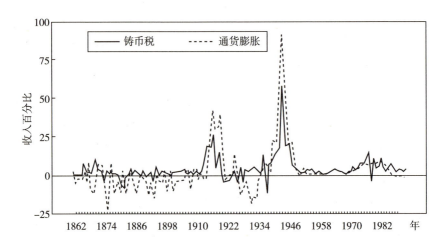

图 2.7　铸币税与通货膨胀税

　　毫不奇怪，通货膨胀税在两次世界大战期间是最高的（表2.3）。1917年通货膨胀税占实际国民收入的比重达到42%；1944年达到92%。理论和实践都表明，对大额但却是临时性政府支出的增长来说，通货膨胀比提高税率更适合（巴罗，1989，第十四章）。但令人意外的是，在意大利银行被赋予货币垄断发行权后，铸币税和通货膨胀税在意大利经济中变得根深蒂固了。在1926年以前，铸币税占收入的比重是1.7%；1926年以后，铸币税占国民收入的比重上升到5.5%。在1926年以前，通货膨胀税占国民收入的比重 -0.4%；1926年以后上升到5.3%（表2.3）。这些统计数据再一次证实，如果说意大利经济有什么与众不同的特点，那就是相对高的通货膨胀率（相对于第一章的国外代表性国家），而高通货膨胀率的根源是货币当局极度宽松的配合政策。意大利的铸币税是财政政策主导地位的标志；而且铸币税与通货膨胀税是高度相关的。

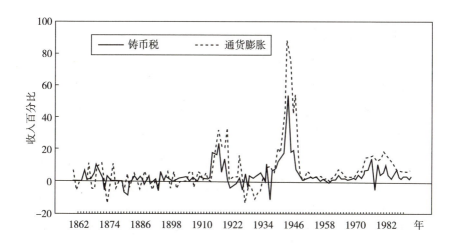

图 2.8　铸币税与通货膨胀

财政主导

定量研究结果和历史分析都印证了如下假说，即意大利的大部分货币政策一直由财政政策决定。例如在 1866 年 5 月 1 日，在签订《拉丁货币同盟协议》6 个月之后，意大利宣布停止纸币与贵金属之间的自由兑换。原因是公共财政状况急剧恶化。预算赤字与 1866—1867 年和 1870—1872 年的货币大幅度扩张有关；也与 19 世纪 80 年代中期出现第二次停止纸币与贵金属之间的自由兑换有关；以及与 20 世纪 30 年代后半期期放弃强势里拉的政策相关[11]。另外，财政纪律（即低预算赤字）使得 1880 年恢复纸币可自由兑换成为可能，也是 1897—1913 年、20 世纪 50 年代和 20 世纪 20 年代稳定和非通货膨胀的货币政策，以及 20 世纪 30 年代的强势里拉政策的主要原因。

我们的观点是，意大利银行与财政部之间的关系存在着战略冲突

---

[11]　我们剔除了两次世界大战，因为我们认为这是货币化融资的合法例子。

（塔贝里尼，1988）。中央银行一般认为公众希望价格稳定或低通货膨胀，而财政当局一般认为公众希望公共支出。这种动机上的差异使得财政部尽量从货币当局获取尽可能多的铸币税。财政当局对货币当局的权力越大，也就是财政政策的主导地位越高，财政部对给定预算赤字的融资成本就越低。根据这一观点，中央银行的独立性与货币政策配合财政政策之间是负相关的。因此，与没有独立性的中央银行相比，独立性较高的中央银行会导致较低通货膨胀（阿莱辛纳和萨默斯，1993；弗拉迪阿尼和黄，1995）。用一种略微不同的话来表述就是，货币主导的体制与较低通货膨胀相关联，而财政主导的体制与较高通货膨胀相关联。

在意大利，财政主导有很长历史。可以追溯到有多家发钞银行时期，如撒丁国民银行（1850）、意大利雷根诺国民银行（1867）和意大利银行（1893）。这些银行都试图变成唯一发钞银行，与决策机构保持良好关系被认为是成功的关键因素。政治是一种关系游戏，而开始时是国民银行，后来的意大利银行也深谙此道。追求垄断发钞权利意味着要服从政治当局。运行层面的服从意味着垄断权利的授予者随时可以和以低成本获得融资，这就是铸币税。

在后面的章节中我们将提供具体证据，说明发钞银行如何接受财政主导以换取市场份额的扩张。这里我们先给出一个概要。在皮埃蒙特王国，国民银行成功地与权力极大的政治家卡沃尔协商获得了为政府进行"现金管理"的权利，并使其发行的纸币成为合法货币。在意大利政治统一之后，为了成为垄断发钞银行，国民银行从未停止过挖其他银行墙角的努力。这一目标最终于1926年由国民银行的继承者意大利银行实现了，但意大利银行继续努力获取更大权力，尤其是为了完全控制整个银行体系。为了满足意大利银行的愿望，政治当局于1936年通过《银行法》和在1947年创立了存款准备金制度。在第二次世界大战之后，意大利银行的权力继续扩大（德·塞科，1976）。但随着权力的扩大，意大利银行也更加依赖财政部。依赖性或财政主导意味着必须保持低利率，以降低财政部对预算赤字进行融资的成本。依赖性也意味着利率目标制，而不是货币总量目标制，成为操作程序的偏好。

在圭多·卡里行长的领导时期（1960—1975 年），财政主导达到了最高点。除了将很大一部分预算赤字货币化，意大利银行也奉行行政管理规则的原则。意大利银行的目标是将国民储蓄从私人部门重新引导到政府部门，同时相对于控制通货膨胀的目标，中央银行的主要任务是将利率保持在较低水平。商业银行的贷款利率有上限，而购买政府证券则有最低限额。为了防止公众将资产转移到国际市场上实现多元化，实行了复杂的监管规定。对汇率和资本流动的管制越来越严格，以至于自由出国旅行都受到严重制约（第 8 章）。为了保持利率低于国外水平和使政府可以按"合理成本"对过度支出进行融资，这些政策被解释为是必要的代价。但是低借款成本使得政治当局很容易推迟进行必要调整。没有做出艰难的决定，财政赤字不断增加。财政主导产生的一个遗产是财政浪费和意大利银行的信誉度很低。意大利加入欧洲货币体系（EMS）和1981 年的"离婚"协议在某种程度上重建了意大利银行在 20 世纪 70 年代陷入困境时所丧失的信誉。在欧洲经济及货币联盟（EMU）和《马斯特里赫条约》的推动下，意大利中央银行得到政治当局的同意，采取了更多措施来加强对政府的独立性。但这些事件超出了我们的研究范围。

结　　论

在意大利，长期货币增长的大部分可以由基础货币的增长来解释，而基础货币的增长可以由国内来源构成来解释。在固定汇率体制下，货币当局的行动受到政府赤字规模和对冲外汇储备流动意愿的影响。

在我们所研究的历史中，财政和货币政策之间有密切联系。在早期，追求利润最大化的发钞银行受到可兑换条款和货币发行法定上限的约束。但是，这些银行经常超越法定发行限额。在我们研究的竞争性中央银行业务时期（弗拉迪阿尼和斯宾里尼，1985，第 494～495 页），我们的结论如下：

"政府授权超发的高度可能性（甚至是必然性）会提高了发钞银行的预期利润，同时保持银行券的价格不变。如果发钞银行面临着银行券价格大幅度下跌，则其供给行为会有所不同。在该体系中这种脆弱的联系依靠政府，政府保持各家银行发行的银行券相对固定价格，而不是实际控制流通现金的总量。这一缺陷更多是由于政治而不是学术原因：政府的借款通常是发钞银行突破发行限额的原因。"

因此，巨额预算赤字是意大利在 19 世纪两次脱离金本位体制的原因。政府融资对货币政策的影响在现代变得更加强大。在本书所研究的整个历史中，财政主导一直存在，并在 20 世纪 70 年代达到最极端程度。另外，预算改善为较低货币存量增长和回到金本位或稳定汇率体制奠定了基础。

国际储备存量是另一个影响货币当局行为的关键变量。这一点在本研究的早期及以后时期都是如此。在早期，追求利润的发钞银行偏好较低的贴现利率（即国内来源构成的高速增长），这一政策通常与保持贵金属与流通中现钞稳定比率的政策发生冲突。周期性出现国际收支危机迫使这些发钞银行提高实际贴现利率，通常达到比伦敦或巴黎市场利率更高的水平。在现代，从 1963 年底到 1964 年中，为了制止国际储备快速流失，我们目睹了基础货币增长率的下降；也看到了为防止资本外流，20 世纪 70 年代意大利在整个经济中制定了复杂的外汇和信贷管制政策。

外部约束对货币政策决定和结果的重要性源自两个相互冲突的因素：意大利经济的对外开放与决策者希望产出高速增长和低失业率。随着凯恩斯经济学的崛起，这种目标冲突的局面在现代变得越来越严重。令人毫不奇怪的是，通过实行复杂外汇管制和信贷限额规定来隔离意大利金融市场与国际市场的联系，恰好与中央银行主张的工资推动型通货膨胀观点同时出现（第 8 章）。

货币乘数的变化对货币存量增长的影响主要是在短期而不是长期，这一点与在其他国家的发现类似。在三个比率中，k 比率（公众持有基础货币占存款比率）到目前为止是对货币乘数影响最大的因素。

至于货币乘数与基础货币之间的相互作用，我们发现前者是造成后者的格兰杰之因。这一发现与那些将利率和汇率而不是基础货币作为目标变量的政策体制是一致的。

数据附录

意大利的货币统计，1861—1991 年 （10 亿里拉，年末值）

年份	BP	BR	BE	MBTR	MBOT	BF	D
1861	1. 0566	0. 00	0. 00	0. 040	0. 8986	0. 1180	0. 1225
1862	1. 1830	0. 00	0. 00	0. 0370	1. 0156	0. 1304	0. 1550
1863	1. 1831	0. 00	0. 00	0. 0420	0. 9858	0. 1553	0. 1884
1864	1. 1332	0. 00	0. 0074	0. 0540	0. 9420	0. 1446	0. 2000
1865	1. 1619	0. 00	0. 0090	0. 0620	0. 9604	0. 1485	0. 2249
1866	1. 6348	0. 00	0. 0095	0. 6080	0. 9147	0. 1216	0. 2247
1867	1. 8033	0. 00	0. 0159	0. 6700	1. 0121	0. 1371	0. 2377
1868	1. 8131	0. 00	0. 0113	0. 7730	0. 8229	0. 2285	0. 2766
1869	1. 8344	0. 00	0. 0125	0. 8250	0. 7936	0. 2283	0. 2971
1870	1. 9365	0. 00	0. 0312	1. 2060	0. 5133	0. 2484	0. 4961
1871	2. 2059	0. 00	0. 0400	2. 0870	− 0. 0650	0. 2239	0. 6379
1872	2. 4208	0. 00	0. 0714	2. 4600	− 0. 1749	0. 2071	0. 8905
1873	2. 5154	0. 00	0. 0662	2. 6680	− 0. 2982	0. 2118	0. 8197
1874	2. 5365	0. 00	0. 0668	1. 9730	0. 4273	0. 2030	0. 8718
1875	2. 5651	0. 00	0. 0586	2. 2100	0. 2693	0. 1444	0. 9685
1876	2. 6073	0. 00	0. 0616	2. 2404	0. 2785	0. 1500	1. 0137
1877	2. 6373	0. 00	0. 0621	2. 2555	0. 2936	0. 1503	1. 1405
1878	2. 6481	0. 00	0. 0611	2. 2634	0. 2940	0. 1518	1. 2016
1879	2. 6784	0. 00	0. 0745	2. 2922	0. 3120	0. 1487	1. 2747
1880	2. 7250	0. 00	0. 0877	2. 2903	0. 3439	0. 1785	1. 3357
1881	2. 6336	0. 00	0. 0865	1. 5980	0. 9838	0. 1383	1. 4155
1882	2. 5141	0. 00	0. 0669	0. 7800	1. 6418	0. 1592	1. 4492

续表

年份	BP	BR	BE	MBTR	MBOT	BF	D
1883	2.4569	0.00	0.0781	0.7079	1.5043	0.3228	1.5969
1884	2.5502	0.00	0.0811	0.7438	1.5162	0.3713	1.7379
1885	2.6512	0.00	0.0918	1.0765	1.3277	0.3388	1.9041
1886	2.7505	0.00	0.0914	1.0531	1.4431	0.3457	2.1889
1887	2.7978	0.00	0.0954	1.3435	1.1704	0.3793	2.2734
1888	2.7888	0.00	0.1064	1.4085	1.0511	0.4356	2.3182
1889	2.9128	0.00	0.0835	1.2296	1.3278	0.4389	2.3133
1890	2.9913	0.00	0.0782	1.5534	1.1063	0.4098	2.1869
1891	3.0163	0.00	0.0804	1.3299	1.3240	0.4428	2.0945
1892	3.0762	0.00	0.0710	1.3186	1.3813	0.4473	2.1995
1893	3.1292	0.00	0.0649	1.3810	1.3664	0.4467	2.1414
1894	3.1054	0.00	0.0679	0.7462	1.8904	0.5367	2.0806
1895	3.0678	0.00	0.0608	1.2428	1.3554	0.5304	2.2020
1896	3.0299	0.00	0.0650	1.1126	1.4233	0.5590	2.1433
1897	3.1588	0.00	0.0733	1.3306	1.3414	0.5601	2.1583
1898	3.2203	0.00	0.0745	1.4330	1.2947	0.5671	2.2579
1899	3.2893	0.00	0.0838	1.4562	1.3549	0.5620	2.5821
1900	3.3044	0.00	0.0780	1.4087	1.3941	0.5796	2.7050
1901	3.3478	0.00	0.0816	1.4214	1.4018	0.6062	2.9000
1902	3.4093	0.00	0.0876	1.5330	1.3205	0.6434	3.0219
1903	3.5582	0.00	0.0975	1.6703	1.1459	0.8395	3.2923
1904	3.7023	0.00	0.1056	1.8571	1.0879	0.8629	3.6227
1905	3.8360	0.00	0.1326	2.1199	0.7952	1.0535	4.1469
1906	4.1529	0.00	0.1348	2.0692	1.0202	1.1983	4.0269
1907	4.6147	0.00	0.1781	2.2527	1.1349	1.4052	4.3456
1908	4.6052	0.00	0.1894	2.4103	0.9280	1.4563	4.8231
1909	4.6915	0.00	0.1989	2.4113	1.0056	1.4735	5.2930
1910	4.9591	0.00	0.1989	2.8034	0.8664	1.4882	5.6054
1911	5.2532	0.00	0.2041	2.9494	0.9532	1.5547	5.9076
1912	5.2767	0.00	0.2319	3.0592	0.8593	1.5901	6.0531

续表

年份	BP	BR	BE	MBTR	MBOT	BF	D
1913	5.5049	0.00	0.2297	3.3743	0.7084	1.6519	6.3444
1914	6.4882	0.00	0.2761	4.5641	0.4687	1.7315	6.2106
1915	7.9192	0.00	0.3297	7.6266	−1.0666	1.6889	6.7164
1916	9.4563	0.00	0.4288	10.7910	−2.6323	1.7264	8.8759
1917	14.4586	0.00	0.4090	17.9178	−4.8337	1.7835	10.4735
1918	18.8585	0.00	0.5980	19.6112	−2.4853	2.3306	15.1427
1919	25.2392	0.00	1.0748	26.1171	−1.8480	2.0449	22.4748
1920	30.2692	0.00	1.4142	27.6348	1.9732	2.0754	27.8748
1921	30.3426	0.00	2.1901	24.7617	5.7724	1.9986	25.5397
1922	30.3321	0.00	1.1494	22.3396	7.1004	2.415	27.2965
1923	29.2992	0.00	1.5397	20.1053	8.8862	1.8474	36.2903
1924	31.1745	0.00	1.7945	20.2077	10.9353	1.8260	42.7304
1925	31.9785	0.00	2.0139	22.0557	9.8959	2.0408	47.0603
1926	31.0754	0.00	2.6652	14.5060	16.7561	2.4785	55.89
1927	30.0675	0.00	2.8188	21.0030	−0.2226	12.1029	58.98
1928	29.9615	0.00	2.6702	14.4930	7.0679	11.0708	62.68
1929	30.7579	0.00	2.0103	18.3960	4.0310	10.3412	63.76
1930	30.8752	0.00	2.5548	21.1400	2.6657	9.6243	63.38
1931	31.9927	0.00	1.6155	24.5230	1.2887	7.7965	61.32
1932	33.4282	0.00	1.9702	28.6690	−0.4146	7.1440	56.93
1933	34.6991	0.00	2.1243	33.4420	−4.0153	7.3967	58.11
1934	35.5857	0.00	1.8836	36.0370	−4.4509	5.8832	56.00
1935	39.4354	0.00	1.8002	36.1850	1.6559	3.3947	52.65
1936	43.6765	0.00	1.6915	47.9120	−6.5650	4.0210	57.41
1937	47.2456	0.00	1.5748	34.5970	10.1964	4.0270	54.17
1938	53.6937	0.00	1.2316	42.1500	8.9503	3.2460	60.97
1939	63.5887	0.00	1.4877	52.5340	9.2964	3.8250	55.53
1940	79.24	0.00	1.4697	70.39	7.9414	2.3770	72.46
1941	107.72	0.00	1.9418	94.32	12.9893	2.3470	93.63
1942	152.07	0.00	2.4287	129.96	21.8600	2.6720	117.95

年份	BP	BR	BE	MBTR	MBOT	BF	D
1943	288.85	0.00	4.2975	216.56	64.8135	11.770	143.26
1944	426.29	0.00	4.7885	425.86	2.7820	2.4360	248.79
1945	549.31	0.00	9.4770	556.69	− 0.3370	2.4360	406.59
1946	735.11	2.20	79.55	799.95	− 8.8310	25.74	698.06
1947	1066.13	73.30	204.67	1027.29	231.29	85.51	1013.89
1948	1546.55	258.90	268.30	1314.17	547.06	212.52	1534.80
1949	1933.47	349.90	311.70	1512.32	673.39	409.36	1972.40
1950	2288.45	385.70	370.40	1621.07	1083.75	339.73	2297.80
1951	2443.65	457.30	466.40	1753.92	1247.17	366.26	2726.60
1952	2694.68	550.20	445.80	2020.52	1319.21	350.95	3377.40
1953	2926.12	658.00	453.00	2262.59	1340.15	434.39	3946.70
1954	3163.72	764.60	521.50	2609.36	1292.32	548.14	4515.50
1955	3399.32	885.60	563.10	2845.22	1263.89	738.90	5218.60
1956	3660.09	986.10	532.90	2891.24	1464.14	823.70	5921.20
1957	3826.44	1094.40	611.70	3070.22	1397.62	1064.70	6590.70
1958	4086.69	1420.00	1046.70	3182.66	1725.92	1644.80	7631.10
1959	4453.22	1692.00	1302.40	3082.97	2089.95	2274.70	8930.80
1960	4862.09	1987.70	1269.80	3215.81	2226.47	2677.30	10297.10
1961	5500.83	2282.80	751.20	3399.64	2508.99	2626.20	12057.40
1962	6148.15	2475.10	1113.60	3813.90	2688.95	3234.00	14308.00
1963	6935.32	2782.70	783.00	4627.40	3357.62	2516.00	16174.40
1964	7491.25	2909.00	1047.70	5228.60	3409.75	2809.75	17630.60
1965	8266.53	3390.30	1118.00	5833.10	3505.13	3436.60	20728.00
1966	9072.10	3686.70	1208.20	6059.40	4236.70	3670.90	23950.60
1967	10030.00	3873.80	1154.60	6367.00	4777.60	3913.80	27407.30
1968	10550.20	4256.70	1415.40	7062.30	5123.60	4036.40	31137.60
1969	11629.50	4754.70	1090.00	7704.60	6383.00	3386.60	34670.00
1970	12393.70	5536.80	1478.90	9694.20	6008.20	3707.00	40210.00
1971	14216.70	6698.70	1845.00	11117.50	7579.80	4063.10	47372.00
1972	17075.90	7936.00	1849.40	13523.90	9690.30	3647.10	56203.00

续表

年份	BP	BR	BE	MBTR	MBOT	BF	D
1973	19999. 10	9597. 50	1911. 50	17695. 90	10247. 00	3565. 20	69673. 00
1974	22042. 60	11091. 70	2481. 20	22757. 00	12440. 80	417. 70	81381. 00
1975	26165. 20	12725. 40	3573. 30	31180. 80	12579. 80	− 1296. 70	101558. 00
1976	30244. 40	17140. 20	2484. 20	45333. 00	4730. 10	− 194. 30	124059. 00
1977	35166. 00	20804. 00	3440. 40	39142. 90	15321. 80	4945. 70	152744. 00
1978	43146. 20	25880. 30	5312. 70	55086. 50	8395. 90	10856. 80	187934. 00
1979	52582. 00	31388. 40	4098. 30	62629. 80	11714. 30	13724. 60	225582. 00
1980	58216. 50	34434. 80	4677. 70	73745. 70	9152. 70	14430. 50	255314. 00
1981	65204. 00	37381. 00	49804. 00	102004. 00	− 8872. 00	14357. 00	276434. 00
1982	72389. 00	45532. 00	4625. 00	117785. 00	− 3946. 00	8707. 00	332079. 00
1983	81414. 00	54625. 00	4057. 00	123691. 00	− 1142. 00	17547. 00	376613. 00
1984	91566. 00	63479. 00	5198. 00	143224. 00	− 5669. 00	22688. 00	421529. 00
1985	104667. 00	75693. 00	8056. 00	179744. 00	− 338. 00	9010. 00	466104. 00
1986	118965. 00	84714. 00	5095. 00	201570. 00	− 5350. 00	12554. 00	506036. 00
1987	136247. 00	93455. 00	5918. 00	214485. 00	1825. 00	19310. 00	541215. 00
1988	151674. 00	102898. 00	4982. 00	235016. 00	− 5719. 00	30257. 00	582616. 00
1989	177468. 00	112645. 00	5413. 00	257255. 00	− 7137. 00	45228. 00	641630. 00
1990	191946. 00	125490. 00	4284. 00	270231. 00	− 9197. 00	60686. 00	701129. 00
1991	210679. 00	128915. 00	5107. 00	301234. 00	− 8575. 00	52012. 00	767896. 00

第3章
从政治统一到1913年：创建新货币、多家发钞银行、银行业立法、货币政策

自设立之日起，意大利银行就将自己定位于服务于国家的福祉（意大利银行，1935）。

导　　论

本章研究从政治统一到第一次世界大战前夕这段时期意大利货币政策的演变。我们尤其关注涉及发钞银行业务、货币体系和与世界其他国家货币关系的立法。因此，本章的核心是研究1866年、1868年、1874年、1880年和1893年通过的重要新立法的动机因素及实际影响。我们也将重点研究意大利最重要的几家发钞银行所采取的货币政策模式。

由于所研究的时间区间较长，所以我们将分别研究1861—1896年和1897—1913年两个子时期，目的是帮助读者更好理解本章内容。当然，我们也可以划分成其他不同的子时期。实际上，我们开始时曾考虑

将意大利银行成立的 1893 年作为两个子时期的分界点；但正如后面说明的，我们的结论是，就货币政策的结构性变化来说，1893 年不是一个重要年份，而且这一年也没有关于实际变量和经济周期的新想法。由于上述原因，我们决定将第二个子时期的开始年份确定为 1897 年，这一年标志着包括意大利和世界其他国家在内的一个经济增长过程的开始，这一经济增长过程是第一次世界大战前 15 年中最主要的特征，这一时期通常被称为金本位的"高潮"期。

政治统一前意大利各公国的发钞银行

在政治统一之前，意大利划分为几个王国，如图 3.1 所示。从某种近似程度上讲，读者可以将意大利的统一进程视为撒丁王国或皮埃蒙特王国不断扩张的结果，这一进程主要发生在 1859—1860 年。我们的研究从 1861 年开始，这一年标志着意大利王国的诞生；但在此后若干年里统一进程仍在继续。实际上，通过更多战争，威尼斯和罗马公国分别于 1866 年和 1870 年并入意大利王国；更多意大利东北部领土并入王国发生在第一次世界大战期间。

在下面几节中，我们将概括介绍意大利以前各公国发钞银行的产生、演变和主要业务；这将使我们了解到意大利统一前的重要问题（在后面章节中对这些重要问题会做进一步研究）和总体环境，这种总体环境导致了 1861 年前纸币流通的状况。这几节是简要介绍不同发钞银行之间的区别，包括资本构成、法律地位和与政府当局的"实际"关系；以及在发行纸币中的自主权和法律特点等。每一节中所包含的信息的多少与每家银行的相对重要性是一致的，包括统一之前和之后[1]。

---

[1]　卡瑞里（1879）；苏必诺（1895）；蒙兹利（1896）；坎诺阿（1912）；科纳罗（1931）；迪·纳蒂（1953）；德·玛蒂亚（1959）；达·博兹奥和费洛尼（1964）。

资料来源：金德伯格。

图3.1　统一时的意大利

撒丁国民银行

在撒丁地区，各王国最早尝试建立一家发钞银行的想法可以追溯到

1840 年。这些想法没有成功的原因是政治当局反对。但在 1844 年，当局批准在热那亚市组建一家银行，资本金是 400 万意大利里拉，完全来源于私人部门。3 年后，建立了第二家银行，与第一家设在热那亚市的银行相同，总部设在都灵市。这家银行于 1849 年底开始营业。

这两家银行分别称为热那亚银行和都灵银行，既是商业银行也是发钞银行。章程规定的主要业务种类有票据贴现、发放贷款、吸收存款、开设无息活期账户和发行银行券。发行的银行券只能是 500 里拉和 1000 里拉的大面额、不记名，并可以自由兑换成贵金属。银行章程规定，活期账户余额加上流通中银行券的总额不得超过持有贵金属储备的 3 倍。

尽管这两家银行的设立是为了促进商业发展和消除高利贷，但两家银行在 1848 年出现了目标的重要改变。当时，撒丁王国与奥地利的军事冲突而造成意大利财政部陷入财政困境，这就是利益和特权之间相互交换持续进程的开始，通过这些交换，银行逐步被纳入政府利益的范畴②。

同时在 1848 年，这两家银行合并成一家新机构，名称是撒丁国民银行，资本金为 800 万里拉。政府强力支持这一合并，因为它认识到可以从单一和更大的发钞银行获得好处③。这家新银行发行的银行券最低面额可以是 100 里拉，而且在正常情况下，应该是无记名的和可以自由兑换成贵金属的。旧章程中限制活期负债总额不得超过持有贵金属储备 3 倍的规定被保留下来。

在 1850 年通过的一部法律中，撒丁王国正式引入了单一发钞银行的体系。另外，该法律规定了流通中纸币的最大数额，这是在仍有效的

---

②　有意思的是，意大利银行自己撰写的一份历史回顾中也记录了这种积极的互动过程，意大利银行是这两家银行的直接继承者（德·玛蒂亚，1991，第 476 页和第 1049页）。

③　根据新章程，该行可以进行如下交易：（1）贴现期限不超过 3 个月和有三方签字的见票即付汇票；（2）发放有如下抵押品的贷款：有贵金属、特定政府证券息票、可在境外使用汇票等；（3）吸收无息活期存款；（4）吸收其他存款；（5）将储备资金投资于政府证券，金额不超过其资本金的五分之一；（6）发行银行券。

1:3 贵金属比率规定之外的限制。最后，财政部与发钞银行之间的联系得到了加强，后者被授权办理国库券的贴现业务，以及国库券和众多政府证券息票抵押贷款业务。

在1852年7月和1859年4月及10月，利用向政府提供新贷款的机会，这家银行获得了更多和更重要的优惠待遇。1852年银行资本金增加到3200万里拉，允许办理新业务，新设立了3家分行。1859年4月，再次宣布纸币的不可自由兑换，但在10月底这项规定又被废止。此外，规定了一项新原则：为了满足政府金融需要而发行的银行券（也被称为"代理政府发行"），不受有关流通中货币数量规定的限制（包括最大限额和与贵金属储备比率）。这一原则虽然明显是服务于政府的利益，但变成了政治统一后历史中控制货币存量余额的一个基本理念。1859年10月，该行得到批准将资本金增加到4000万里拉；允许将业务扩展到伦巴第地区（该地区即将被并入撒丁王国）；可以发行50里拉和20里拉小面额纸币。在意大利王国成立后，政府与撒丁国民银行的关系得到了进一步加强。

这家银行初期的快速增长很大程度上是由于撒丁王国总理卡米罗·卡沃尔伯爵的倡议。虽然是自由市场经济的积极倡导者，但他相信一家强有力配合政府的中央银行会给国家带来巨大利益（卡米罗，1931，第281页）。格雷里（1879，第1148页）写道：

"卡沃尔伯爵是一位务实的政治家，他认为所有政府都应有一家强有力的银行，并且在困难时期都会尽最大可能寻求其帮助。"

由于撒丁王国议会的多数议员并不认同卡沃尔的观点，所以为了实现其目标，伯爵有时会借助于他的政治影响力，有时也利用外交手段，而且在有些情况下他会推迟采取行动直到更有利的政治时期。例如在1851年，在讨论银行券恢复可自由兑换问题时，他建议授权国民银行可以在5年期限内发行具有法偿货币性质的银行券、资本金从800万里拉增加到1600万里拉和允许该行提供国库代理服务。议会没有批准这些建议，因为议会认为这些建议与自由企业原则有矛盾。

第3章　从政治统一到1913年：创建新货币、多家发钞银行、银行业立法、货币政策

1859—1860年，卡沃尔试图尽最大可能扩展国民银行在新合并国土内的业务。当环境变得有利时，为了实现其战略，他对议会施加了一定压力。实际上，撒丁王国的军队占领了米兰后，他就立即发布一道政府令授权国民银行在米兰开设一家分行。甚至在艾米利地区被合并前，他就授权国民银行收购在当地营业的帕门斯银行和雷伽兹奥尼银行。在并吞意大利南部地区时，卡沃尔避免了在该地区设立一家新银行，同时设法使国民银行可以在该地区实现大规模的扩张计划。

在1861年底，由于已有8家综合业务的分行和51家代理机构，所以国民银行的业务已经覆盖整个意大利；只有托斯卡纳尼地区例外，因为当地银行坚决反对。但即使有抵触，该地区到1865年也被征服了。

在统一后的意大利，由于国民银行发钞银行体系中已经变为"实际"核心机构，所以有必要进一步说明在1860年以前该行实现保证其纸币自由兑换成贵金属目标的方式，这一目标也是保护国民银行自身的贵金属储备。在1857年以前，撒丁王国有一项防止高利贷的法律，禁止银行将贴现率提高到6%以上。由于这项法律，所以很难评估国民银行在多大程度上愿意改变利率以保护其贵金属储备。我们只是注意到，在1852—1853年的金融危机期间，贴现率提高到6%的上限，而且在需要时该行通常会直接从国外进口贵金属。随着高利贷立法的废除，而且又发生了源于国际市场的严重金融危机，所以贴现率上升到了10%。10%的贴现率仅保持了一个月，然后迅速下降到4.5%至5%。同时，贵金属持续流入。迪·纳蒂（1953）因此得出的正确结论是，该行明确表明不愿意充分依靠利率机制，但又没有解释其理由④。

---

④　德·塞科（1990）提到的一些文件完全可以证实，即使当外国银行提高了利率，该行也不想调整利率。基于同样的理由，该行管理其政府证券组合的方式与充分利用利率机制的原则不一致。实际上，经常出现的情况是，通过国内外之间价差，或通过已有与新发行证券之间价差的套利操作来使利润最大化，或希望通过大规模购买证券来"帮助"财政部。在意大利政治统一时，第二个选项似乎占主导地位。实际上，该行持有的政府证券组合达到了其章程所允许的最大值。

托斯卡纳国民银行

法伦兹商业银行于 1826 年成立，资本金为 100 万托斯卡纳里拉⑤。1837 年一家类似银行利沃诺商业银行成立了，资本金为 200 万里拉。1857 年这两家银行合并，组建了实际上是私人性质的托斯卡纳国民银行，资本金为 300 万里拉，在佛罗伦萨和利沃诺设立分行。1857—1860 年，该行通过并购 4 家储蓄银行在托斯卡纳地区扩展业务，资本金增加到 800 万里拉。

托斯卡纳国民银行吸收存款，有些不支付利息，但可以随时提取；有些支付利息，但需要提前 30 天通知。该行的主要收入来源是汇票的贴现。作为一家发钞银行，该行与撒丁国民银行和波特法克国家银行一起构成 3 家授权银行，可以在各自公国内发行无记名和可自由兑换的银行券。在市场上，银行券的流通都是基于信用。但向托斯卡纳政府支付时，就变成了法偿货币。根据银行章程，银行发行的银行券总额不得超过银行实收资本的 3 倍，也不得超过持有贵金属储备的 3 倍。

同样根据银行章程，该行不得从国外进口贵金属。因此，为了保持所发行银行券的可兑换性，该行只能通过利率机制来进行干预；在 1860 年该行的银行券是唯一没有宣布停止自由兑换的银行券。银行券的这一关键特点是托斯卡纳王国的银行与皮埃蒙特王国的银行之间最重要差异。另一个差异是客户类型：前者偏好私人客户，而后者主要与金融机构和政府开展业务。

罗马那银行

罗马那银行成立于 1833 年，总部设在罗马。根据银行章程，该行可以按不超过 5% 的利率办理汇票的贴现、发放贷款、吸收活期存款和发行各种银行券（见票即付，或按指令支付；活期或定期）；流通中银行券的总价值不得超过持有贵金属的 3 倍。在 1848 年开始时，由于自

---

⑤　1 个托斯卡里里拉大约等于 0.8 个撒丁王国里拉或意大利里拉。

身管理能力不足，该行无法保证其发行的银行券可以自由兑换成贵金属。这时梵蒂冈政府进行了干预，并设置了银行券发行的最高限额⑥。

1850 年梵蒂冈政府被迫重建罗马那银行的信誉和净资产。银行的资本金确定为 100 万 "斯库蒂" ⑦。银行的名字改为波特法克国家银行。该行在整个梵蒂冈公国享有发行银行券、吸收储蓄存款和发放信贷的排他性垄断权。与此前的罗马那银行一样，银行券存量不得超过贵金属储备的 3 倍。

这家新银行的管理并不比前一家银行好多少。实际上在 1854—1856 年，每天都限定一个银行券兑换贵金属的固定数量；这等于一部分流通中的银行券不能自由兑换（corso forzoso）。1866 年出现了同样的困境。1870 年在梵蒂冈政府将银行的资本金增加到 1000 万斯库蒂之后不久，罗马就被并入意大利王国，该行又恢复了以前的名称——罗马那银行。作为回报，罗马那银行宣布放弃了其作为罗马唯一有权办理商业银行业务和发行银行券的特权。

罗马那银行以一种劣质和通常是非法的方式办理业务。在 19 世纪50 年代和 60 年代，该行并没有向政府提供任何重大财政支持⑧。

罗马那银行有两家分行，一家在安科纳，另一家在博勒尼亚。1855年经过批准，博勒尼亚分行被私有化，并开始以雷伽兹奥尼银行名称独立开展业务。根据章程，这家银行可以发行见票即付的信用银行券。流通中的银行券余额不得超过实收资本（20 万斯库蒂）的 3 倍，其资产中持有的汇票余额总价值也不得超过实收资本的 3 倍⑨。正如前面提到的，1861 年该行被撒丁银行收购。

---

⑥　当罗马革命爆发时，该行正在经历一个重组过程。革命后的共和国授权该行发行大量新银行券，但同时宣布银行券不再可自由兑换。

⑦　1 个斯库多大约等于 5 个里拉。

⑧　在现实中，借给梵蒂冈公国的贷款从未超过该行总资产的 6%。

⑨　根据其章程，与其他发钞银行不同的是，该行可以吸收有息存款。

那波利银行

1816 年成立了两家都叫西西里的银行,"两西西里银行"其中一家被称为"服务大众"（dei privati）银行,从广大公众和典当行吸收存款;另一家被称为"服务政府"（di corte）银行,直接受财政部领导,办理财政收支业务。两家银行的原始资本金都是 700 万达卡提⑩。

在 1818 年,因为一项授权办理贴现业务的政令,所以"服务政府"银行的政府业务部分得到了加强。财政部为此项新业务提供了 100 万达卡提的资本金,该行可以向公众和政府机构办理汇票的贴现。

1862 年,这家银行更名为那波利银行;其"服务政府"的部分停止运行,同时继续办理商业银行业务。该行发行的银行券实际上是基于信用,而且大部分是以存款人名义发行的。

西西里银行

西西里银行于 1850 年组建,是政府所有,最初是另一个不同名称;该行的组建是通过合并几家 1843 年成立的金融机构,这几家金融机构此前是两西西里银行的一部分。

在 1858 年之前,这家银行是一家只吸收存款的机构。此后被授权可以贴现汇票和发行以客户命名和有贵金属抵押的银行券（因此经过背书可以转让）。1860 年这家银行更名为西西里银行。

威尼斯商人银行

这家银行于 1853 年在威尼斯成立。最初资本金全部来源于私人部门,大约等于 300 万弗瑞尼⑪。在 1856—1863 年,资本金先是增加到 1000 万弗瑞尼,然后又降低到 600 万弗瑞尼。

在奥匈帝国（包括伦巴第和威尼托地区）,只有位于维也纳的中央

---

⑩　1 个达卡多大约等于 4 个里拉。

⑪　1 个弗瑞诺大约等于 2.5 个里拉。

银行才具有发钞银行的职能，这家银行是唯一例外。实际上，这家银行被授权发行不记名的信用银行券。1866 年该行被国民银行收购。

帕尔玛银行

这家银行于 1858 年在帕尔玛市成立。资本金是 50 万里拉。该行可以发行无记名银行券，可以自由兑换成金属货币。银行券发行最大金额不得超过该行实收资本金的 3 倍。在经济周期中，流通中的银行券只能是基于信用。1866 年这家银行被国民银行收购。

塔斯卡纳工商信贷银行

这家银行 1860 年在佛罗伦萨市由临时政府组建，直到 1863 年底该行才开始办理业务[12]。这家银行的资本金是 1000 万里拉，其中 300 万是实收资本。银行吸收有息和无息存款，并通过贴现商业汇票的方式发放贷款。该行发行无记名银行券，可以自由兑换成贵金属。银行的章程明确了银行券的信用特点："没有人必须接受本公司的银行券。"该章程也规定了流通中银行券的上限，即银行资本金的 3 倍。另外，没有规定贵金属储备与流通中银行券总额的比率。

新国家有多家还是只有一家发钞银行

到目前为止，有两个重要方面是显而易见的。第一个重要方面是在以前各公国内，发钞银行、货币存量和货币政策是非常多元化的。只有一些公国有真正的发钞银行（即银行被授权发行无记名银行券并作为法偿货币）：撒丁公国、托斯卡纳公国和梵蒂冈公国。其余公国可以分为两类。第一类，银行被授权发行记名银行券，经过背书可以转让；或无记名银行券，但流通是基于信用（不是法偿货币）。第二类，各国只有

---

[12]　因此，这不是一家此前国家的发钞银行。我们提到这家银行，是为了提供在国家统一后的最初几年里存在的所有发钞银行的完整信息。

贵金属货币。在这些公国内，银行的作用仅限于货币铸造业务。

各种发钞银行之间也有其他重要差异。一些发钞银行是政府所有，另一些则是私人所有，还有一些则是混合所有制。一些银行有很多资本金，另一些则资本金不多。这些银行的商业活动及其与政府当局的关系也有很大差异。但银行的主要差异是利率政策，以及保护贵金属储备的目标和银行券的可兑换性。正如前面提到的，下述情况并非偶然：托斯卡纳公国银行发行的银行券一直保持可自由兑换成贵金属，而撒丁王国和罗马公国银行发行的银行券在一些时候是不可自由兑换的。

第二个重要方面是政治统一进程并没有带来一个只有一家发钞银行的银行体系。在以前各公国的所有发钞银行中，只有三家较小银行（威尼斯商人银行、帕尔玛银行和雷伽兹奥尼银行）被清盘了。其余银行保留了发钞银行的地位，而且又授予了托斯卡纳银行发钞权。通过持续不断地进入被撒丁王国逐渐合并的地区，国民银行大幅度增加了其规模，而且变得比其他发钞银行大很多，但并没有成为意大利王国中唯一的发钞银行。正如图 3.2 所示，直到 1926 年才实现了银行券发行的垄断。

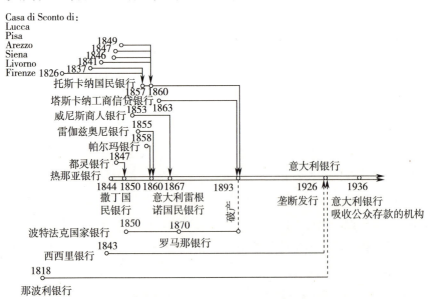

图 3.2　发钞银行的起源和向单一发钞银行的演变

为什么在实现政治统一时没有决定建立只有一家发钞银行的体制？实际上，正如我们将在本章剩余部分中看到的，没有选择一家发钞银行的决定，对货币存量的数量和质量，以及意大利整个银行体系都造成了极大负面影响。

对此问题的答案与当时的政治环境和流行的学术观点有关。从政治角度讲，在政治统一时有两个相互矛盾的目标：强化对整个新国家中央监管的力量与尊重地方的某些重要权利，包括有关发钞银行的权利。创建一个单一和强有力发钞银行当然有助于实现第一个目标。1863 年 10 月在提交给股东年度大会的报告中，有一项既暴露了撒丁国民银行支配地位的倾向，也强调了迈向单一发钞银行方向的声明：

政府的战略是意大利应当实行单一发钞银行。虽然各类经济学派之间还没有解决一家或多家发钞银行哪种方式对意大利更好的问题，但政府偏好单一发钞银行的选择，但又必须把精力放在政治统一问题上，因为一些内部派别以及外部敌人现在比以往任何时候都反对单一发钞银行体制。

另外，正如格雷里（1879）、坎诺阿（1912）和德·玛蒂亚（1959）等人认识到的，强化意大利的政治和经济统一不能完全忽视地方利益和司法管辖的反对势力。

实行单一发钞银行的另一个阻力来自当时流行的经济学说。实际上当时被普遍接受的观点是银行应当有权自由发行银行券。当时最有影响力的主流自由主义经济学家是弗朗塞斯科·费拉拉，他是一位货币理论方面的专家，也是一位议会议员，而且在 1867 年还是财政部长[13]。

---

[13] 例如，见费拉拉（1968）。卡瑞里是另一位货币问题的重要权威，他支持同一学派，而布萨卡并不完全反对"超级"银行的观点（卡瑞里，1879；布萨卡，1870）。在一篇有意思的文章中，卡达雷利（1990，第 173 页）首先指出，国民银行说服了坎诺阿和博卡多（最初都是自由主义理论的赞成者）支持垄断的做法。然后他补充道："他们几乎不参加客观和无偏见的讨论。总体来说，他们的立场就是银行自身所鼓吹和/或左右的。实际上，1893 年议会的调查清楚地表明，为了维护自身利益，发钞银行资助了各类杂志，而且也有资助出版手册和发表论文的例子。"

在冲突的经济理论与现实需要之间寻求妥协的需要，促使政治当局提出了模糊的对策，而且不断改变其立场，即在所有银行都可以自由发行银行券与只有单一银行垄断发行银行券之间摇摆不定。一方面，在撒丁王国和后来的意大利王国，自由主义思想普遍流行导致了如下局面：（1）权力很大的总理卡沃尔自己不得不多次推迟其强化撒丁国民银行的计划；（2）一些地方政府反对破坏发钞银行多元化原则的有关立法；（3）在1867年撒丁国民银行还没有被允许更名为"意大利王国国民银行"，但允许在意大利王国内使用"国民银行"的名字（戴尔阿莫，1961，第476页）。

另一方面，有些时候支持单一发钞银行主张的派别也会站上风。我们可以举出一些案例。在1850年，撒丁王国议会只授权一家银行即国民银行发行银行券。在1863年也是由于政府的协调，国民银行和托斯卡纳国民银行两家同意合并，组成意大利银行。合并协议得到了参议院的批准，但因众议院的反对而没有通过。在1865年，同样的事情再次出现。议会没阻止撒丁国民银行的业务扩张，直到该行变成全国最重要的发钞银行，而且是意大利王国唯一一家业务覆盖全国的银行⑭。

一家发钞银行成为具有支配地位的机构。这一结果既不能使竞争支持者高兴，也不能让垄断推动者满意。这是两种思想流派调和的结果。遗憾的是意大利王国过于满足于这种妥协，以至于没有通过相关立法来管理银行和金融业务。这种立法缺失是最大的漏洞，并导致了发钞银行之间的更多竞争：

（1）几乎在所有方面这些发钞银行都有很大差异；

（2）这些银行的业务不是受一个中央货币当局的监管，而是受习惯法和各自章程的监管（迪·纳蒂，1953，第119页）；

（3）这些发钞银行由于也是商业银行，所以将竞争领域扩展到了

---

⑭　萨努茨（1990，第184页）甚至认为，国民银行是在意大利最适合承担领导银行职责的机构，因为在此前的两种场合下，国民银行已经在可自由兑换纸币的机制下这样做过。

资产负债表的资产方，结果导致了几次金融危机（里帕·迪·米纳和萨塞尼里，1990）。

在本章的剩余部分我们会再次分析这一主题。

新国家货币体系的选择

意大利的政治统一产生了建立一个全国货币体系的问题。这一问题的解决方案必须包含对货币体系"基石"的选择和消除现存货币存量的地区间差异。

这些初始差异涉及流通中的银行券和金属货币，德·玛蒂亚（1990）对此作了深入研究。就银行券而言，没有单一发钞银行和缺少立法监管货币发行的事实清楚地表明，当时并没有建立单一全国性货币的意愿。另外，就金属货币而言，却形成了统一该体系的决定。从很大程度上讲，这仅仅是一个机械过程（即金属货币从以前各公国退出流通），所以我们不认为有必要对此做进一步分析[15]。相反，有必要研究与选择新货币体系基石相关的问题。实际上，这种选择对实施货币政策产生了重要影响。当时有 4 个可能的解决方案：银行券不可兑换、银行券可兑换成白银、银行券可兑换成黄金、银行券可兑换成黄金和/或白银。由于现实和理论上原因，很容易（几乎是自然而然地）就排除了第一个方案[16]。第二个方案是可行的。实际上，当时在意大利全国，银本位的货币制度显然是最普遍采用的体系。尤其是在南方，流通中唯一的贵金属就是白银。因此，有充分理由实行一个银本位的货币体系。但是，当时也有来自各界强有力的反对意见：

（1）当局相信金本位体系更优越，另外，当局也认为欧洲各国迅速采用这种体系是必然的；

（2）与意大利有密切商业、金融和政治联系的法国一直同时保持

---

[15]　有兴趣了解更多这方面信息的读者可以参阅德·玛蒂亚（1959）的出色研究。

[16]　雷德尔（1991）对 1870—1914 年的国际货币理论的发展进行了出色的研究。

银行券自由兑换黄金和白银；

（3）国民银行在特定地区可以保证其银行券自由兑换黄金。

最后，解决方案又是妥协的结果：可以同时兑换黄金和白银，但从实际操作上，这意味着只会兑换黄金。

在短期内，将黄金的使用扩展到全国范围内不是一件容易的事情。这主要是因为政府决定实行一项黄金/白银 1:15.5 的法定兑换率。自 19 世纪初以来，这一比率就一直在欧洲使用，而且一直被认为是一条自然法则。遗憾的是，这一比率已经不再反映市场相对价格：白银被低估了，因此导致了著名的格雷欣定律机制的作用[17]。解决这一问题的一项临时和局部方案是承认"实际"状况，即白银是受偏好的金属，而且金银复本位制不会造成白银退出流通。在黄金被普遍接受的地区，黄金与白银的法定兑换率得到维持，而在意大利其他地区，可以按较低市场价格兑换黄金[18]。

几个月之后对政府的上述决定重新审议。1863 年 3 月 23 日金币按面值作为法偿货币的使用扩展到意大利全国。8 月 24 日为了防止出现格雷欣定律的影响，议会通过了关于货币体系的新立法（德·塞科，1990，第 76 页；斯宾里尼，1991）。该立法规定在全国范围内使用金属货币，并实行了一种伪装的基于黄金的单一金属本位体制。在理论上银币按面值是完的法偿货币，但在实践中银币只发挥着很小作用。

从金属货币的大小和重量以及黄金/白银的法定兑换比率角度看，这种货币体制很像法国的制度。但实际上，意大利的体制与法国的体制不同，因为意大利虽然支持黄金的作用，但并未像法国那样使黄金成为流通中唯一金属货币。

我们的证据如下：虽然意大利金币与法国金币相同（包括形式和含

---

[17] 自 1848 年开始，随着在俄罗斯、澳大利亚和加利福尼亚发现了黄金，这种金属的价值下跌了。

[18] 我们强调这一解决方案"局部和短命"的特点，因为缺少关于货币体系的永久性立法方案。实际上，在这种情况下，北方的经济人发现如下交易是有利可图的：按官方价格用黄金兑换白银，然后将白银运到南方，再按照市场价格兑换成黄金。

量），并且是无限法偿货币，银币是有限法偿货币，且名义含银量是
900/1000，但实际含银量是 836/1000。所以白银兑换黄金的实际比率从
1:15.5 上升到 1:14.38，与两种金属的市场价值一致。因此，白银在货
币体系中得到保留，但黄金实际上是国际交易中唯一的结算用金属[19]。
对此问题值得指出的是，法律也允许铸造和发行具有无限法偿货币性质
的较大银币，其实际白银含量是 900/1000，可以用于国际支付。但实
际情况是，这种金属币太重了（霍特雷，1927，第 75 页），而且最重要
的是只能根据需要铸造，这使其在市场上的实际作用非常有限，因为白
银的价格比较低。

与拉丁货币联盟的关系

1803 年法国基于金银复本位制的原则实行了一种新的货币体系，
官方确定的黄金/白银之间的汇率是 1:15.5。从一开始，政府在维持这
一体系方面就面临很大困难，因为世界市场上贵金属的价格通常有很大
波动[20]。由于其政治领导地位，所以法国成功说服其他欧洲国家采用类
似体系。因此，在撒丁王国、梵蒂冈公国、瑞士和比利时等国，铸造的
金属货币的面值、大小和金属含量只与法国的金属货币略有差异。正是
由于货币体系的基本统一性[21]，所以包括法国在内的这些国家最终都承
认其他国家发行的金属货币是法偿货币。因此，金属货币可以在这些国
家之间自由流通。

---

[19]　实际上，成色是 900/1000 的外国银币需要运到意大利并被熔解；同时，如果意
大利银币的成色低于 900/1000，则不被外国出口商所接受。

[20]　实际上，直到 1848 年法国都无法减少黄金外流，因为黄金的市场价格高于官方
汇率。在实际操作中，当时存在的是基于白银的货币本位制。此后，由于自由市场上黄
金价格突然和大幅度的下跌，局面发生了逆转，法国的货币体系变成了基于黄金的货币
本位制。雷索德和杰拉德（1978）研究了 1803 年法国货币体系的特点。关于格雷欣定律
所引发的反复出现的问题，见黄金在国内和国际货币体系中作用委员会（CRGDIMS，
1982）。

[21]　无法忽视的事实是金属货币具有内在价值。

新的意大利王国当然也在此类国家中。实际上，意大利采用的货币体制包含了法国货币体制的两个突出特征：金银复本位和1∶15.5的黄金/白银兑换率。另外，1862年的立法定义和整合了意大利货币体制，该法规定：

根据皇家政令，政府有权赋予在境内流通的外国金属货币法偿货币的地位。

1865年12月，法国、意大利、瑞士和比利时在巴黎召开一个货币会议。会议目标当然是雄心勃勃的，具体包括分析金银复本位制的合理性和可行性；使各国的金属货币完全相同；为了达成一个官方的货币联盟，正式完成此前讨论的关于金属货币国际流动的协议。意大利和比利时认为货币体系应当改为基于黄金的货币本位制。尽管此前经历多次困难，但法国仍坚持金银复本位制，并因此坚持要恢复白银恰当的作用。从经济和政治角度讲，法国的立场是可以预期的。从政治方面讲，为了对抗德国，法国一直想创建一个大的货币区。从经济角度讲，法兰西银行坚持认为金银复本位制具有更大灵活性，同时两家强大的私人银行当然希望能继续从经常性的套利交易中获益，而金银复本位制使这种套利交易成为可能[22]。法国主要强调的事实是，如果几个国家都采用金银复本位制，则控制贵金属市场就会变得比较容易，也会使引发格雷欣定律的风险降低到最低。正是基于这一观点，法国的立场获得了支持[23]。正如我们已经看到的，意大利赞成法国的立场，尤其是关于恢复白银作用的观点，但这仅仅是一种形式主义。

关于官方黄金/白银之间的兑换比率、各种金属货币的成色及其法偿货币的地位，货币联盟决定采用意大利1862年采用的体系。关于国与国之间货币的自由流动，这四个国家也决定将自由流动的范围扩大到

---

[22] 从威利斯（1901）和吉雷（1968）的研究看，这些因素毫无疑问发挥了重要作用。

[23] 见雅格（1976）。霍特雷（1927）认为，法国的观点也许是正确的。实际上，像西班牙、塞尔维亚、保加利亚和罗马尼亚这样的国家已经实行了金银复本位制；奥地利和芬兰也曾采用过这种体系；见穆勒曼（1896）。只是在1870年以后才决定了白银的未来地位。

银币甚至铜币。唯一规定是，在协议最终到期后两年内，每个国家承诺收回在其他国家流通的本国硬币并兑换成黄金或 5 法郎银币或可以在国外见票即付的汇票。

在 1865 年的巴黎会议上，这四个国家签订了一项被称为拉丁货币联盟的协议，希腊于 3 年后加入该协议。除了法国追求的战略和非经济目标外，该联盟可能给每个成员国带来明显好处。一般来说，这些好处所有货币联盟都有，具体包括消除了外汇交易的兑换成本和减少了国际储备。就拉丁货币联盟的特殊情况而言，这些好处并没有成为实现，因为这种结盟的形式和时机不久之后就使得该协议无法执行了。

从事前方面讲，成员国的失误是没有协调好其国内经济政策[24]。该联盟与世界其他国家之间的关系是另一个问题。从事后方面讲，法国主张金银复本位制的观点被证明完全是误导。在 1870 年以后，许多国家追随了德国的做法，选择了基于黄金的货币本位制。白银的价格大幅度下跌，拉丁货币联盟面临着变成基于白银的货币本位制的风险[25]。鉴于上述情况，成员国被迫进行调整和做出决定，有时是各国一起，有时是单个国家，而这些调整和决定总是与金银复本位制的原则相矛盾[26]。

---

[24]　如果没有这次合作，则价格和利率的差异不仅会造成储备的流失，而且小额硬币也会流失。

[25]　但值得指出的是，许多国家都犯了坚持发挥白银作用的错误。实际上，1867 年至 1871 年，罗马尼亚、希腊、西班牙、奥地利、智利、哥伦比亚和委内瑞拉也都努力提升白银的作用（马特洛，1883，第 6~7 页）。在 1870 年，由于在美国内华达州发现了银矿，所以白银的产量增加了 1 倍。在 1876 年，黄金与白银的价格比率是 1:18。其他国家则出现高估白银价值的现象。由于这些是不发达国家（如俄罗斯和奥匈帝国），所以过多的白银流向了拉丁美洲货币联盟中的富裕国家（穆勒曼，1896；科纳罗，1931；雅格，1976；德·塞科，1979）。

[26]　一个例子是铸造 5 法郎银币，开始时受到一定限制，以后则完全停止了。另一个例子是比利时、瑞士和意大利中央银行决定以黄金的形式持有其大部分储备。意大利的目标是实行基于黄金的货币本位制，所以意大利为什么没有脱离联盟的原因就很清楚了。随着时间的流逝和意大利的硬币逐渐转移到国外，开始时促使意大利加入联盟的理论依据被更现实的原因所取代：意大利不想离开联盟，因为如果离开则必须从外国收回所有硬币，并按名义价值将其兑换成黄金。见穆勒曼（1896）、科比诺（1933，第 410 页）和费拉瑞斯（1879）。

1861—1913 年：定量概览

现在我们对从政治统一到第一次世界大战前夕的货币和财政状况作一个定量分析。

1862—1913 年，三个财政比率——政府支出占国民收入、税收收入占国民收入和预算赤字占国民收入——分别是 13.5%、12.3% 和 2.9%。也就是说，在这一段时期，政府干预经济的程度不仅远低于本书的整个研究时期，而且对赤字问题也比较保守（表 1.4）。铸币税和通货膨胀税金额分别占国民收入的 0.6% 和 –4.0% 也可以支持这一判断，它们显著低于 3.4% 和 3.9% 的长期相应指标。

另外，82% 的财政赤字被货币化了，而长期相应指标是 52%。

在平均货币增长率的 4.4 个百分点当中，大约 3 个百分点是由于基础货币的变化，而其中财政部构成又是最重要因素。外部构成也有正向作用，而国内基础货币的其他方面（主要是向银行贷款）则有负向影响（表 2.1）。货币乘数平均对货币增长速度的贡献是 1.1 个百分点，全部是由于 k 比率的稳步下降。总之，货币增长的主要引擎是基础货币中的财政部构成和外国构成以及参数 k。

从表 1.3 中我们可以看到，这一段时期货币平均增长速度只是长期的一半。另外，货币流通速度的下降到几乎是长期的 2 倍。通货膨胀率只有 0.6%，而长期是 6.9（表 1.3）。作为一个整体，这一段时期的表现是货币或实际变量变化不大、货币非常宽松（德·玛蒂亚，1991，第 116 页）和价格特别稳定。标准差的数值表明，与整个时期相比，这段时期的货币供给、产出和价格的增长都更加稳定。

1861—1896 年的基础货币、货币、产出和价格

我们现在具体地分析 1861—1896 年的情况。在这一段时期，基础

货币的年均增长速度为 3.07%，而且波动性相对较高（标准差是
6.73）。尤其是在 1866—1867 年和 1870—1872 年，基础货币增长速度
大幅度提高，但在 1864 年、1881—1883 年和 1895—1896 年，速度绝对
值有所下降。

参数 k 表现出大幅下降的趋势（图 2.4）。在 1862—1872 年，参数
k 从 8.53 下降到 2.5；1888 年达到了最低值 0.95。这种突然的下降明
显表示公众在重新考虑其金融投资组合。k 的下降趋势有时会突然逆
转，最显著的例子发生在 1866 年与 1867 年之间，当时 k 大幅度上升并
在随后两年保持在相对高的水平。

在 1872 年前参数 re 一直上升，并在这一段时期的剩余年份里下降
（图 2.5）。在 1864 年、1873 年和 1896 年，参数 re 分别是 3.7、8.1 和
3.0。因此，re 的波动性要小于 k。另外，re 的变化更不可预测；偏离其
趋势值的最显著情况出现在 1867 年和 1879—1881 年。

货币乘数的增速比较有规律，从最初的 1.12 最高达到 1888 年的
1.76；1896 年达到 1.67。从这一段时期整体看，货币乘数的平均增长
率是 1.15%，标准差是 2.4。总之，k 比率（公众行为）对货币乘数增
长的影响比 re 比率（银行行为）大。

正如前面提到的，货币增长的变化比较客观地反映了基础货币的变
化，但也在某种程度上受到货币乘数持续增长的影响。在 1861 年和
1896 年，货币存量分别是 11.8 亿里拉和 51.7 亿里拉。货币存量年增长
率的标准差是 6.4%。与基础货币的情况一样，在 1866—1867 年和
1870—1872 年，货币存量出现了加速增长的过程。在 1881—1896 年，
货币乘数的趋势最初是增长，然后是下降，对冲了基础货币最初的大幅
度下降和随后的增加而对货币存量的影响。

在 1861—1896 年，货币流通速度有大幅度下降，从 1861 年的最高
值 6.23 下降到 1896 年的最低值 1.88。所有这些都是源于如下事实：在
政治统一后的最初几十年里，货币需求显著增加，尤其是对银行存款的
需求。在 1861 年经济代理人持有的货币存量相当于 8.3 周的收入；在

1889 年则上升到相当于 27.6 周的收入。

在 1861—1896 年，实际收入（用 1938 年的里拉计算）从 490 亿里拉增加到 600.1 亿里拉。在相同时期，收入缩减指数（1938 年 = 100）从 15 上升到 17；因此我们可以有把握地说，从长期看价格是稳定的。但在短期内，存在着双向大幅度和突然的变化；例如 1872 年上涨了 11%，1875 年下降了 16%，1877 年又上涨了 11%。像其他国家在金本位时期的情况一样，意大利的价格波动表现出参差不齐的变化（图1.2）。

退出金本位

为了理解政治统一后初期货币政策的形成和演变，恰当的方法是同时关注两个方面是比较合理的：发钞银行努力保卫银行券自由兑换目标的努力和财政政策的影响。由于罗马还不是意大利王国的组成部分，所以当时只有两家真正的发钞银行：托斯卡纳国民银行和撒丁国民银行。另外，由于后者掌握着大部分金融资源，而且托斯卡纳国民银行越来越倾向于执行来自撒丁银行的指示，所以我们只需要重点分析撒丁银行的业务。

外部约束和利率政策

由于资本和黄金可以在意大利与欧洲其他国家之间自由流动，所以从理论上讲，为了维持银行券自由兑换的义务，国民银行必须密切监测国际货币市场。因此也是从理论上讲，这家银行的贴现利率政策必须跟随巴黎、伦敦和柏林的变化。

在现实中，这种外部约束的重要性在 1860 年底和 1861 年上半年已经开始出现，当时由于美国粮食出口商对金属货币需求大幅度上升，因此所有欧洲银行都认为需要提高贴现率（图 3.3；达·博兹奥和费洛尼，1964，第 38 页）。在 1863—1864 年发生国际货币危机时，国际关系的重要性再次显现出来[27]。国民银行调整了贴现率政策，但这使得基础货币和货币存量的增长出现波动。因此这两个变量的绝对值在 1864 年都出现下降是可以理解的。

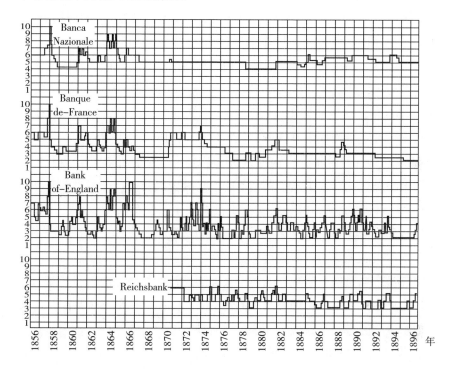

资料来源：达·博兹奥和费洛尼（1964）。

图 3.3　欧洲各国中央银行确定的月贴现率，1856—1896 年

迪·纳蒂（1953）分析了国民银行在 1863—1864 年危机期间的行为。证据显示贴现率提高滞后了，实际上当时似乎是想尽量限制而不是防止因国际危机而对国内造成的影响。另外，从图 3.3 可以清楚地看出，在危机最严重的时候，意大利的贴现率仅仅等于法国和英国的水平，这不足以防止资本流出意大利。实际上，正如林德特（1969）所

---

[27]　德·玛蒂亚（1967，表 20）给出了意大利非常详细的贴现率统计数据。关于 1863—1864 年的国际金融危机，见苏比诺（1929，第 15 页）、科比诺（1931，第 18 页）和迪·纳蒂（1953，第 75～77 页）。

指出的，当时金融更加发达的国家有能力同时吸引外国资本和国际储备，即使其他国家的贴现率处于相同水平。因此，为了制止储备的流失，将意大利的贴现率与其他欧洲市场保持一致是不够的。这解释了为什么国民银行的储备从 5000 万里拉降低到 2800 万里拉。因此从总体上讲，国民银行继续实行统一前时期的典型的宽松货币政策。

银行券短期平均持有期限是体现这种宽松政策的一个指标。在统一前的各公国，公众明显偏好金属货币（德·玛蒂亚，1991，第 67 页）。1860 年以后，这种偏好不仅没有消失还有所加强；结果是，持有国民银行银行券的平均期限在 1860 年是 121 天，1862 年是 75 天，1864 年是 65 天。现在暂时不分析银行券初期明显不成功背后原因[28]。但我们需要强调的是，这导致了贵金属储备的不断减少。例如，在银行券平均持有期 75 天的情况下，每一张里拉银行券 1 年内会 5 次在银行"反复兑换"成贵金属。还应当指出的是，在类似情况下，发钞银行至少应当通过贴现率机制来尽力减少银行券的发行。

在贵金属储备不断减少的情况下，国民银行如何保证其自身银行券的自由兑换？在没有贴现率政策的情况下，国民银行借助于从国外直接进口贵金属的方法，就像它在统一前时期曾经做过的那样。这家银行在 1860 年进口了 4900 万里拉的贵金属，1862 年进口了 1.18 亿里拉的贵金属，1864 年则进口了 1.51 亿里拉的贵金属。这意味着货币政策没有遵循金本位制的传统游戏规则，而且保持银行券自由兑换的战略目标变得越来越容易受到国际金融市场因素的冲击。

财政政策和国家风险升水

对维持自由兑换的目标，还应当结合政府预算政策来分析。在新国

---

[28] 见迪·纳蒂（1953，第 65 页）。非常有意思的是卡斯特隆纽弗（1975，第 9 页）的观点："某些现代流通中的财富与过去相比似乎并没有取得很大进步，如在 1837 年卡塔纽写到：'纸币是一种怪物，当涉及合约或其他形式的工具时我们常常会用到纸币。在所有合约条款中，公证都会包括三个最重要的敌人：死亡、争议和纸币；而在我们的公证档案里，优质金币和银币仍然是政府和私人信任的唯一符号'。"

家成立早期，政府赤字平均占国民收入的 10.5%。这与价格稳定的长期目标是不相符的，因此出现了意大利的国家风险升水。意大利也无法继续实行金本位制。

国民银行实行的利率有时低于政府证券的收益率；而且在 1860—1865 年，国民银行向政府的贷款占总资产的比重从 16% 增加到 28%。显然，通过利用政府巨额赤字融资的机会，国民银行决心变成"政府的银行"。另外，意大利政府证券与外国政府证券的收益率之间一直保持正利差。在 1861—1865 年，收益率差导致了大约 6 亿里拉的资本和国际储备流入意大利。

在国外频繁的证券发行中，意大利政府主要依赖强大的法国金融机构罗斯柴尔德银行。在 1865 年罗斯柴尔德银行敦促意大利当局不要实行扩张性财政政策，同时它也多次拒绝来自意大利财政部和国民银行的新贷款申请（吉雷，1968）。这些都是即将爆发一场危机的迹象，在 1865 年底和第二年春天这场危机达到了最严重的程度。

这场危机的导火索是意大利政府宣布 1866 财政年度将出现巨额赤字，再加上出现了可能与奥地利发生一场新战争的广泛传言，以及国际市场上利率普遍和持续的上升。开始时，国民银行和意大利政府已经无法获得外国资本。之后，他们无法阻止大量资金流出意大利。资本流动的这种变化在国际金融市场上造成了意大利国家风险的新升水。欧洲股票交易所的意大利政府证券价格大幅度下跌，包括对意大利至关重要的法国股票交易所（达·博兹奥和费洛尼，1964，第 81～82 页）。在国外主要交易的债券是意大利固定利率国债，当时这类债券在国外交易量最大的地方就是巴黎。1860—1865 年在巴黎股票交易所，这种债券的价格从 80 下跌到了 65.4。1866 年底价格又下跌到 43.9。意大利政府证券在国际与国内价格的差异给套利者带来了非常容易的获利机会，并鼓励贵金属外流。意大利投机者提取出银行存款并兑换成贵金属；他们用贵金属在国外购买意大利政府债券然后在国内出售（玛杰拉纳，1893；苏皮诺，1929；科纳罗，1931，第 21 页）。如卡比诺（1931，第 168 页）

所估计的，从总体上讲，1866 年期间共有约 4 亿里拉的意大利政府证券从国外回流到了意大利境内。

困境中的银行和宣布停止自由兑换

将储蓄兑换成贵金属再转移到国外的过程给整个意大利金融体系造成了巨大麻烦。费拉拉（1868）、玛杰拉纳（1893）以及此前的众议院委员会调查了纸币不能兑换成贵金属的情况（本书后面将讨论此问题），他们认识到至少有 4 家银行出现了陷入困境的迹象。玛杰拉纳认为甚至连国民银行都处于困境。费拉拉写道："信誉度最高的机构"的状况也遭到质疑。我们不清楚他是否涉及国民银行。但实际情况是，一些陷入困境的银行是由国民银行控制的，而国民银行在 1865 年 10 月至 1866 年 4 月间丧失了 3000 万里拉的贵金属储备。

为了应对这次危机，意大利放弃了金本位：1866 年 5 月的一项政府政令宣布，自次日起银行券不能再自由兑换贵金属。在意大利货币史中这是一项重要决定。之后只是在 1880 年和 1927 年恢复过自由兑换，而且这两次自由兑换也很快终止了。金德伯格（1984，第 140 页）写道：

对一个不是非常熟悉纸币和担心发生法国曾经出现过的约翰·劳事件风险的国家来说，（终止自由兑换）代表着一个重大事件。

在关于意大利是否有可能避免退出金本位制的问题上，经济学家、银行家和政治家的观点从来就没有一致过。在财政和货币政策保持不变的情况条件下，意大利除了退出金本位制并没有其他选择。实际上，财政当局并不想或无法将赤字减少到可以接受的水平，或使政府证券的收益率上升到可以补偿国家风险升水的水平。从货币政策方面讲，发钞银行（主要是国民银行）并不准备将贴现率提高到可以保护存款和储备的水平（科比诺，1931，第 272 页）。

国民银行不仅不"愿意"将利率提高到不鼓励交易和贷款的水平，而且在危机加重的情况下甚至不采取任何其他行动。为了保护自身的储

备，国民银行在 1857 年将汇票的贴现率提高到 10%，1861 年提高到
7%，1864 年提高到 9%。1866 年 1 月，当需要采取更强有力措施变得
非常明显时，贴现率仅仅从 6% 提高到 7%，然后在 3 月又下降到 6%。
证券抵押贷款利率（1857 年是 10%、1861 年是 7.5%、1864 年是
9.5%）在 1866 年初仅仅提高到 8%，然后又降到 7%。由于这些利率
不具有国际竞争力，所以显然"套利"交易很快就破坏了意大利货币
和金融体系的稳定性。

　　总之，脱离金本位制是财政失衡和低利率政策导致的合乎逻辑、不
可避免的结果。读者一定会注意到，在意大利历史上每一次货币混乱中
这两个事件总是一起出现。[29]

终止自由兑换和国民银行

　　从事前看，对国民银行来说，退出金本位制可以削弱外部约束和可
能有助于实现其在意大利成为主导机构的计划，因为外部约束经常造成
其银行储备的流失。从事后看，国民银行享受到的一些好处与终止自由
兑换的政令有密切关系。

　　首先，这项政令规定（第一条），国民银行应当向政府提供额外
2.5 亿里拉纸币贷款（占 1865 年基础货币总额的 15%），年利率为
1.5%。金本位制对银行向政府赤字融资的能力有某种限制。因此，毫
不奇怪，退出金本位制恰好与加快纸币发行过程同时出现。

　　这项政令显然增强了国民银行相比其他发钞银行的市场地位。实际
上，经济代理人可以拒绝接受其他银行发行的银行券，但不能拒绝国民

---

　　[29]　在放弃金本位制过程中，承认财政和货币政策所发挥的作用也使我们能够认识
到一些历史学家强调其他因素的重要性是有些过分的。尤其是，制造业企业和农场主为
了提高其产品在国际市场的竞争力，主张里拉应当贬值，此观点似乎并不合理。只有出
现汇率的实际贬值，这一观点才是正当的。除了这一事实外，我们也可以借助于保护性
措施来提高竞争力。需要考虑的另一个方面是，这次意大利的危机正好与 1866 年英国的
银行业恐慌同时发生，见吉尔博特和伍德（1986）。英国危机的影响是什么？在诱发意大
利经济政策的内在冲突方面，英国危机发挥了一定作用。这些冲突是政府决定脱离金本
位制背后的真实原因。

银行的银行券。根据"赎回"原则，其他发钞银行将国民银行的银行券作为储备，但国民银行并不把这些的银行券作为储备。结果就是国民银行在银行体系中具有了主导地位[30]。因此毫不奇怪的是，从 5 月 1 日起其他银行发行的银行券数量就无法与国民银行相比了（苏皮诺，1895）。另外，这项政令对国民银行的称霸计划也有负面影响，因为发钞银行从 2 家增加到 5 家（科比诺，1931）。

k 比率

从 1865 年 12 月到 1866 年 12 月，基础货币总额几乎增加了 40%。这一增长率是从政治统一到第一次世界大战前夕这一段时期最高的。

还有证据表明，意大利国内有人质疑意大利金融和银行体系的稳健性。*k* 比率在 1861 年至 1865 年从 8.53 下降到 4.99，1866 年上升到 6.86。1867 年该比率进一步上升到 7.36。*k* 比率对意大利金融不稳定的极度敏感性是意大利货币史中一个反复出现的问题。货币乘数从 1861 年的 1.12 上升到 1865 年的 1.18，1866 年下降到 1.13。在 1866 年货币数量增长了大约 29%；类似地，这也是该变量在 1861—1913 年年增长速度最快的一年。

贵金属流出和非法货币

国内价格开始上升；更突然的情况是，里拉汇率也开始快速升值。兑法郎的月均汇率（单位里拉兑换 100 法郎）在 4 月还等于 99.85；5 月和 6 月就分别上升到 103.88 和 112.75[31]。1866 年的平均汇率是 108。里拉汇率对国内货币冲击的反应速度和强度也是意大利货币史中的另一

---

[30] 术语"赎回"指一家发钞银行有义务从其他银行用这些银行的等额银行券收回自己发行的银行券。

[31] 我们已经提到，在 1913 年以前，由于与法国紧密的商业和金融联系，所以分析意大利里拉与法国法郎之间的汇率非常有帮助。詹纳科内（1918）和博格塔（1933）也赞成这一点。

个特点（斯宾里尼，1989）[32]。

贵金属持续流出意大利。汇率水平显著超过黄金输出点可以反映这种情况[33]。因为根据拉丁货币联盟的协议，金属流出也涉及低价金属合成的硬币。当时的经济学家深入研究了小额商业交易造成的难题和市场不久后出现了小面值银行券替代品的事实（费拉拉，1868，第 17 页；费拉瑞斯，1879）。德·玛蒂亚（1967）估计，这种货币（官方统计中记录为"非法"）数量在 1868 年底达到了 1800 万里拉，这也许是在特定时间点市场所需要的数量。

非法货币替代品的出现、其物理特点和总的数量都在情理之中。值得注意的是，这一现象在 19 世纪 80 年代、20 世纪 70 年代再次出现，当时对小面值货币有很大需求。现在，我们来深入分析一个更加重要的，也是历史学家们几乎无法回避的问题：小面额货币完全从市场消失的原因。

当一个国家从金本位制过渡到不可兑换的纸币体系时，金属货币不一定消失。一般来说，市场会形成双重价格体系：用纸币支付的较高价格和用金属货币支付的较低价格。一个明显的例子是美国所谓的绿背纸币时期，这一时期与意大利的情况一样，都是短暂的。正如弗里德曼和舒瓦茨（1963）指出的，在这种情况下，金属货币并没有被融化或转移到国外，因为当局并没有规定一个单一价格水平，单一价格水平会使金属货币间接贬值。但在意大利，1866 年 5 月 1 日通过的政令第三条"规定"，1 黄金里拉应当与 1 纸币里拉有相同购买力。因此这项立法迫使金属货币退出市场。如下事实缓解了大面额金属货币消失的影响：在私人谈判中双方间的相互信任可以克服法律规定的限制，但小面额金属硬币最后也从市场上消失。这是由于固定成本较高，使得将货币从法律

---

[32]　洛马内利在 1875 年的一篇论文（德·塞科，1990，第 624 页）中已经分析了此次里拉汇率的强有力反应。

[33]　我们赞同如下观点：就法国而言，黄金输出入点大约是 100.50 和 99.50，或是黄金平价的上下 0.5%。可以参阅"1889 年 12 月 30 日米赛利—吉奥里提议案"；《意大利银行年报》（1913）；博格塔（1933）；摩根斯特恩（1959）；恩诺蒂（1960a）。

形态转换为实物价值不合算。小面额货币或者被收藏或者被融化。意大利作为拉丁货币联盟的成员国的身份也推动了贵金属货币的消失，因为想持有实物金属的人们甚至不需要熔炼金属货币或通过外汇交易来进行兑换（费拉瑞斯，1879b；Rolnick 和韦伯，1986）。

宣布停止自由兑换后的贴现率

我们用一个关于意大利退出金本位制后贴现率趋势的判断来结束本节内容。由于我们已经阐述了该事件背后的原因和政府对利率水平有最终决定权，所以毫不奇怪，从 1866 年 5 月起贴现率的波动变得不太频繁，基本维持在狭窄的区间内，也失去了与国际货币市场变化的任何联系（图 3.3）。

1868 年立法

1867 年 6 月，财政部长费拉拉提出了一项终止银行券不可自由兑换的议案，然而恢复可自由兑换的必要条件并不存在。这项议案也试图通过出售在统一过程中从宗教机构获得的资产的方式为公共财政施加一些规则，但议会没有通过该项议案，费拉拉因此辞职了。1868 年 3 月，在费拉拉再次提交这项建议之后不久，众议院任命了一个调查委员会重新审议此事（斯宾里尼，1989a）。在 4 月的前半个月，该委员会应发布一份关于货币市场和发钞银行内部状况的报告，以及提出恢复自由兑换的具体建议。这份报告于 11 月底对外发布，主要强调在里拉汇率重新与黄金挂钩之前，逐步减少意大利纸币流通数量的必要性。一旦里拉的贬值（相对于黄金）压力消失，就可能恢复按"面值"自由兑换黄金的操作。

9 月 3 日议会接受了逐步减少货币存量的建议，此时调查委员会的报告尚未公开发布。一部新颁布的法律规定了国民银行发行银行券的最高上限。这项规定沿袭了当时的银行章程和 1866 年 5 月 1 日通过的关于储备与货币存量之间比率的政府政令规定。新法律是重要的，因为这标志着议会直接控制市场上纸币数量的过程的开始，这种控制几乎一直延续到第二次世界大战的开始。另外，该法律仅对货币存量实行部分控制，因为它只管理由国民银行发行的纸币。尽管如此，这项法律还是产生了积极成果。在连续两年（1868 年和 1869 年）时间里，基础货币总额没有增加，而且年平均货币增长率保持在 2% 左右。在同一时期内，还出现了国内价格下降和意大利里拉名义汇率显著改善的情况。1869 年 4 月，财政部部长坎布里—迪格尼提出了另一项终止不可自由兑换的议案。但是，当时里拉的汇率显示这种调整时机还不成熟，因此该议案也没有被通过。

正如调查委员会所建议的，判断新法律的效果，可能需要等到汇率下降到黄金输出点以下。遗憾的是，新形势决定了无法继续实行 1868 年法律规定的银行券发行上限。在 19 世纪 70 年代初期，最重要因素是大约 5 亿里拉政府证券到期，推动了基础货币的加速增长。这一事件和新财政部部长希拉试图大幅度降低政府证券收益率的意图造成基础货币突然爆炸式增长（国内利率与国外利率之差几乎为零）。

1870 年 8 月 11 日通过的一项法律授权国民银行向政府贷款 2.22 亿里拉；贷款一部分是黄金，一部分是新银行券。这使得国民银行的纸币总额上限从 7.5 亿里拉增加到 8 亿里拉。8 月 23 日，国民银行又被授权提供额外 5000 万里拉贷款，其银行券发行上限提高到 8.5 亿里拉。1871 年 6 月 16 日，一项新法律批准第三笔全部是银行券的 1.5 亿里拉贷款，国民银行纸币发行上限也进一步提高到 10 亿里拉。1872 年 4 月 19 日，一项新法律授权国民银行发放第四笔 3 亿里拉新银行券贷款，并将国民银行的纸币上限提高同样金额。总体上讲，仅仅在 20 个月的时间里，国民银行被授权将银行券总额从 7.5 亿里拉增加到 13 亿里拉。同样值得指出的是，国民银行不需要保持贵金属储备与新发行银行券的比率[34]。

---

[34]　这项立法的一个结果是，"代表政府"发行的货币限额改变为 10 亿里拉。我们得出这一数字是加上 1870—1872 年发放的几笔贷款、1866 年 5 月发放的 2.5 亿里拉贷款和 1866 年 10 月 5 日发放的 2800 万里拉的贷款。

在 1870—1872 年的三年时间里，基础货币的年平均增长率保持在 10% 左右。参数 k 的大幅度下降导致了货币供给的增加，其年平均速度略低于 15%（图 1.1）。在 1871—1873 年，国内价格的变化（包括绝对价格和相对于外国的价格）和里拉的贬值都达到了 1861—1913 年整个区间的最高水平。低名义利率和高通货膨胀的结合所产生的铸币税也是这一时期最多的（图 2.7）。从积极的方面讲，股票交易所的交易量有大幅度上升；在 1873 年，制造业也有显著改善，恢复到了之前的水平（达·博兹奥和费洛尼，1984，第 124 页）。这些情况可能是由于货币意外。总之，在 1869 年底时看似可能恢复自由兑换的目标已变成不可能了。

1874 年法律

在 1873 年底至 1874 年初这段时期，意大利货币政策的许多方面都可以证明存在严重问题。纸币无法自由兑换，而且汇率高出黄金输出点。就纸币存量而言，有贵金属储备支持的不可兑换纸币，也有法偿货币的纸币，后者部分有贵金属支持，部分有纸币储备支持。另外，一些银行券在全国范围内流通，另一些则在有限地区流通。每家银行发行的纸币价值不得超过其章程规定的限额（显然不同银行之间并不相同），也要遵守储备金的特定比率规定（所有银行都一样）。对国民银行的纸币存量来说，议会还规定了一个总额限制。

此外，在对发钞银行业务的监管和控制方式方面存在重大缺陷。《德·玛蒂亚全集》（1967，第 IX ~ XX 页）的序言指出：

对统一前在各国经营的发钞银行来说，（政府的控制）一般是由国王任命的一名检查官负责，由银行支付工资，并长期在银行高管办公室办公。（以后）银行的控制职责由财政部长自己行使，他通过政府检查官行使职责，这些检查官通过访问和各种控制措施来了解当地银行行长、各个部门的偏远分支机构。通过这种方式，由匿名和职责不清的官僚替代了一名高级官员直接和实时控制，前者没有当局的授权；而此前的高级官员要承担个人责任，并代表财政部部长派驻在各家银行。

1873 年 6 月的政府通报反映出当时的监管职责缺陷，通报提醒信贷机构有责任将纸币控制在法律和章程规定的限额之内。这时，官方才明确指出存在着由发钞银行印制的"非法"纸币存量，即那些不属于既有的非法货币替代品之外的货币（这些非法货币替代品由一般银行、公共机构和私人机构发行）。发钞银行的"非法"货币在 1870 年中期先是下降到 900 万里拉，然后在 1873 年 6 月又增加到 4700 万里拉。总体上讲，无效的政府控制应当对这类货币存量的增加负责。

前面列出的这些问题很多是相互联系的。例如，在各类银行之间没有建立更加平等的权利关系之前，不可能保证各类银行发行的银行券具有相同外观、一样的法律特征和在全国范围流通的相同能力。为此，政府首先要偿还对国民银行的债务，当时这些债务超过了 10 亿里拉。

为了使意大利的货币存量总额和国内价格水平与里拉的黄金平价一致和此后恢复自由兑换，偿还债务也是一个关键步骤。另一个例子是消除非法货币替代品，为此必须明确监管活动如何实施和应当给予发钞银行什么样的自主权。

在制定 1874 年法律时立法者一定考虑了这些问题，因为该法授权建立一个 6 家发钞银行的联合体，该联合体可以发行 10 亿里拉不可兑换的银行券㉟。这些银行券基本上是"政府债券"，因为是代表政府印制的，而且是给国民银行用来清算与政府的贷款。国民银行承诺从市场上收回此前自己发行的用于给政府贷款的银行券。结果是，政府债券替代了市场上的国民银行的纸币。该法律强调的事实是，通过这种变化，国民银行"就与其他机构一样具有基本相同的地位"。为了进一步减少国民银行的相对权利，该法取消了所有银行在地域扩张方面的控制规

㉟　我们说 6 家是因为在 1872 年，罗马被合并了。因此罗马银行在意大利王国内经营。

定，并允许每家银行的银行券可以作为法偿货币在银行有机构的地区流通。通过这种方式，可以鼓励其他银行开始新分支机构。

为了建立一个各类银行公平竞争的环境，该法律规定了每家银行发行银行券的最高限额。该法律明确银行券余额（加上其他活期负债）不得超过 1873 年底实收资本的 3 倍，也不得超过持有的贵金属储备和联合体银行券价值的 3 倍。1874 年 9 月 23 日通过了一项政令，核对了当时各家银行的资本基础并规定了如下限额：国民银行 4.5 亿里拉、托斯卡纳国民银行 6300 万里拉、托斯卡纳信贷银行 1500 万里拉、罗马银行 4500 万里拉、那波利银行 1.465 亿里拉、西西里银行 3600 万里拉。联合体代表政府发行的银行券不受有关资本金和储备的限制。

由于不允许此后增加与货币发行限额相关的资本金，所以立法者面临的问题是如何使货币存量具有灵活性。对此问题，该法律规定在特殊情况下，政府可以授权特定银行超过发行限额。关于货币的法律特征，也有新的重大调整。实际上只有联合体发行的银行券才保留了不可兑换的特征。相反，其他银行发行的银行券可以自由兑换：根据客户要求，这些银行券应当兑换成"联合体发行的银行券或金属货币"。对非法货币替代品的问题也有涉及。该法律规定，在整个不可兑换存续期内，除了 6 家发钞银行外，任何私人或公众机构都不得发行无记名债券。因此，这是首次明确货币发行的职责仅限于若干银行。为了打击非法货币，立法者制定了罚款额等于非法货币金额的规则，并试图强化对发钞银行的业务监管。为此目的，1875 年 1 月通过的一项立法规定，必须通过政府检查官实施监管，检查官要常驻银行总部的办公室，检查官有广泛的控制权，但防范权力有限。

1880—1883 年的财政纪律和恢复自由兑换

第一，1874 年法律的一些规定虽然可以解决意大利货币体系中的问题，但另一些规定则不能。毫无疑问，该法律明确和限制发钞银行的数量是正确的。但是，新法律仅仅涉及货币不可兑换的时期，所以这还不是对现有货币自由发行原则变革的关键性步骤。换句话说，政府还没有在垄断与所有银行有权发行货币之间做出明确选择。第二，该法过于依赖小银行在其他地区快速扩张的可能性。相对于在全国范围内建立和维持与国民银行竞争的银行券流通体系而言，该法律向小银行提供的激励是不足的。没过多久立法者就清楚，当时银行之间的平等权利是无法实现的；例如，1874 年 9 月政府认为应当限制"赎回"业务。第三，从构成货币存量多样性的角度讲，这项新法律并没有取得太大成功。实际上，新政府债券与银行发行的银行券是不同的，不仅是物理外表，而且也关系到其法律特征和储备规定。第四，该法律规定的条件过于复杂，使银行很难做到货币存量具有足够灵活性，同时又满足法律界定的边界（科法罗尼尔雷，1974，第 9 页）。第五，意大利货币体系的未来发展仍然不明确。该法律确实规定了"在 6 个月内……政府……应当向众议院提交一份关于纸币的报告，以及关于结束不可兑换性的建议"。但该法律并没有说明新货币限制如何帮助实现这一目标，而新货币限制恰好与现有规定没有显著差异。法律也没有明确如何持续补充贵金属储备，而这是发钞银行恢复自由兑换的必要条件。

总之，正如德·罗萨（1964b）强调的，我们可以说这项法律仅仅是针对不可兑换时期管理货币存量的问题，并没有创造恢复自由兑换的正确环境。

从长期讲，这项法律的负面影响超过了正面影响。实际上后面我们会看到，19 世纪 80 年代的金融危机如何导致了这项法律的负面影响。而正面影响在短期内是存在的。这一点在外汇市场上变得很明显：从 3 月到 6 月外汇市场上里拉与法国法郎的汇率从 115 里拉下降到 110 里拉。就中期情况而言，目前很难得出一种判断，因为这项法律实行的同时，政府自统一以来首次出现了预算平衡的状况。

我们已经提到过，意大利的货币政策受到预算趋势和公共债务政策的重大影响。在这方面，我们重申这两个因素在造成 1866 年和 1870—

1872 年货币冲击中所发挥的重要作用。这种局面出现了反转，因为平衡的预算消除了造成货币冲击的压力。根据法律规定，联合体代表政府发行的债券不得超过 10 亿里拉；在 1874 年底发行额是 8.8 亿里拉，而且从 1875 年到 1979 年及以后都保持在 9.4 亿里拉的范围内。从 1873 年 12 月到 1880 年 12 月，国民银行的银行券增加了 1.11 亿里拉，只是一次性地略微超过法律规定的限额。在相同时期内，其他银行的货币存量总额减少了 2600 万里拉，但除了罗马银行之外，各行都保持在最高限额之内。在 1873—1980 年，基础货币的年平均增长率是 1.2%，而货币存量的平均增长率是 2.8%。正如图 2.1 所示，货币存量的增长速度是有节制的，也是平稳的。零售物价指数从 1873 年的 21.7 下降到 1880 年的 19.3，而收入缩减指数从 21 下降到 18。

1880 年议案

1880 年 11 月 15 日，财政部部长马格拉尼提交了一项恢复可兑换的议案，他认为政府预算和货币及金融形势可以经受住这一变化（罗森拉德，1891）。该议案包括三个要点。第一，通过在国际市场上的大额借款来补充意大利的贵金属储备。第二，纸币流通额必须逐步和持续地减少。第三，银行券和政府债券应当恢复自由兑换。

市场对此议案的反应是积极的，尽管事实是该议案是一系列恢复自由兑换议案中的最后一个，而且没有说明恢复日期。市场认为议会将批准此议案；而且值得指出的是，该议案保证纸币按其面值自由兑换，尽管当时的事实是黄金价值大约比纸币高 10%。汇率立即做出积极反应，这让我们想起 1819 年英国恢复金本位制的事件[36]。实际上，法郎兑里拉

---

[36] 见维那（1973，第 134 页）。詹纳科内（1918）认为，由于对这类事件的预期，所以里拉汇率的变化一般先于纸币存量的变化。斯宾里尼（1989c）指出，仅仅因为偶然因素使詹纳科内没有认识到 1880 年至 1881 年在多大程度上里拉汇率下降也是由于类似原因。

的汇率从 1880 年 6 月的 109.57 里拉下降到 11 月的 105.20 里拉；1881
年 6 月进一步下降到 100.52 里拉。一些作者重点研究了意大利里拉的
快速升值，并承认此议案的正面心理影响（坎诺阿，1912，第 62 页；
博格塔，1933，第 157 页）。

不仅汇率反映了对未来变化的预期。月度零售价格指数在 1880 年 6
月是 119.07，11 月是 108.92，1881 年 6 月下降到 105.93。图 2.7 显示
铸币税一直在下降，直到几乎占国民收入的 -9%。

货币需求的大幅度和快速增加将预期转变为实际结果。当时对稀缺
的金属货币需求的增加，主要是因为基于恢复自由兑换的预期，财政部
和银行都在尽可能多地获取贵金属储备。这就是政府被授权"通过财政
部操作来获取……银行券自由兑换所需的贵金属数量"的原因。另外，
也授权进行国外借款。银行不得不在两个方向操作：获取尽可能多的金
属货币和尽可能减少市场上自己的银行券。因此，储备占存款的比率上
升就不是偶然的了（图 2.5）。

1881 年国际借款和恢复自由兑换

正如所预期的，1881 年 4 月 7 日议会批准了这项议案。虽然联合体
正在被解散（实际发生在 6 月 30 日），但面对大问题已有可行的解决方
案：从国外筹集部分政府的债务资金。

自 19 世纪 70 年代中期开始就在计划这一交易，当时也是根据主要
外国金融顾问机构的建议，意大利当局开始赎回政府证券，以推动其市
场价格的上涨。实际上，票面利率为 5% 的意大利固定利率国债是计划
在国外出售的证券品种，其价格从 1875 年 12 月的 79.15 上升到 1878
年 12 月的 83.71，1880 年 10 月又上升到 94.81。也正是根据这种市场
价格情况，当局认为当时条件最适合大规模发行，而且再次依靠主要外
国金融机构的支持。

此次发行的金额当然很大：6.44 亿里拉，略低于 1881 年意大利国

民收入的 7%。在议案制定期间，当局与国际投资者的接触非常频繁。正如吉勒（1968）撰写的，当局征求了罗斯柴尔德商人银行对议案中行动计划的意见。这家法国顾问机构雄心勃勃的立场使意大利当局迷惑不解。我们有理由假设，开始时这种立场是可以预期的，因为事实是罗斯柴尔德商人银行赞成恢复银本位制，但在意大利的议案中没有考虑这一点。在随后阶段中，从 1881 年 2 月开始，当法国对突尼斯进行干预，与意大利的政治关系变得恶化时，其他因素显然开始发挥作用。在一段时间的犹豫之后，意大利当局开始接触那些对公众来说知名度较低的英国和法国银行，最后的局面是排除了各自政府可能的否决票（吉勒，1968；德尔·维克茨奥，1979）。交易最终由三家银行集团完成，它们承销了按黄金计值的 4.44 亿里拉和按白银计值的 2.00 亿里拉（科比诺，1933，第 395 页）。

1881 年 7 月签订了协议；从当年 8 月开始，这些银行就开始向意大利财政部运送贵金属。由于涉及的数量巨大、发生了与意大利政府合作很长时间的罗斯柴尔德商人银行事件，以及国际金融市场市场未预见到紧张局面，所以就非常清楚了为什么经济观察家们一致将此次境外发行视为技术上和政治上的一个成功[37]。

在政府的计划里，输入的贵金属用于两个重要目的：赎回流通中联合体发行的大约三分之二的纸币和向货币体系注入为保持政府债券及银行券自由兑换所需的贵金属。按照协议的规定，到 1882 年 9 月完成了向财政部运送的贵金属。1883 年 3 月，政府发布两项政令，回答何时恢复自由兑换的问题。日期定在第二年的 4 月 12 日。

尽管有这项新法律，但经济运行保持正常。尤其是，银行和财政部的办公室并没有出现大量客户兑换的情况。随着正式恢复自由兑换，货币形势的一些重要方面出现了进一步改善的迹象。4 月的月均兑法郎的

---

[37] 关于这一交易的难点，尤其应参阅罗森拉德（1899）。德·塞科（1990，第 361 页）披露了这些官方文件。这次发行价是 88.25，包括付给银行的 1% 佣金。实际上，意大利政府收入了 6.44 亿里拉的贵金属，因为是用意大利固定利率国债支付的佣金。

汇率下跌到 99.85，低于黄金平价，因此可以肯定地讲，里拉纸币的价值超过了黄金价值。这是自 1866 年以来从未出现过的事件。

新环境促进了国内与国际金融市场之间业务关系的重建。尤其是，受到高利率的吸引和不再担忧汇率的大幅度波动，通过新的存款账户、远期合约、汇票再贴现和投资政府债券的方式，外国资本大量流入意大利。苏皮诺（1895，第 88 页）估计流入的资金大约有 5 亿里拉，比外国贷款总量略少。此外，由于公众并没有急于去兑换大量银行券，所以银行的贵金属储备出现大幅度增加就毫不奇怪了。

同样如苏皮诺（1929）指出的，对许多观察家来说，这些事实可以证明外国借款的交易是成功的[38]。但这种乐观主义情绪是不对的。实际上，将此时的货币形势视为正常，显然是不恰当的。随着纸币不可自由兑换的正式结束，许多重大问题开始出现，这还不包括过去遗留的问题。

格雷欣定律、货币失衡和货币控制的不一致性

自 1862 年起，里拉的黄金和白银含量就一直没有变，而且黄金与白银之间的官方汇率也没有变。但 1880 年之后，两种贵金属的相对市场价格下降到 1:18.5。1886 年又下降到 1:21。因此，官方兑换价格高估了白银。结果是，由于可以自由选择兑换银行券时所支付的贵金属，所以银行实际上更愿意支付白银，这显然是不鼓励公众进行兑换。因此，1883 年的事件并不是恢复正常，而是格雷欣定律的另一种表现。下列事实证实了这一点：自 1883 年至 1885 年，在每年黄金的流出数量从 820 万里拉上升到 1.013 亿里拉的同时，流入的白银数量从 5070 万

---

[38]　对其他人来说，17 年的不可自由兑换足以让企业界相信，与金属货币相比，纸币所具有的优越性；因此，企业界的偏好不是要求将纸币兑换成金属；见金德伯格（1984a，第 140 页）。德·玛蒂亚（1991，第 609 页）详细地介绍了纸币越来越被接受的情况。

里拉增加到 1.037 亿里拉。

我们曾经提到，在议会讨论 1880 年议案时，黄金的价值大约比里拉纸币高 10%。我们还指出，随着恢复纸币的自由兑换，因为规定了兑换率是按纸币的名义价值，所以纸币的价值与黄金价值是一致的。因此，恢复自由兑换导致的结果是提高了流通中纸币数量的实际价值。在实行两项政令之后，这一点变得更加明显和相关。这两项政令实行的时间分别是 1883 年 8 月和 1884 年 11 月，两项政令批准银行扩大其银行券存量。我们已经提到过，有大量贵金属流入银行，而公众并没有大规模地将银行券兑换成贵金属。一旦发现金属储备增加，银行就开始对当局施加影响，要求增加流通中银行券的限额。结果是，第一项政令授权银行增加发行占实收资本金不超过 40% 的和有 100% 贵金属保证的银行券。第二项政令消除了所有关于未来发行银行券的限制[39]。

自 1879 年至 1883 年基础货币减少了。这可能是由于货币存量保持基本稳定（联合体发行的银行券一直不变，银行券已经达到法律规定的发行上限）和由于金属货币流入财政部。相反，从 1883 年以后，基础货币和货币数量都出现了增长。

为什么十分敏感的汇率指示器没有反映国内货币市场开始出现的动荡呢？对一个新货币体系的预期无法解释汇率为什么保持在黄金输出和输入点范围之内的事实。对此问题的答案一定是，外国贷款以及恢复自由兑换和最初形成的外国资本流入等因素在外汇市场上发挥了支持意大利里拉的作用（斯宾里尼，1989）。在此后几年里，这些因素防止了汇率将国内货币市场的恶化情况反映出来。

就货币控制机制而言，在金本位条件下，纸币数量同时是银行持有的贵金属储备与公众对纸币需求的内生变量，记住这一点非常有用。所

---

[39]　需要指出的是，1874 年的法律规定，发钞银行需要对未被金属储备覆盖的银行券支付一笔货币税，这部分纸币占总流通中纸币的三分之二。由于现在可以增发的纸币都有储备支持，所以银行不再需要支付任何税收。这意味着鼓励银行发行法律允许的具有完全价值的新增纸币。

以货币存量无法，也一定不能由法律确定。从银行本身讲，发钞银行必须通过贴现率机制来调节贵金属储备。1883 年以后意大利的经历在两个方面是异常的。第一，1874 年法律规定的纸币限额得以维持，但通过授权发行有 100% 贵金属保证的银行券，银行又可以超过这些限额。第二，正如图 3.3 所示和我们将在下一节深入分析，发钞银行并没有根据金本位的原则调整利率。

银行危机

从实际恢复自由兑换到发生大规模银行危机和意大利银行的建立有 10 年时间；对此期间发生的情况，经济学文献中有大量研究[40]。尽管如此，在这一段重要时期，对意大利金融和货币发展的一些重要方面仍有令人不解之处。

在这场包括发钞银行在内的银行危机背后，我们可以把相关因素分为国际和国内两类，而后者可能包括经济的、制度的、道德的和政治的方面。从最开始意大利银行体系就缺乏足够程度的专业分工。尤其是，意大利过去没有满足中长期融资需求的机构。在 1866 年和 1869 年，意大利曾试图推动土地和农场的融资，但几乎没有取得任何成功。即使是对房地产（包括住宅和商业地产）的融资需求，银行体系也一直没有给予足够重视。

发钞银行作为意大利的主要信贷机构存在着重要的制度性缺陷，这种缺陷将竞争和征收铸币税转向了资产负债表的资产方（里帕·迪·米纳和萨塞尼里，1990）。监管制度的不足，以及一些国内和国际经济形势变化进一步强化了这方面的问题。从这十年开始时起，由于里拉实际汇率升值和美国农产品价格下降，意大利的农业一直面临困境（贝尼尼，1894）。在随后几年里，因为与法国的贸易战，意大利的困难变得

---

　　[40]　潘塔里奥尼（1895）；德·罗萨（1963，1964a，1964b，1965）；维塔勒（1972）；科法罗尼尔雷（1974，1975）；内格利（1990）；斯宾里尼（1989b）。

更加突出[41]。农业部门的危机对银行体系产生了影响，后者在农业部门配置了大量资源。

在19世纪80年代，意大利市场对商业和住宅房地产的融资需求不断增加。对商业房地产融资的需求是源于意大利的工业战略（迪·纳蒂，1953，第321页）；对住宅房地产的需求源于强劲的城市化发展。在满足制造业部门长期融资需求的过程中，银行的不良贷款快速上升，在住宅贷款方面银行也遭受了巨大损失。实际上，一段时期在土地开发和建设中的疯狂投机迅速造成了过量供给，随后出现了价格下跌和房地产公司及银行的倒闭。土地开发和建设主要依赖银行的短期信贷。虽然发钞银行自身的损失和不良资产包袱已经很沉重，但政府当局仍要求发钞银行出资救助许多商业银行。从1887年起，这些救助行动（仅代表"临时"干预）对发钞银行的资产负债表造成了更加严重的负面影响[42]。里帕·迪·米纳和萨塞尼里（1990）估计，从1884年到1891年，不良贷款占商业银行贷款的比率从1%上升到8%，而占国民银行贷款的比率则从0.5%上升到9%。

在造成危机的原因当中，还必须提到一些与国际金融市场有特殊联系的因素。我们再次重申，正是由于外国援助，意大利才有能力渡过了困难时期，比如在1860—1865年和1881年（境外发行债券）。当没有这种援助时（如1866年），国内经济政策的缺陷就显现出来。因此在19世纪80年代开始出现波动。即使在国外发债完成之后，事情也变得越来越明显：来自巴黎的财务援助变得越来越难获得。随着意大利与法国贸易战的展开和意大利与德国关系的加强，情况变得更糟了。后者并没有完全承诺开放德国金融市场，这一点与此前的法国做法不同（吉

---

[41]　关于逐步摆脱国际商业关系中的自由主义政策和1888—1892年与法国的贸易战争，见德·罗萨（1982）；维塔勒（1979）主编的5卷著作。

[42]　在1887年，一些银行变得资不抵债；当时有一些建议是救助一家艾斯圭里奥企业和间接帮助为这家企业提供融资的都灵银行。此后，倒闭和救助操作变得越来越频繁。根据科法罗尼尔雷（1974，第188页）的研究，国民银行一直参加救助操作，因为该行希望通过这些操作可以加快获得垄断发钞业务的进程。

雷，1968）。换句话说，正如此后德·约翰尼斯（1904，第300页）所强调的，对意大利来说，虽然国际政治中心变成了柏林，但其金融中心实际上消失了。

同时，政府赤字再度出现。在 1888—1889 财政年度赤字达到了最高水平，当年赤字数额等于国民收入的 5%。当局并不愿意将赤字货币化。与此同时，为了避免已经陷入衰退的经济形势进一步恶化，政府也不想提高国内利率，结果就是赤字必须通过外国资本来弥补。

开始时，意大利丧失了一个国际金融中心并没有造成严重问题。实际上，在恢复金本位之后，国际金融界持续对意大利提供支持。但是，只要国外金融市场出现不稳定情况，如出现频繁的和严格的信贷限制甚至是取消现有额度时，问题就产生了。这种新情况在 1885 年就很明显了，可以归咎于国内外同时出现的事件。在国外发生的事件中，值得指出的是很多国家都发生了金融危机和股市危机。在国内发生的事件中，正如之前提到的，我们发现一些商业银行试图将意大利的不动产投机的融资活动转移到国外，政府也在国外发行大量政府证券。

国际融资来源的逐步减少和同时出现里拉贬值超过黄金输出点，这两者相互影响。这意味着，存在将黄金转移到国外的强烈动机，但国外市场却不想将贵金属输入意大利。另外，正如以前曾经发生的，国际信贷的取消是伴随着意大利固定利率国债在国内外出现了新的较大价差。这种价差反过来又鼓励套利交易，必然造成资本外流。财政部和银行持有的全部贵金属从 1883 年 4 月 1 日的 9.137 亿里拉迅速下降到 1887 年 12 月的 5.96 亿里拉。从 1883 年底到 1887 年底，贵金属储备与银行和政府债券总额的比率从 52.7% 下降到 40.5%。

利率政策的缺陷

我们已经观察到，从 1880 年底到 1881 年底，在市场压力下，国民银行的选择是突破 1874 年法律规定的限额，而不是大幅度提高利率。在实际恢复自由兑换之后，利率政策的不充分变得更加明显。刚开始时，由于银行持有大量储备时，所以就简单忽视了这一问题。此后，当里拉再次出现贬值和储备下降时，由于仍然需要保证自由兑换和维持储备与货币存量之间的规定比率，所以根据 1885 年 6 月的法律，未经政府事先批准发钞银行不能改变贴现率。这一决定毫无疑问说明当局保卫储备以及自由兑换的方式是错误的。我们必须强调，尽管事实是当局认识到利率与汇率之间以及与储备之间存在着传统的因果关系，但所有这些仍然发生了[43]。

在 1886 年春季，当里拉已经疲软时，国民银行建议提高贴现率，而贴现率实际上已经从 5% 上升到 6% 了。但是，一个月后形势发展势头发生了扭转。在 1886 年，贴现率下降到了 4.5%。迪·纳蒂（1953，第 353 页）概括了此后形势的发展：

自 1886 年 12 月到 1889 年 2 月连续 27 个月，贴现率没有出现任何变化，稳定在 5.5%，而在整个这一段时期汇率一直维持在高于黄金输出点的水平。……自 1889 年 2 月到 7 月，汇率回到黄金输出点以内，银行迅速将贴现率降低到 5%。11 月银行再次提高贴现率，但比汇率超出黄金输出点上限滞后了 3 个月。在整个 1990 年汇率都保持在这一水平，直到 1890 年 8 月，这一段时期都高于黄金输出点，但明显趋势是继续恶化。1891 年 9 月贴现率下调，而汇率并没有任何改善的迹象。

在上述事件中，正如图 3.3 所示，事实都是 1883 年既没有带来意大利贴现率灵活性的有意义的改进，也没有与外国利率建立更紧密的相关性。

在过去，发钞银行都通过直接进口贵金属来弥补贴现率政策的缺陷。随着环境的变化，这种方法不再具有可行性。在 20 世纪 30 年代（见第 5 章），银行成功地保持了储备与流通中纸币之间的规定比率，并通过大幅度减少纸币存量来应对储备的减少。但现在由于经济衰退，这种方法不再可行。对银行来说，唯一的方法就拒绝将银行券兑换成金

---

[43] 迪·纳蒂（1953）；德·罗萨（1963，1964a，1964b，1965）；科法罗尼尔雷（1974）。

属货币。这显然是一种不合法的针对储备持续不断流失的解决方案。尽
管如此，这是这十年中期以后的系统性应对方法。根据贝尼尼（1894）
的估计，6 家发钞银行纸币兑换金属货币的总额从 1884 年 6 月至 1885
年 6 月的 1.53 亿里拉，下降到 1888—1889 年的 1 亿里拉，在 1891—
1892 年进一步下降到 5100 万里拉。

道德—政治危机和罗马银行的倒闭

除了自由兑换的障碍、汇率高于黄金输出点、一些银行的倒闭，以
及对另一些银行进行救助等问题之外，还有其他危机指标，如再次出现
非法货币。由于储备流失和不良贷款增加——部分是因为缺乏有效监
管——发钞银行有动机发行超过法定限额的纸币（迪·纳蒂，1953，第
332 页）。所有这些超发纸币或违规行为都得到了当局事前或事后的认
可。最突出的例子是 1891 年 6 月和 7 月将货币限额从实收资本金的 3
倍增加到 4 倍的决定。对 6 家发钞银行来说，这意味着新货币存量是
10.64 亿里拉，或超过 1874 年法律规定限额 3.09 亿里拉。

从处置"赎回"业务的措施中也可以看出当局应对危机时的软弱。
自 1887 年以来，罗马银行对当局施加压力，要求当局干预清算过程。
政府进行了干预并说服国民银行不要强制将罗马银行的银行券兑换成本
行的银行券，开始时是 400 万里拉，以后是 600 万里拉，最后增加到
1500 万里拉。1891 年 8 月，这种做法扩展到其他银行，而且最极端的
做法是决定要完全避免发生任何"赎回"效应。由于是在已经查明
"赎回"至少有助于约束小银行的货币存量，以及在发现罗马银行持续
参与严重违规业务之后做出的，所以这一决定的影响更加严重。

1889 年政府对发钞银行的检查结果轻描淡写，而这一事实强化了
这次危机的道德与金融之间的联系。此后不久就暴露出，这次官方检查
（官方检查是对发钞银行实施定期管理的组成部分，目的是确保其遵守
法律）与常规检查不同。实际上，检察官披露了违规行为、非法交易及
不断恶化的金融形势（维塔勒，1972）。尽管如此，这次检查的唯一现

实结果出现在 1890 年 2 月，当时 2 家南方银行被关闭清算。总理吉奥里特决定不公布检查的发现，也不采取任何有关发钞银行的立法改革。总理的这一立场与议会的反对意见公开相左，后者知道调查报告的内容并要求立即采取大规模行动。

在 1892 年底，这次道德—政治危机到达最后阶段，当时总理吉奥里特支持的罗马银行行长通过了参议院任命。作为一名有影响力的经济学家，玛费奥·潘塔里奥尼当时认为应当将 1899 年的检察报告的副本提交给众议院的右翼和左翼反对派议员。从这时起，事件的发展加速了。1892 年 12 月 20 日，议会反对派对政府发起攻击，指责其纵容罗马银行以及政治与金融利益的勾结，并要求由议会对发钞银行的业务进行全面调查。反对派还建议通过一项监管发钞银行的新法律。政府准备通过一项新法律，但并不想由议会进行调查。12 月 30 日，政府下令进行一项常规行政调查，这项调查足以触发了一系列意想不到的反响。

实际上在此次调查的初期，检察官就发现罗马银行业务中存在违规行为，可以立即采取司法行动。1893 年 1 月 19 日，该行行长（也是意大利王国的参议员）和首席司库被捕。在以后几天里，司法调查迅速扩大到政府的各级政治和管理部门。1893 年 3 月 20 日，吉奥里特总理向议会提交了调查结果。一封装有政治家与罗马银行之间联系文件的密封信封送交议会。另一个信封则是公开和直接送交议会成员，信封中装有各家发钞银行的财务状况和货币存量的信息。

就资产而言，当时的状况是有总计约 2 亿里拉的不良贷款和 6000 万里拉的损失。此外，罗马银行还重复发行了 4100 万里拉的银行券，并超过货币发行最高限额 1 亿多里拉。

罗马银行的违规行为还包括：现金短缺；以低利率向政治家、银行管理层及其亲属办理贴现交易；抵押品估值高于市场价格；对未偿汇票的贴现交易进行展期；将农业贷款伪装成贴现业务等。

1893 年法律、意大利银行的建立和重新退出金本位制[44]

1893 年 3 月 21 日，众议院一个委员会被授权调查因发钞银行危机而产生的政治和道德责任。该委员会 1893 年 11 月 23 日的报告给出了怀疑证据，即吉奥里特总理本人利用职权获取个人利益。随着 11 月 24 日吉奥里特及其政府的辞职，意大利这场道德和政治危机达到了最高潮。

在我们分析这些情况对汇率变化趋势的影响之前，最好先回顾和概括一下 1893 年 8 月 10 日生效的法律规定，该法是针对发钞银行的。该法最突出的几点如下：

（1）国民银行与托斯卡纳的两家银行合并，组成名为意大利银行的一家新银行，罗马银行停止营业，因此发钞银行由 6 家减少为 3 家；

（2）通过提高意大利银行、那波利银行和西西里银行的发行限额，使原罗马银行的非法货币合法化；

（3）这些限额的有效期为 4 年，到期后每两年自动减少一次，在 14 年内达到这 3 家银行实收资本 3 倍的水平；

（4）货币税是 1%，而对货币发行"超额"的处罚是官方贴现率的 2 倍；

（5）为了避免货币发行的重复和最终消除所有货币存量超过限额的增长，政府有权发行银行券，为了避免利益冲突，议会议员不得在发钞银行任职或从这些银行获取报酬；

（6）如果公众需要，发钞银行有义务根据此后发布的法规的具体条件，将银行券兑换成贵金属；

（7）在 1 年内发钞银行必须使储备水平达到占货币发行余额加上

---

[44]　关于本节所分析的事件，见内格利（1990）。

其他负债40%的水平，为了使部分储备有收益和鼓励增加外国货币的存量，该法律规定7%的储备可以是外币[45]，其余33%必须是贵金属（四分之三是黄金）；

（8）三家发钞银行的官方贴现率必须相同，而且必须由政府控制。另外，优惠贴现率由发钞银行自己确定，政府也有权任命意大利银行的高管；

（9）明确界定了发钞银行的业务种类。贴现交易不得超过4个月，贷款不得超过6个月，外汇交易不得超过3个月，购买政府证券不得超过实收资本的三分之一，发钞银行可以吸收有息活期存款，如果这类存款总额超过法律规定的限额，则货币存量必须按照超额部分的四分之三相应减少。[46]

为了避免任何误解，这部法律重申发钞银行不得对农业土地进行融资，发钞银行必须保留其账簿10年。对进行违法交易的处罚是官方贴现率的3倍乘以违法交易金额。

该法律的缺陷和市场反应

与1874年和1881年发生的情况相反，这部新法律的影响在短期内是非常负面的。针对立法者的批评很多，而且涉及该法律的不同方面。第一，在银行券发行的垄断与竞争之间仍然有模糊的地方。在这方面，立法者也许可以比较容易地解决一个争论了30多年的问题。实际上，同时管理少数几家发钞银行遇到的难题非常大，甚至像弗朗塞斯科·费拉拉这样的经济学家都支持单一发钞银行的观点。

第二，该法律没有消除监管中的缺陷。来自政府的压力和衰退时期经济体系的压力，在造成银行财务状况恶化方面发挥了重要作用。这一

---

[45] 在这方面，意大利与其他国家并无不同。正在出现一个普遍趋势，即从金本位制向金汇兑本位制转变；见布鲁费尔德（1959）。

[46] 引入这项规则是为了避免发钞银行处于如下局面：货币存量已经达到最大值，而存款人希望提取其资金。

点以及罗马银行的事件充分说明了需要新的严格监管规则。

第三，超发货币再次得到官方的事后认可，而且如果认为形势需要，还可以将货币存量降低到限额以下水平的时间推后。

第四，该法律对银行券和政府债券的自由兑换是比较模糊的，正如在委员会报告中所指出的：

在当前环境下，如果自由兑换的义务完全有效，则贵金属储备会面临消失的风险。相反，不明确这种义务，则可以被解释为默认不自由兑换。

这种矛盾没有得到解决，结果是该法律规定发钞银行有义务兑换银行券，同时又指出有关自由兑换的规定会在以后发布。

第五，该法律没有形成一个促进银行业复苏的战略计划（科法罗尼尔雷，1975，第83页）。

总之，至少在初期，这部新法律增加了金融市场对银行体系的稳定性和当局应对当前形势能力的不确定性[47]。由于这部法律的实施恰逢道德—政治危机，所以很难分离出该法律对汇率变化的特定影响。意大利里拉/法国法郎汇率在1891年夏天至1892年春天大幅度上升到104里拉后，自1893年7月开始出现了大幅度贬值，正好是众议院委员会批准这项议案和启动议会审批程序（图3.4）。在8月底，汇率已经达到110里拉；在11月的第三个星期，也是道德—政治危机的最高峰时，汇率超过了115里拉。

图3.4展示了另一种现象，正好与里拉的贬值同时发生：意大利固定利率国债的国内外价格出现较大差异。尤其是，在1893年前6个月，巴黎股票交易所的意大利固定利率国债的平均价格是92.23；而在当年下半年，价格下跌到83.56，最低到达78.70。比较该图中两条曲线，我们可以看到，从7月开始，国内与国外报价的比率就一直高于汇率。这意味着存在着套利活动的动机。

---

[47] 对比分析建立意大利银行所带来的不确定性影响与美联储建立所产生的更积极的影响是非常有意思的；见曼昆、米隆和威尔（1987）。

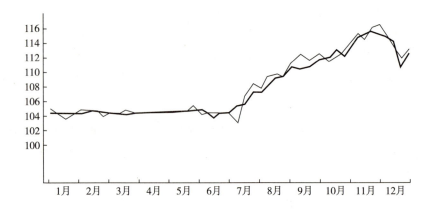

资料来源：潘塔里奥尼（1895，allegato E）。

图 3.4　里拉兑法郎的周平均汇率（粗线）和

意大利 Rendita 国内外价格比率（细线）

　　国外价格大幅度下降的原因很明显：国际金融市场正处于分析意大利经济风险的过程中[48]，随后出现的套利交易的后果也很明显。

　　首先，意大利失去了资本和贵金属（包括白银）。据达·波斯奥和费罗尼（1964）估计，在这几个月中，有价值 24 亿里拉的意大利固定利率国债回到意大利。其次，商业银行和其他银行必须应对大规模存款的提取。由于陷入国外取消授信额度和国内存款挤提的困境，一些银行别无选择，只能停止经营。一些著名失败案例包括 1893 年 11 月 29 日关闭的意大利第二大银行墨比莱阿信贷银行和次年 1 月 18 日关闭的兴业银行。

　　政府开始采取"特别"措施，因为政府无法制定一个可行战略来救助这些银行，而且货币存量已经达到最高法定上限。1 月 23 日，第一项政令授权意大利银行、那波利银行和西西里银行可以超过货币限额。为了进一步增强这些发钞银行救助濒临破产银行的能力，这项政令

---

　　[48]　为了证实国际金融市场对该法负面反应的事实，我们引用 1893 年 7 月一份来自总理信件中的话："当被问到新银行法时，翰姆布洛回答道'这项法律的基础是不坚实的。有太多的不良资产'（德·塞科 1990）。"

废除了 1893 年法律中关于有息活期存款超过规定限额情况时强制减少货币存量的规定。

2 月 21 日，发布实施了包含两项重要创新内容的第二项政令。第一，立法者消除了关于货币体系真实性的疑惑，明确发钞银行有义务将银行券兑换成政府债券或贵金属，但要按市场价格，这实际上是回到了不可自由兑换时期。第二，授权财政部将政府债券的数量从 1881 年确定的 3.4 亿里拉增加到 6 亿里拉。当立法者为了缓解这些决定的影响和随后实行了针对公共债务利息的预扣所得税时，疑惑就马上产生了。

更多关于本次危机性质的分析：
1884—1894 年中的货币

下面我们来分析 1884—1894 年（即从恢复自由兑换到发生银行倒闭事件之间）货币总量的演变。这一段时期包含了一个完整的基础货币增长周期（图 2.6）。实际上，从 1880 年到 1883 年底，基础货币的绝对额是下降的；1883 年底数额是 25.35 亿里拉。然后基础货币开始增长并在 1893 年达到局部的最高值 31.73 亿里拉。在最低值与最高值之间，平均年增长率是 2.3%。从历史角度看，我们曾介绍过在 1862—1991 年，基础货币的年均增长率是 9.73%；1862—1913 年是 3.52%，1862—1896 年是 3.07%。从上述更宽的比较来看，显然本次危机没有在基础货币的变化趋势中得到反映。

1884—1994 年，re 比率继续下降，而 k 比率在 1888 年达到了最低值 0.95，然后增加并在 1894 年达到 1.12 的局部峰值（图 2.4 和图 2.5）。k 比率变化趋势出现反转正好与本次意大利金融危机同时发生，尤其是银行倒闭事件。

货币乘数在 1888 年达到最高值，然后在 1894 年达到低谷。货币存量在 1889 年前一直增长，然后保持相当稳定：1883 年为 40.53 亿里拉；1893 年为 52.70 里拉；1894 年是 51.86 里拉。在最低点与最高点之间，年平均增长率是 2.6%。相反,1862—1991 年,货币的年平均增长率是 10.5%;1862—1913 年是 4.4%;1862—1896 年是 4.2%(表2.1)。这些数据增强了我们的判断,即本次危机并没有导致对货币控制的丧失。

关于这一点的其他证据来自对价格趋势的分析。从 1878 年到 1892 年,收入缩减指数一直保持稳定,在 1894 年出现下降,当时金融危机和政治危机正处于最严重的时刻。批发物价在 1887 年前一直下降,此后 3 年上升,然后再次下降并在 1894 年达到 1862—1913 年的最低点。根据塞安克(1933)计算的批发物价月度指数,只是在 1889 年 6 月到 7 月出现过一次较大幅度增长,当时该指数从 103 增加到 110。此后,价格几乎是持续下降。

现在我们回到政府对发钞银行的调查以及 1893 年 3 月 20 日提交给众议院的报告。对这次金融危机的严重程度、深度和广度的特征判断是毫无疑问的。相反,货币存量的状况并没有表现出失控的迹象。实际上,正如已经分析的,两家设在托斯卡纳地区的银行以及国民银行的货币存量都保持在法定限额之内。西西里银行的货币发行超过限额 200 万里拉,那波利银行超过限额 1500 万里拉。从相对量来看,这几乎是可以忽略的数量。只有罗马银行的超额比较大,未授权的货币量达到了 1 亿里拉。但是,我们应当在银行和政府发行的纸币存量约 15 亿里拉,以及总额超过 30 亿里拉的基础货币的背景下分析这些金额。这 6 家发钞银行加在一起,完全有贵金属保障的货币略多于 4000 万里拉。最后,代表财政部发行的货币不到 1 亿里拉,根据法律最多是 1.3 亿里拉。尽管自 1883 年以来一直在减少,但银行的贵金属储备似乎足以保证在正常情况下的纸币自由兑换。在 1889 年底,银行的贵金属储备与货币发行总额的比例是 39.41%。1893 年该比率是 36.88%。类似地,银行和财政部合计储备与银行和财政部发行货币的比率在 1889 年是 41.00%,1893 年是 37.3%。

这说明了两个重要问题。第一个是政治家无法尽可能隔离金融危机对货币市场的影响。我们再次强调如下观点也许有帮助的:此次危机也是货币控制体系的结果，因为该体系鼓励各家银行彼此在资产负债表的资产方展开竞争。第二个问题与前一个紧密相连，即专家们对需要区分本次危机的货币与非货币方面的关注不够。如果有更好的观点和决心，政治家可以避免这次金融危机对货币市场的某些影响。前后矛盾的一系列决定可能蒙骗了一些历史学家，这种做法通常是为了掩盖危机的真实性质。就我们所知，科法罗尼尔雷（1974）、雷帕·迪·米纳和萨塞尼里（1990）就分离了本次的金融因素和政治因素与货币因素。其他历史学家一般没有进行区分，甚至没有发现汇率与一般价格水平之间显著的差异性。

1897—1913 年的基础货币、货币存量、生产和价格

　　意大利基础货币增长速度在 1900 年、1908 年和 1912 年出现了短暂的停顿，但从 1903 年以后表现出非常稳定的增长趋势。从绝对值看，基础货币从 1896 年底的 30.949 亿里拉增加到 1913 年底的 57.346 亿里拉，与 1862—1896 年的水平相比，这段时期的增长率更高。

　　在 19 世纪 80 年代后期到 90 年代初期期间短暂上升之后，k 比率开始再次下降。1906—1907 年 k 比率停止下降，当时其数值达到了 0.48（图 2.4）。在新环境下，投资组合呈现出的偏好是银行存款而不是现金。在 1901 年之前，该比率一直下降，然后在 1907 年之前一直上升，并在这一时期的最后阶段再次开始下降。在 1897 年和 1913 年，该比率分别是 0.034 和 0.036。最后，货币乘数从 1897 年的 1.65 增加到 1913 年的 2.07。在这一时期的中间，货币乘数的表现一直受 k 比率趋势的左右。就短期而言，货币乘数在 1906—1907 年出现了一次显著下降，正好与 k 和 re 的上升同时发生。

　　货币数量的增长方式有很强的规律性，仅在 1906 年和 1912 年就出现过两次停滞。第一次是因为货币乘数下降，第二次是由于基础货币增

长率暂时减慢。从 1896 年底到 1913 年底，货币数量从 51.732 亿里拉快速增加到 118.493 亿里拉，增速比 1862—1896 年要快。

货币流通速度一直保持长期下降趋势，从 1897 年的 1.90 下降到 1913 年的 1.67。就实际收入而言，这一时期的特点是增长更加稳健。经过 1861—1896 年从 489 亿里拉增加到 609 亿里拉（1938 年里拉）之后，实际收入仅在 17 年里就达到 944 亿里拉。最后，收入缩减指数和批发物价指数在 1904 年之前都保持稳定，而在这段时期的后半程出现上升[49]。

我们已经提到，学术研究认为 1897 年至第一次世界大战这段时期是金本位的黄金时期。尤其是，一般认为这段时期的特点是工业产出的高增长率以及货币和金融的高度稳定。所有这些特点也适用于意大利。实际上，实际产出的年均增长率从 1861—1896 年的 0.62% 增加到 1897—1913 年的 2.58%。意大利成功地从一场非常严重的金融危机中恢复过来。

货币政策模式的起源

我们依据意大利银行的年报来分析货币和金融因素（为了简单起见，我们用 BI 表示意大利银行，用 R. A. 表示年报，年份是指报告内容所指而不是出版年度）。

意大利银行是一家股份制公司，所以有利润目标，提醒读者记住这一点是重要的。这一点在该行第一份年报中有明确表示，而且在早期运

---

[49] 国际价格水平也出现了上涨。1897 年至 1913 年，萨尔贝克价格指数上升了 33%。在相同时间内，意大利的批发价格上升了 24%，收入缩减指数上升了 21%。另外，1873—1896 年，意大利的价格变化与世界价格变化一致。这三个价格指数分别下降了 60%、30% 和 21%。总而言之，意大利的价格周期似乎与世界其他国家是同步的，但变动范围更小些。

营中其行为特点也证实了这一点⑤。在此后几年里，该行将注意力集中于一项改善财务状况和增加储备的计划。另外，在决策程序中，股东的影响有限（布内里，1991，第 42 页）。1990 年随着斯特林赫尔被任命为该行董事长，最初的利润目标失去了大部分影响力（科法罗尼尔雷，1975）。因此，随着时间的推移，该行的业务越来越侧重于控制国内货币市场。

通过分析意大利银行的年报，可以发现如下货币政策"模式"。同时根据法定上限和国际储备存量，意大利银行通过调整货币存量来保持国内产出的增长。这种策略与利润最大化是一致的，而且在出现下述情况之前也是有效的：意大利银行面临贵金属储备不足、意大利出现国际收支赤字和汇率问题。只有在出现上述情况时，货币政策才会变得紧缩。在第 8 章我们将分析这段时期与 20 世纪 70 年代货币政策的极高相似性。

直接有兴趣的问题是意大利银行货币政策对国内和国际宏观经济变量的响应。意大利银行很快认识到货币政策外部约束的重要性：

"我们在去年发现需要投入极大精力来分析其他国家的政治和经济事件；实际上，已经可以充分证明这些事件会直接或间接地影响到我们国家，主要影响对象是大量在国外交易的意大利证券。"（BI R. A. 1899，第 20 页）

----

⑤　在开始时，为了使利润最大化和便于整顿其金融业务，意大利银行认为有必要延长法律规定的期限。1894 年 10 月与政府签订了一项协议，该协议认可了延长期限的必要性，并将期限从 10 年延长到 12 年。在意大利银行的年报（1895，第 27 页）中我们看到："由于开始研究最恰当的解决清算非法交易问题的便利方法，所以我们认识到意大利银行需要有一定自主权来处理自身如此大比重的资产；在此期间不应受到紧急行动的压力，也不应受到 1893 年 8 月 10 日通过的法律规定的过于严格条款的约束。1894 年 10 月 30 日的协议对我们的救助工作来说是及时的，因为该法将清算此类交易的时间期限从 10 年延长到 12 年，而且给意大利银行提供了解决最终损失的方法，可以恰当地和合法地分配给股东一部分利润。"从事后来看，延长期限的结果是非常正面的，对意大利银行的利润表和改善意大利的金融结构来说都是如此。实际上，由于经济发展进程加快、名义和实际利率下降、随后私人和公共部门证券价格及房地产价格的上涨等，所以对发钞银行来说，清理不良资产变得更加容易，负担也更轻。见科法罗尼尔雷（1975，第 103 页）。

同样非常重要的是，在 20 世纪开始时，意大利银行就开启了一项传统，即在年报中加入对国际政治和经济形势的分析。显然，该行对汇率变化非常敏感。在其他条件不变的情况下，如果在国外交易的意大利债券的价格上涨和在外汇市场上里拉汇率上升的话，该行就愿意降低贴现率（BI R. A.，1894，第 24 ~ 25 页）。尤其是，当里拉汇率接近黄金输出点上限时，该行就非常不愿意降低贴现率（BI R. A.，1908，第 25 页）。

当国内经济复苏与保持储备不流到国外的目标之间发生冲突时，该行会毫不犹豫地选择后面的目标（BI R. A.，1896，第 24 页；1898，第 6 页；1900，第 19 页；1904，第 26 页；1907，第 26 页；1908，第 17 页；1909，第 8 页；1910，第 5 页；1910，第 33 页；1911，第 9 页；1912，第 11 页；1913，第 7 页）。当这种冲突不存在时，该行将自己的角色定位为以反经济周期的方式调节国内货币市场（BI R. A.，1899，第 23 ~ 25 页；1906，第 14 页）。因此当国内信贷需求旺盛时，该行会通过提高贴现率来保护其贵金属储备（BI R. A.，1902，第 15 页）。

仔细阅读年报也可以揭示出国际货币政策如何传导到国内市场。一方面，存在着传统的机制，如外国利率变化会造成资本流动和里拉汇率的变化，这会促使意大利银行采取对策。另一方面，存在着一个对意大利来说更特殊的机制，即受国际金融动荡影响，在国际市场上交易的意大利证券会产生剧烈波动，而这种价格波动会造成意大利资本流动和里拉汇率的不稳定。

通过减少非居民持有的意大利证券存量，当局尽力降低对国际金融市场的依赖。自 1896 年之后实行的审慎财政政策也可以反映这一战略。这种战略的积极影响在 20 世纪初期特别明显（BI R. A.，1902，第 7 页；斯宾里尼，1989）。

促使意大利减少受国际货币动荡影响的第二个事件是大幅度增加发钞银行的贵金属和外汇储备。从 1899 年至 1908 年，贵金属和外汇储备占意大利银行流通中纸币的比率大约从 43% 增加到 78%。储备的积累是由于外生事件和货币政策选择。前者包括世界黄金产量的大幅度增

加，所有中央银行都从中获益（BI R. A.，1909，第 6 页），后者包括
意大利当局决定增加贵金属和外汇储备，目的是干预外汇市场。

《意大利银行年报》（1898，第 9 页）提到了这一决定的恰当性，
该行在年报中抱怨，外部因素造成了里拉汇率的巨幅和频繁波动，并
强调：

我们认为……政府应当考虑是否授权给意大利，使其可以更及时和
更有效地进行干预，以缓解汇率频繁地和破坏性的波动。

1903 年意大利银行正式获得干预外汇市场的法律授权。1907 年授
权扩展到远期市场。另外，也引入针对发钞银行的激励机制，使其愿意
增加储备，以便能够在外汇市场上有效运行（德·塞科，1990；布内
里，1991）。发钞银行已经有权将超额贵金属储备转换成有 100% 贵金
属支持的银行券。它们还被授权以外汇形式保留部分储备。1895 年和
1897 年通过的法律又增加了其他激励机制。第一项法律授权将国外授
信额度作为法定储备。第二项法律增加了储备中可以用于国外支付的汇
票和外国贷款的上限，从占比 7% 提高到 15%。该法律还规定，不良贷
款的回收额大部分可以投资于外国国库券、汇票或外国活期账户。图
3.5 清楚地说明了这两项法律的影响。

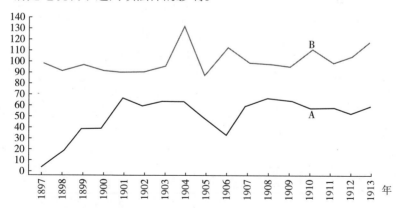

资料来源：《意大利银行年报》（BI R. A.，1913）。

**图 3.5　意大利银行资产组合中外国政府发行的
国库券（A）和意大利银行的外国信贷（B）**

最后，众多因素对里拉汇率产生了积极影响：强劲的经济增长、因预算盈余而出现的审慎财政政策、外债的减少和意大利证券在国际股票交易所的价格持续上涨，以及积累了大量贵金属和外汇储备。储备的增加与里拉汇率升值之间存在相互影响关系。

利率和贴现率政策的"局部"修改

到目前为止，利率政策一直与官方贴现率保持一致。但是，贴现率不是市场上的唯一利率，因为发钞银行获得越来越多的授权可以自主制定"特殊的"和"优惠的"贴现率（BI R. A., 1905，第 27 页；恩诺蒂，1960b，第 148 页；布内里，第 532 页）。

图 3.6 展示了意大利银行使用的官方贴现率和"特殊"贴现率变化趋势。前者一直缺乏灵活性，而后者似乎有较大灵活性。相反，图 3.7 展示了按官方贴现率和"特殊"贴现率的成交金额。总体上讲，操作中使用的利率似乎遵循如下方式：首先，在将要实行信贷紧缩政策时，会减少适用于优惠贴现率的交易品种。如果减少品种的方法不够有效，

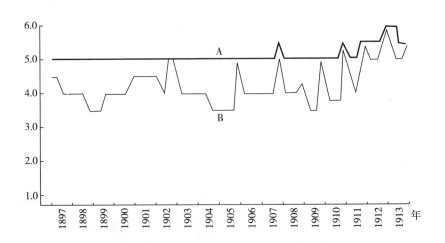

资料来源：德·玛蒂亚（1967，Tavola 20）。

图 3.6　官方汇票贴现率（A）和意大利银行的
最优惠贴现率（B）（季度末数据）

则会将优惠利率提高到官方贴现率的水平。如果这种做法仍无效，则会提高官方贴现率。

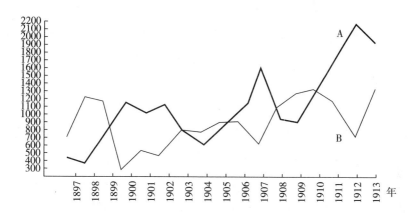

资料来源：《意大利银行年报》（1913 年）。

图 3.7 意大利银行按官方贴现率（A）和按最优惠利率的贴现金额，1897—1913 年

1907 年《意大利银行年报》确认改变了过去的操作方法：这一年意大利和国外都发生了严重的金融危机。年报最后引用了著名金融理论学家沃尔特·巴格浩特的话，如果出现了流动性危机，中央银行不应当限制信贷，而是应当以非常高的利率提供信贷。在 1910 年《意大利银行年报》中，意大利银行指出形势发展表明需要同时提高优惠和官方贴现率。在第 9 页该行指出：

"在这特殊时刻，对意大利经济界来说重要的并非是按合理利率获得资金，而是要知道对风险低的交易来说资金仍然是充裕的。意大利银行并未停止这类信贷提供。"

这是沃尔特·巴格浩特（1873，第 51 页）理论的实际应用。

结　论

发钞银行的演变和货币供给行为的变化，并没有受到政府特定的和一致性政策的激励或引导。相反，货币发行体系是以一种艰难的方式演变。整个过程受到许多机构所追求的目标、银行之间的互动和银行与政治体系之间互动的重要影响。正因为如此，解决与货币控制相关的问题为什么被拖延的原因就很清楚了。例如，对是否继续实行竞争性货币发行体系或授权其中一家银行垄断货币发行的问题，一直没有形成决定。此外，发钞银行同时也是商业银行。另外，主要发钞银行——国民银行（以后变为意大利银行）是一家股份制公司，因此有利润动机。

在短期信贷与长期信贷供给方面也没有明确分工。相反，短期信贷和长期信贷供给都不充分。1907 年的危机充分说明，即使建立了大型商人银行，如意大利商业银行和意大利信贷银行，这一问题也没有得到有效解决（卡斯特隆纽弗，1975；科法罗尼尔雷，1982b）。

公共财政的状况、国际金融市场的形势和贵金属储备的流动是影响货币增长的关键因素。在特殊情况下，银行需要遵守的有关纸币流通上限的规则也非常重要。但是，公共财政的行为是货币创造背后的主导因素；无论从纯粹数量角度讲，还是从决定货币体制的特征上看都是如此。实际上，财政赤字应当对意大利 1866 年退出金本位，以及 1866—1867 年和 1870—1872 年的货币冲击负有直接或间接责任。财政赤字也应当对下述事件承担责任：19 世纪 80 年代中期以后实际上停止了纸币兑换贵金属；90 年代初期货币形势的恶化；1910—1912 年货币政策的改善。类似地，公共财政的改善和一段时期的货币稳定，在时间上是吻合的，正如 1874 年法律实施之后的时期以及建立意大利银行之后的"黄金时期"。

我们不能忽略国际金融市场的系统性作用和贵金属储备持有量的影响。也就是说，当意大利退出金本位时，情况并没有发生重大改变。这是由于两个原因。第一，流通中纸币的数量在很大程度上是内生和由需求推动的，因为发钞银行，尤其是意大利银行有里拉汇率的目标。第二，尽管意大利没有实行真正的金本位制，但黄金仍然发挥着重要作用，只有短期情况除外。黄金的重要性与如下事实有关：虽然货币创造受法定上限的约束，但如果银行有贵金属储备的充分支持，就可以突破这些上限。

最后，正如苏皮诺（1895，第Ⅶ页）所指出的：

"在意大利，货币增长的方式是发钞银行持续不断地努力，以创造尽可能多的货币，而不管市场上的经营规则。每一次违反规则都被此后的立法认可了，这使银行置身于普通法的管辖之外。"

但是在纸币发行方面，随着时间的推移出现了向强化纪律转变的趋势。1866年引入了一些货币创造的约束机制。1874年法律第一次规定了发钞银行的数量，同时管理其货币发行余额。1893年政府规定，当发钞银行创造一种新货币时，必须有官方代表参与。章程规定和法律限制并不能保证对货币总量的严格控制。

我们也强调，发钞银行和政治当局一直希望限制利率波动。立法者不止一次精确规定纸币增长的上限，同时冻结利率水平。总体上可以说货币政策的目标是同时控制货币数量和利率水平。通常利率目标比货币数量目标更重要（迪·纳蒂，1953；科法罗尼尔雷，1974，1975，1982a，1982b）。

长期看货币的概念是如何演变的？即使在最初金属货币被认为是唯一"真实"货币时，政府也很快就认识到必须控制纸币数量。相反，正如在其他国家一样，在认识所谓银行货币（即银行存款）的性质和作用问题上有一些滞后。1893年实行了对银行存款增长的上限，但仅限于发钞银行持有的存款。另外，新法律的主要目的是纸币存量超过法定限额。对存款增长的约束不太有效。在1907年的危机之后，意大利银行建议对商业银行的存款增长实行某种限制，但这被认为是意大利银行的一种保护其自身市场份额的策略，所以这一建议没有被接受。

意大利经济经历了一个大规模货币创造的过程。货币需求的增长系统性超过了名义收入（穆斯卡特里和斯宾里尼，1993）。同时，需求明显转向银行存款。货币流通速度变化与其趋势值一致，偏离幅度很小。尤其是，由于在信贷供给方面缺乏真正的专业化分工，以及利率周期既不长也不显著，所以货币流通速度没有显示出周期性变化。

相反，公众持有的基础货币与银行存款之间的比率比货币流通速度的波动大很多。k 偏离趋势值毫无疑问与意大利的金融稳定相关。货币流通速度的稳定和 k 的波动意味着私人部门更关注金融稳定而不是货币稳定。

就货币政策的效果而言，初步分析似乎是没有影响实际收入，后者的变化受实际因素或世界形势的影响。相反，虽然总体上与国际周期密切联系，但价格受到国内货币政策的重大影响。但从短期看，受到实际或预期货币政策变化影响最大的变量是里拉汇率。1861—1913 年，最显著特征是里拉实际汇率的大幅度波动，原因是名义利率的大幅度波动，而后者是由于重大立法或创新或货币政策冲击造成的。

最后，我们对金本位给出一个一般性结论。至少有 3 个时点——1866 年、1881 年和 1894 年——对市场了解自由兑换是否实际存在（法律上或实际上）非常关键。但 1893 年之后的经历表明，即使没有正式实行金本位制，也可以实现货币稳定。[51]

---

51 这些事实与特里芬论文（1964）的发现是一致的。

第 4 章
第一次世界大战：通货膨胀和稳定计划

"管理层在扩大和更新印刷能力方面做了许多工作，包括装修厂房、购买新机器、获取原材料供给和培训人员。结果是，去年印制了 1800 万张银行券，而 1913 年的印制数量是 500 万张。管理层对其努力所取得的成果感到满意。"（BI R. A. , 1917，第 48 页）

导　　论

第一次世界大战摧毁了此前 20 年里意大利货币稳定赖以实现的国内和国际体系，不论是绝对的货币稳定还是和与世界其他国家相比。在 1914—1920 年，用国民收入价格缩减指数度量的通货膨胀率，逐步从 1914 年的 0 上升到 1920 年的 34.7%（图 1.2）。在同一时期，英镑汇率从 25.3 里拉上升到 77.5 里拉。

本章研究第一次世界大战期间宏观经济政策的演变和结果。就第一点而言，我们重点研究财政政策，因为财政政策似乎起主导作用，也是造成不稳定的主要因素。我们也会研究货币政策，并说明通过增加税收和发行公债来对快速增长的政府支出进行融资的限度。就第二点而言，我们将重点研究里拉对内贬值和对外贬值的过程。

当意大利经济处于紧急状态时，像以往出现的情况一样，在第一次世界大战时期意大利采用了直接控制国内价格和汇率的政策方式。因此，我们将尝试评估此类政策（战时和战后短暂时期）的有效性及可能的负面影响。另外，我们将解释在 1918 年底至 1919 年春季期间通货膨胀出现短暂但却是快速下跌的反常现象，而与此同时里拉汇率却显著恶化，财政和货币形势也出现持续混乱。最后，我们将找出在 1920—1921 年造成通货膨胀率快速下降到零的几个原因，以及与这次通货紧缩过程相关的最终成本。

在当代历史学研究中，通常将第一次世界大战后不久出现的严重社会冲突并导致了法西斯主义上台的事件归咎于政治因素。但我们将通过重申 19 世纪 20 年代和 30 年代经济学文献提出的一个理论（苏皮诺，1920；阿曼特亚，1933），重点分析大战期间非预期通货膨胀的作用。很显然，非预期通货膨胀与政治动荡之间会相互作用。

从长期视角看第一次世界大战

图 4.1 展示了这段时期工业产出的增长趋势。经济快速增长是 20 世纪初期的特点，但在 1909 年突然出现停滞。在战争爆发时，意大利仍然处于经济衰退中。战争导致了产出增长并持续到 1916 年。在随后的 5 年里，工业产出出现了收缩；工业生产指数从 71 下降到 54。在 1922 年，经济增长恢复，趋势基本与 20 世纪第一个十年相当。平均讲，在 1914—1920 年，实际收入是零增长（表 1.3）。

1914 年公共财政开始严重恶化。最大失衡出现在 1917—1918 年，当时赤字攀升到占国内收入的 60%。此后财政失衡开始呈现缓慢但却是持续性改善，并在 1924 年出现盈余。根据第 2 章的典型事实，1914—1920 年这段时期的特点如下：

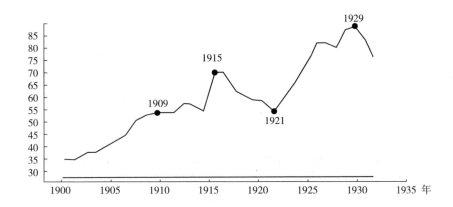

资料来源：意大利统计局。

图 4.1　工业生产指数，1900—1931 年（1938 年 = 100）

（1）政府收入占国民收入的平均比率略低于整个 1861—1991 年的水平，而政府支出占国民收入的比率大约高出 1 倍（表 1.4）；

（2）赤字占国民收入的平均比率是 29.3%，大约是整个 1861—1991 年数值的 4 倍；

（3）预算赤字货币化的平均比例 38.2%，比整个研究期间低一个百分点。

图 4.2 展示了公众持有的货币存量总额中两个构成部分（即政府债券和银行券）的变化。我们使用季度数据来更准确地找出这两个变量出现最显著转折点的时间。在 1914 年以前，货币存量呈现出明显但不太快的增长趋势。此后，当大战爆发时（但在意大利参战前），货币总量开始快速增长。在 1917 年底意大利在卡珀里托遭受重大失败后，货币增长进一步加速。即使到战争结束时，货币增长的进程也没有呈现出明显和持续的下降。实际上，虽然政府债券总额不久后出现了稳定，但银行券的存量在 1920 年底前一直在增长。

政府债券存量从 1914 年 5 月的不到 5 亿里拉增加到 1916 年 12 月的约 13 亿里拉和 1918 年底的约 22 亿里拉。纸币总量也在仅仅两年时

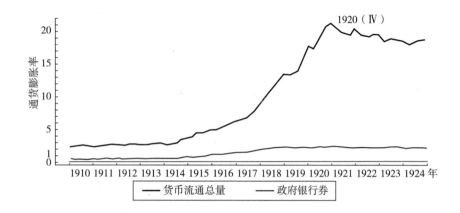

资料来源：德·玛蒂亚（1967）。

图 4.2　流通中货币总量和发钞银行持有的

政府银行券净额，1910—1926 年

间里翻了 1 倍，从 1914 年 5 月的 25.39 亿里拉增加到 1916 年 5 月 49.84 亿里拉。在 1917 年 8 月，货币总量是 74.7 亿里拉；4 个月后就超过了 100 亿里拉。1920 年 12 月达到了 217.53 亿里拉。因此，在仅仅 6 年 7 个月的时间里货币存量就增加了 860%。同期，发钞银行的储备与流通中货币总量的比率从大约 70% 下降到 10%。

1914 年到 1920 年，基础货币的年均增长率是 24.4%，几乎是整个研究期间平均值的 3 倍（表 2.1）。在此增长速度中，财政部带来的贡献超过了 100%。因此，财政政策不仅造成了巨大的货币混乱局面，而且显然在其中发挥了主导作用。

战争的结束仅带来货币存量增速的放慢。战后直到 1920 年，货币增长速度才出现下降。1921 年货币数量的绝对额出现下降，在 1920 年以前，货币存量的变化更多是反映了基础货币而不是货币乘数的变化。如果我们分析关键的 1917 年，这一点尤其明显。此外，货币存量的平均增长速度是 22.7%，略低于基础货币的增长速度，货币乘数则平均降低了 1.7%。

由于货币总量的大幅度增长和实际产出的减少，所以第一次世界大战对里拉的国内和国际购买力的影响非常大。1914 年以前，我们度量的通货膨胀率的波动是零度线，然后突然上升，并在 1917 年达到峰值。随着战争的结束，通货膨胀率先下降了 10 个百分点，然后又开始上升，并在 1920 年几乎达到 35%。在以后的几年里，通货膨胀率迅速下降到零。在这段时期，年均通货膨胀率是 21.1%，超过整个研究期间的 3 倍（表 1.3）。

意大利的通货膨胀系统性高于我们度量的外国通货膨胀率，平均高出 7 个百分点（表 1.2）。这种差异在 1922 年上升到接近 20 个百分点。因此，毫不奇怪，在战争开始时意大利里拉就在外汇市场上出现贬值。平均讲，里拉兑英镑的贬值幅度是每年 15.8%（表 1.2）。

与 1861—1991 年的整个研究时期相比，战争期间造成的后果有：

（1）实际增长率降低（0.0 与整个时期的 2.2%）；

（2）货币增长速度高 2 倍（22.7% 与 10.5%）；

（3）货币流通速度的平均趋势相同；

（4）通货膨胀率高 3 倍（21.1% 与 6.6%）；

（5）交易方程式中 4 个变量的波动性降低（表 1.3）。

总之，战争时期的特点是，货币变量波动性很高、产出明显下降、其他变量的波动性较小。

财政冲击和政府赤字的融资问题

我们现在来分析财政冲击这一根本问题。表 4.1 给出了 1910 年至 1930 年基于现金收付制和权责发生制的政府预算数据及余额情况。1914—1915 年财政年度之前，预算是平衡的，此后预算出现恶化，最大赤字出现在 1918—1919 年，收入与支出的比率达到了 1:7。战争的结束使局面出现了暂时但却是显著的改善，直到 1923—1924 年，现金收付制的预算才恢复长期平衡。

表 4.1

中央政府预算，1910—1930 年

单位：百万里拉

财政年度	权责发生制			延期收支			现金收付制		
	收入	支出	差额	收入	支出	差额	收入	支出	差额
1910—1911	2499	2717	−218	334	872	−538	2636	2698	−62
1911—1912	2614	2936	−322	279	887	−608	2770	2906	−136
1912—1913	2607	3233	−626	267	962	−695	2719	3138	−419
1913—1914	2789	3063	−274	259	953	−694	2879	3080	−201
1914—1915	2776	5937	−3161	347	1280	−933	2667	5586	−2919
1915—1916	2978	11067	−8089	885	1406	−521	3401	10867	−7466
1916—1917	3193	18085	−14892	1592	2976	−1384	4848	16441	−11593
1917—1918	4148	25735	−21587	1979	5733	−3754	7379	22848	−15469
1918—1919	4701	33410	−28709	1465	11487	−10022	10423	27428	−17005
1919—1920	6174	24892	−18718	5488	15267	−9779	11654	20905	9251
1920—1921	15087	38942	−23855	10395	31593	−21198	14226	20716	−6490
1921—1922	16206	36702	−20496	14136	42861	−28725	16366	25398	−9032
1922—1923	16605	24219	−7614	5361	24421	−19060	27545	41272	−13727
1923—1924	17453	23334	−5881	3568	15532	−11964	26294	30571	4277
1924—1925	17141	21268	−4123	3714	16046	−12332	22296	20638	1658
1925—1926	16846	22404	−5558	3785	18021	−14236	22803	19861	2942
1926—1927	18823	23403	−4580	3851	18240	−14389	21650	21823	−173
1927—1928	20785	21952	−1167	4553	15903	−11350	20575	23378	−2803
1928—1929	18924	21452	−2528	3753	10374	−6621	21331	24752	−3421
1929—1930	19154	20971	−1817	3779	9604	−5825	20197	21176	−979

资料来源：Ministero del Tesoro（1969，表 3、表 5、表 6）。

第4章 第一次世界大战：通货膨胀和稳定计划

1921—1922 年以前，延期收支一直在增长，在这一财政年度甚至超过了权责发生制下的"支出"和"余额"的预算金额。这说明，随着战争的继续，很多预算支出项目被延后。这种政策的成功可以解释为现金支付和预算数据不同（有时甚至是相反）的趋势。无论我们使用现金收付制还是权责发生制，无疑都可以得出大战造成了严重的融资问题的结论。

当出现一个大的财政冲击时，显而易见的问题是能否不借助于通货膨胀税来解决战争融资问题。恩诺蒂（1933）是少数几位对此问题给出肯定答案的经济学家。他主要依据两个事实：（1）1914—1924 年，总支出占国民收入的平均比重大约是 36%；（2）1928—1930 年，政府可以对占国民收入 27% 的支出进行融资，而没有造成通货膨胀。根据上述事实，恩诺蒂得出的结论是，为了应对战争支出，将平均税负增加到占国民收入 36% 就足够了，意大利可以承受这一税负水平。因此，通货膨胀并不是不可避免的。

这一点可能是正确的，但仅限于狭义的技术含义上，即通货膨胀一定是经济政策决定的结果，而不是外部事件造成的。另外，根据实际和预判的财政冲击情况（即战争的持续时间），这些决策可以被准确预期到。从这一意义上讲，事前很难说这场战争预期会持续几年时间。实际上，正如我们下面会提到的，当时的预判是这场战争不会持续很长时间。除了 1915 年到 1919 年支出占国民收入的平均比重是 42% 而不是 36% 的事实外，恩诺蒂（1933，第 27 页）自己的观点也是矛盾的：

"如果所有人都相信这场战争是长期的和代价高昂的，而且税收会因此大幅度增加……则意大利就能够应对由此局面造成的沉重负担。"

为了说明公众对经济决策预判的重要性，必须强调在 1915 年夏季意大利普遍和坚定的信念是这场战争持续时间不会超过 4 个月，而且成本也不会超过 400 万里拉（《经济学人》，1915 年 6 月 26 日）。由于存在这种预期，所以很难相信意大利人民会同意大幅度增加税收负担（黑普林，1968，第 98 页）。

当时也存在制度上的问题，如意大利没有所得税，而英国和美国却有这种税。[1] 对政府的意图也存在强有力的政治约束。尤其是在战争开始时，普遍的看法是提高税率是非常不受欢迎的。[2] 这一点很重要，因为这会使我们相信，错误预测这场战争的持续时间（以及成本）至少在一定程度上可能是故意的。[3]

除了公众出于政治原因反对增加税收之外，读者也不能忽视第一次世界大战之前的经济危机（帕拉托，1982，第314页）。正如图4.1所示，在1905年到1908年提高了10个百分点之后，工业生产在随后5年时间里一直保持稳定。实际工资指数从1905年的2.8上升到1909年的3.5，此后几年有所下降，1914年又恢复到3.5。在1914年上半年，对经济形势不断恶化的担心在蔓延，并引发了公众的不满情绪（《经济学人》，1914年3月14日）。

战争爆发时，意大利就业出现了下降。各国政府停止了合格移民的入境，许多移民被迫返回意大利，这些返回的移民主要来自德国、奥匈帝国，但也有一些来自瑞士和法国。据估计，1914年8月到9月中旬，有将近100万移民工人回到意大利，其中60%变成了失业工人（帕拉托，1982，第319页）。

总之，考虑到当时对快速和大幅度增加税收可行性问题的争论，我们赞同布鲁恩斯（1920，第5页）和卡塞尔（1922，第9页）关于很难通过增加税收来对战争支出进行融资的观点，也赞同安吉里斯（1982a，第229页）的观点，即对当时统治阶层的批评基本上是没有根据的。

---

[1] 格里兹奥提（1926，第18~19页）；恩诺蒂（1933，第41页）；特拉皮诺（1982，第238页和第252页）。

[2] 在这里回顾阿尔博提（1931）的观点是恰当的。他对利比亚战争（比世界大战早几年）的财务影响有如下评价："局势似乎并不适合使会计记录完全透明，因此政府选择不向意大利人民公布战争成本。"

[3] 恩诺蒂本人宣称（第52页）在利比亚战争进行时就存在的座右铭是"不要一分钱新税收"。他还提到："在梅塞尼亚和雷格奥卡拉布利亚地震发生时期（也发生在世界大战前很短时期），仅仅为了从议会获得征收额外两分钱税收所需的艰苦工作。"

在国内外市场上发行公债

我们来分析第一次世界大战期间意大利政府实行的公债政策。按照当时的汇率换算成意大利里拉，政府外债余额从 1917 年的 74 亿里拉上升 1918 年的 660 亿里拉和 1924 年的 1010 亿里拉。国内债务中的中长期部分从 1914 年的 148 亿里拉增加到 1919 年的 344 亿里拉，1924 年增加到 600 亿里拉。国库券从 1914 年的 3.8 亿里拉增加到 1919 年的 150 亿里拉和 1924 年的 220 亿里拉（表 4.2）。

1924 年以前外债一直增加。1923 年以前中长期国内债务也一直在增加；1922 年以前短期债务一直在增加；1920 年以前政府自己发行或由银行代理发行的银行券一直在增加。尽管如此，1919 年到 1924 年，外债与国内债务的比率一直保持在 1 的水平。

外国债务主要包括英国和美国给意大利的贷款。资金的获得是通过发行所谓特别国库券（Buoni Speciali del Tesoro）。在开始时，这类国库券的期限是 12 个月，以折现方式发行。[④] 以后，有些发行期限超过了 12 个月，利息由财政部的外国代理机构以息票方式支付。特别国库券可以是不记名或记名形式，也可以以外币计价。战争结束后外债大幅度增加与意大利里拉在外汇市场上大幅度贬值有关。

在国内，发行了 6 期长期债券：第一期是在 1914 年，金额是 10 亿里拉；第二期是在 1915 年 6 月，金额是 11 亿里拉；第三期是在 1915 年 12 月，金额是 21 亿里拉；第四期是在 1917 年 1 月，金额是 25 亿里拉；第五期是在 1917 年，金额是 36 亿里拉；第六期是在 1919 年，金额是 87 亿里拉。另外，还有短期和中期国库券，后者的期限开始时是 3～5 年，以后延长到 7 年和 9 年。表 4.2 表明，1915 年到 1918 年，共发行了约 170 亿里拉长期债券和 75 亿里拉短期国库券。

---

④　开始时就从名义价格中扣除了利息。

表 4.2 　　　　　　　　**截至 6 月 30 日中央政府债务**

单位：百万里拉

	1914	1915	1916	1917	1918	1919	1920	1921	1922	1923	1924
国外ª	—	—	—	7382	19868	29520	66148	80783	84061	93651	101222
国内											
长期											
不可赎回	9922	9992	9992	17064	23752	23514	43275	44382	44448	44445	44465
可以赎回	4918	6005	9869	5171	5113	5067	5020	4971	4920	4867	4064
其他ᵇ	—	—	—	2422	3078	5835	4013	5619	7232	10718	11977
合计	14840	15997	19861	24657	31943	34416	52308	54972	56600	60030	60506
短期											
国库券ᶜ	380	401	785	4291	7812	15054	9079	19777	25312	24713	22226
代表国家发行的现钞	—	1613	2157	3295	6481	8026	10333	8722	8049	7764	7447
国家发行现钞	486	754	1124	1451	1966	2267	2267	2267	2267	2428	2428
其他	60	—	—	—	200	450	509	622	425	351	555
合计	926	2768	4066	9037	16459	25797	22188	31388	36043	35256	32656
国内债务合计	15766	18765	23927	33694	48402	60213	74496	86360	92643	95286	93162
债务总计	15766	18765	23927	41076	68270	89733	140644	167143	176704	188937	194384

注释：

a 按 6 月 30 日里拉汇率兑换。

b 3 年期、5 年期、7 年期和 9 年期财政部债券。

c 3～12 个月期限。

资料来源：美国国会 (1925，vol. I，第 381－382 页)。

第4章 第一次世界大战：通货膨胀和稳定计划

前5期国内债券发行时的实际收益率为4.6%～5.8%。1915—1918年，对短期债券（如10个～12个月）来说，收益率在3.5%与5%区间内波动。长期债券与短期债券之间的收益率差非常小，对投资者投资长期债券中低流动性和较高风险的补偿是不够的。问题就此产生了：为什么投资者持续偏好长期债券？

一个可能的答案是，在整个战争期间，投资者的观点是，一旦战争结束，债券价格就会回到战前的"自然"水平。因此，长期债券的收益率"预期"会上升，超过当时市场水平。根据这一观点，能很好解释如下情况：一旦（1919年）通货紧缩预期被证明是不现实的，则投资者的偏好就大幅度地转向短期债券。

鉴于很难对中期通货紧缩预期进行定量分析，我们于是可以集中分析短期债券的收益率，这样就可以评估当局如何通过公债发行来实现战争融资的目的。1915—1918年，平均通货膨胀率大约是23%，而名义短期收益率为3.5%～5%。除了1916年，国内与国际利率差一直为正，大约等于0.5%。当人们考虑到更重要的实际利率差时，一种完全不同的情况就出现了。自1916年开始，实际利率差就一直为负，平均大约是-6%（表1.2）。这种利差可以说明货币政策已经放弃了保卫国际储备和支持里拉汇率的目标（BI R. A.，1915，第53页）。这种利率差也可以说明对资本流动的严格限制，只有严格的资本管制才能维持意大利与国际金融市场的严格分离。

总之，政府决定发行新公债来降低战争造成的通货膨胀后果的决定只取得了部分成功。实际上，在战争期间，通货膨胀收入占到了按固定价格计算的国内收入的26%，而铸币税则快速增加，并在1917年达到了国民收入的25%（图2.7）。此后，铸币税减少，但平均值保持在7%～8%。[5]

---

[5] 莫迪格利安尼和加佩里（1986）也强调了名义利率的刚性和由此导致的实际利率下降。这两位作者将此归结为如下事实：在20世纪60年代以前通货膨胀变化一直遵循白噪声过程，因此不是预期通货膨胀率的一个好的代理变量；预期通货膨胀率可以用来计算实际利率。从我们的研究看，我们倾向于将实际利率的下降归咎于利率管制。另外，在战争期间，通货膨胀不是白噪声。

货币存量：立法和定量及定性问题

在战争期间，政府通过了一项立法，允许"代理行业"（on behalf of trade）发行的流通中现钞可以超过现行法律规定的限额。斯宾里尼和弗拉迪阿尼（1991，第 281~284 页）介绍了这项新立法的具体内容。已经保持了近 3 年的 9 亿里拉最高限额在 3 个月后就翻了 1 倍。前两次增发现钞的税率是 1%，第三次的税率是 2%。政府发布政令中的最后一项也废止了立法中的最重要部分，即活期存款与现钞发行最高限额之间的比率。

关于"代理政府发行"现钞的法律在几个月内也进行了修改。第一，向政府的贷款最高限额（也称为"普通"贷款）从 1.55 亿里拉增加到 4.85 亿里拉。第二，在意大利参战仅仅一个月之后，就实行了所谓"非常规"贷款，对这类贷款既不需要准备金也不征税。在 3 年时间里，限额增加到 50 亿里拉。1917 年 11 月，意大利在卡珀里托战败之后，几小时之内就授权发放 15 亿里拉的新贷款。

尽管有关非常规贷款的最后一项官方决定是在 1918 年 6 月，但战后又批准了两笔大额贷款。[6] 第一笔是 10 亿里拉，目的是赎回以前由发钞银行购买的相同金额的国库券。第二笔是 8 亿里拉，目的是替换市场上由奥匈帝国发行的纸币，这些纸币在附属领地流通。

另外，政府发起了"特殊需要的非常规"贷款，这是两次重复表达"非常规"的一种方式。1914 年 8 月，立法授权财政部可以要求 3 家发钞银行提供 3 亿里拉现钞，以满足非常规和特殊需要。利用这笔资金，政府计划设立一个多用途基金，帮助储蓄银行和典当行应对在战争开始时的存款提取、为控制价格水平公共机构购买食品、为在敌方入侵地区生产粮食和增加家畜提供补贴等。特殊需要的非常规贷款上限提高了几次，在 1919 年 11 月达到了 18.5 亿里拉。依据这类贷款发行的现

---

⑥ 这是来自巴奇为美国国会撰写的报告（1929）。

钞不征收货币税，也不受储备比率的约束。最后，在战争期间，颁布了许多关于政府发行纸币的新法律。在一段时期内稳定在大约5亿里拉的水平之后，发行上限提高了5倍。

正是由于这项立法，政府纸币余额（包括代理政府发行的银行券）和代理其他机构发行的银行券大幅度增加，甚至在意大利参战之前就显著增加了。

当局应当努力去控制货币冲击造成的影响，至少可以通过贴现率机制来减少代理发行的纸币数量。实际上，正如1915年《意大利银行年报》所指出的，在战争期间和战后时期，从未认真思考过这一机制的问题。相反，自1915年开始，国民银行使用的普通贴现率灵活性降低了，而且1916年到1921年，该贴现率甚至低于英格兰银行的贴现率。当然，英格兰银行不仅在一个更强劲和更可靠的金融环境里运营，[7] 而且应对的是比意大利低很多的通货膨胀形势。1915年到1917年，按优惠利率的贴现交易占总交易量的比重从31%上升到46%，而适用的利率却从5.35%降低到4.86%。

从总体上看，事件的发展过程似乎如下。一方面，政府故意将公债的收益率压低，为了满足财务需要，政府必须发行新纸币，无论是直接发行还是通过银行代理发行。另一方面，保持低贴现率，当局可以刺激对公债的需求，公众会通过银行贷款来购买公债。从会计核算的角度讲，这种方式在"行业纸币"科目下掩盖了一部分正常情况下应当在"政府纸币"科目下的纸币。[8] 国际联盟（1922）、美国国会（1925）、阿尔贝特（1931）、布瑞斯卡阿尼·图龙尼（1931）、德尔·维克茨奥（1931）和恩诺蒂（1933）都清楚这一问题，并且基本同意里克卡尔多·巴奇（美国国会，1925，第165页）的观点，尽管重点有所差异。

---

⑦ 这使得英格兰银行经常可以将贴现率维持在低于其他国家的水平（林德特，1969）。

⑧ 托尼奥罗（1989）曾指出，在1916年6月的一封信中，意大利银行行长向财政部长建议购买政府证券并将其记录为汇票的贴现交易。

里克卡尔多·巴奇指出：

"银行发行的一部分纸币（当时数额并不小）表面上是出于商业原因，但实际上是为了满足政府的需要。"[9]

意大利银行也确认了这一点（R. A.，1919，第 90 页）。因此，这场战争模糊了新发行纸币是出于商业目的或政府目的之间的区别。即使在当时，这种区别从货币控制的角度讲也被认为是重要的（德尔·维克茨奥，1932，第 157 页；恩诺蒂，1933）此外，这场战争对流通中货币数额产生了非常巨大的影响。

对银行经营状况的分析也可以揭示信贷质量的恶化。一些大型商业银行的业务超出了章程规定的范围，大量投资于股票。在战争结束时，由于一些工业集团不得不进行重组，所以这类交易的后果是非常糟糕的。贷款变成了不良资产，一些银行倒闭了。最大的倒闭事件是 1921 年的意大利斯肯托银行倒闭，这一事件造成意大利银行增加基础货币 17 亿里拉。[10]

总之，战争期间对意大利的货币形势造成了非常严重的后果，无论从定性还是定量角度讲都是如此。这一时期颁布了一系列法律，目的是拓宽现存货币创造的渠道，或引入新纸币。所有这些事件都是以一种矛盾和无序的方式进行。因此，与 1861—1914 年相比，第一次世界大战标志着一个巨大改变，为了使决策过程透明和使货币市场保持稳定，1861—1914 年当局努力明确界定权利和责任。

---

[9]　托尼奥罗（1989，第 107 页）还指出，在另一份信中，同一位意大利银行行长承认，为了推动证券承销，发钞银行必须发放有证券抵押的大量贷款，而且利率要低于相同证券的收益率。

[10]　虽然意大利商业银行、意大利信贷银行和罗马银行设法克服了这些困难，但第四大银行意大利斯肯托银行则不得不在 1921 年底关闭其分支机构。这样意大利银行就没有其他选择，只能向这家银行的清算人发放必要的贷款（斯拉法，1922；罗思，1950；格阿尼尔尼，1953）。

k 比率和通货膨胀压力的积累

自 1866 年以来，公众的偏好第一次从银行存款转向现金：1914 年到 1917 年，k 比率提高了约 50%。意大利人窖藏现钞的倾向并没有被当时的经济观察家们所忽视（《经济学人》，1916 年 4 月 22 日），他们提出了两种可能的解释。第一种解释认为，第一次世界大战爆发后，私人部门交易量相比公共部门的交易量出现了系统性下降。由于公共部门更愿意支付现钞而不是银行支票（与私人部门不同），所以私人部门交易量的相对减少使货币需求转向了现钞。这不是一个令人信服的解释，因为（1）在战争刚刚开始时，k 就上升了，当时政府还没有启动设备的购买；（2）在战争结束之前，该比率以类似速度快速下降，而当时设备购买还没有取消；（3）公众积累了大量现钞。

阿尔贝特（1931）、德尔·维克茨奥（1932）、阿曼特亚（1933）和恩诺蒂（1933）等人提出了一个看上去更合理的解释，他们认为是因为公众丧失了对银行体系能否躲过这场冲击的信心。缺乏信心最终因为银行的倒闭（如 1921 年意大利斯肯托银行的倒闭）而变得现实化了；而且缺乏信心在战争开始时和在意大利在卡珀里托战败时引发了对银行存款的挤提。因此在这段时期，公众信心通过 k 比率的变化反映出来。

1914 年 8 月出现了对信心危机的最初警告，当时意大利银行行长向各分行发出了如下信函（托尼奥罗，1989，第 125 页）：

"发生大规模从银行提取现金的事件不是因为有大量流动性需求以满足工业和商业企业不断增加的需要，而是因为在紧急情况下，大多数公众提取此前存放在各类金融机构的存款并将资金以现金方式持有。"

但应当指出的是，在战争期间 k 比率的大幅度上升也出现在政府并未大幅度参与商业交易的经济体系中。[11]

---

[11]　卡塞尔（1922，第 38 页）；黑普林（1968，第 111 页）；布瑞斯卡阿尼·图龙尼（1931）；弗里德曼和舒瓦兹（1963，第 267 页）。

k 比率变化还有其他值得关注的方面。第一，即使在 1914—1918 年的较短时期内（当时该比率显著上升，并导致货币乘数的下降），基础货币的大幅度增长也推动了货币存量总额的快速增长。因此，尽管程度有限，但公众窖藏纸币的行为确实缓解了货币创造过程的影响。第二，1915—1916 年，货币流通速度也出现了上升，这意味着对现金和银行存款需求的下降。第三，由于战争造成的通货膨胀预期，所以可以合理预期通过窖藏货币支出的倾向一定会上升。但是，货币去窖藏导致的通货膨胀后果，尤其是 k 比率的快速下降，并没有出现。正如前面提到的，经济人仍然相信，战争结束时不仅可以恢复货币稳定，而且价格也会回到战前水平。因此，尽管只是部分影响，但在战争期间通货紧缩的预期确实发挥了稳定器的作用，抑制了货币扩张的影响。然而当战争结束时，情况变得明确的是，这些预期是没有现实根据的，货币需求大幅度减少。作为上述情况的一个印证，货币流通速度从 1919 年的 1.3 次上升到 1922 年的 1.75 次。[12]

价格和汇率管制

由于战争的爆发，所以对商品需求的持续增加和风险更高的环境造成了原材料、制成品和运输等国际价格的上涨。意大利在 1914 年 8 月批发价格首次出现显著上涨。随着时间的推移和国际环境的变化，一个影响更深远的国内通货膨胀因素出现了。在外汇市场上，意大利里拉的贬值趋势不断增强。

---

[12]　在第一次世界大战结束时，基础货币需求的下降是比较普遍的（布瑞斯卡阿尼·图龙尼，1931；雷赫费尔德，1923）。这一时期明显的情况是，经济人正在将战争期间积累的过多流动性进行投资。凯恩斯（1923，第 42~43 页）也提到了这种现象，但他似乎没有理解这一现象的真实本质。实际上，他坚持认为，在农业国家，人们会在通货膨胀的第一个阶段存钱，因为他们无法区分名义收入与实际收入。我们对此有两点反对意见：第一，对现金需求的增加也是工业国家的典型情况；第二，在此使用货币幻觉的概念是不恰当的。

一方面，从某种意义上讲，当局是以一种传统方式进行应对，也即当局并没有消除问题的主要根源。当局采取的应对措施是商品行政分配和对价格及汇率进行管制。管制的强度达到了前所未有的水平，而且明显违背了政府长期以来遵循的不干预经济事务的原则（科比诺，1938）。另一方面，意大利当时发生的事情基本上与其他国家一样（卡塞尔，1922，第22页；洛宾斯，1935；拉斯，1982a）。在意大利，商品行政分配和价格管制的政策有其自然的环境（及宣称的"合理性"），以一种积极的方式推动，针对所谓的垄断性定价、商业投资和商品囤积行为。

尽管当局对实施价格管制政策有坚定决心，而且对此政策存在有利的公众舆论，但整体价格趋势没有受到影响。斯宾里尼和弗拉迪阿尼（1991，图6.1）认为，在一个生产和消费高度分散化的农业国家，实行价格管制非常困难。恩诺蒂（1933，第192页）得出了相同结论。[13]

此外，价格管制改变了相对价格结构。实际上，虽然工业原材料价格指数从121上升到1465，但半成品价格指数从119上升到861，制成品价格指数从100上升到395。另外，用于食品加工的原材料的价格上升幅度小于工业用途的原材料价格，而制成品的价格上升幅度更小（塞安克，1933；斯宾里尼和弗拉迪阿尼，1991，表6.9）。结论是，这是历史上无数事件中的一个，即价格管制并不能限制通货膨胀，相反却以人为方式改变了价格的相对结构，对实体经济造成了负面影响。

里拉汇率也受到当局强有力和越来越多的干预。当时存在汇兑限制，政府也通过自身资源或新的借款来对汇率进行干预。

表1.2已经展示了意大利里拉兑英镑的大幅度贬值。为了进一步分析，我们整理了表4.3，该表显示了意大利里拉兑英镑的名义汇率及实际汇率数据（1914—1918年是半年数据；1919—1923年是季度数据）。从名义汇率角度讲，里拉自战争开始时就出现贬值。贬值过程在1915

---

[13]　恩诺蒂认为，即使在当局可以成功控制一些商品的价格时，企业界也能够通过提高不受控制的类似商品价格来应对，价格提高的幅度会高于没有价格控制条件下的正常需要。

年持续，但在 1916 年上半年贬值过程停止了。当时意大利财政部从英国政府获得了一笔金额较大的外汇（托尼奥罗，1989）。但此后贬值过程又恢复了，并且在美国参战之后贬值过程再次停止。意大利在卡珀里托战败后不久，贬值速度明显加快。总体上讲，1914 年 6 月到 1918 年 6 月，里拉的名义汇率下降了 40% 以上。

表 4.3 里拉兑英镑的名义和实际汇率，1914—1923 年（月平均值）

年和月[a]	汇率		年和月	汇率	
	名义	实际[b]		名义	实际[b]
1914 年 3 月	—	—	1919 年 3 月	30.86	77.6
6 月	25.26	99.2	6 月	37.33	92.3
9 月	—	—	9 月	40.94	103.8
12 月	25.86	109.0	12 月	50.08	115.3
1915 年 3 月	—	—	1920 年 3 月	70.55	140.0
6 月	28.53	103.6	6 月	67.14	119.4
9 月	—	—	9 月	80.86	134.9
12 月	31.00	94.5	12 月	99.96	129.3
1916 年 3 月	—	—	1921 年 3 月	102.51	123.8
6 月	30.41	95.1	6 月	75.77	102.4
9 月	—	—	9 月	87.82	106.6
12 月	32.62	97.9	12 月	93.95	98.5
1917 年 3 月	—	—	1922 年 3 月	86.07	99.1
6 月	33.98	95.3	6 月	89.48	104.5
9 月	—	—	9 月	106.36	106.8
12 月	39.67	90.1	12 月	91.56	96.2
1918 年 3 月	—	—	1923 年 3 月	97.01	104.2
6 月	43.68	91.8	6 月	101.00	114.3
9 月	—	—	9 月	102.94	122.5
12 月	30.25	70.8	12 月	100.48	116.3

a　每个季度的平均值。

b　用意大利里拉表示的英国批发价格指数，意大利批发价格指数（1901 年 = 100）。指数升高表示里拉的贬值。

资料来源：美国国会（1925）。

　　在战争开始时，当局没收了意大利居民持有的所有以外币计值的证券。1917 年 8 月，要求银行必须记录所有外汇交易。在同年底，随着贬值过程的加剧，授权财政部购买出口商品的外汇收入。另外，制定了进口商品目录，明确只有目录上的进口商品可以购买外汇付给外国出口商。国家外汇局就在此时设立，被授权管理所有外汇交易。直到战争结束 6 个月之后，该机构才停止运行。[14] 该机构工作的潜在影响非常大。实际上，除了有一个庞大的网络，该机构还可以依靠有利的公众舆论，当时舆论认为投机是造成里拉贬值的主要原因。另外，该机构还可以利用意大利政府直接大规模参与国际贸易交易的事实，并可以依靠与其他国家类似官方机构的合作。但在 1918 年 3 月这家机构开始运行之后不久，实际情况就表明该机构不是为了防止里拉的贬值。因此在当年 6 月，当局重新开始与同盟国谈判新的财务协议。这样做的明显目的是获取必要资源，以便在外汇市场上进行大规模干预，这解释了在当年下半年里拉汇率为什么出现了大幅度升值（表 4.3）。

　　随着里拉的英镑价格升高，里拉的名义汇率和实际汇率出现升值。当时出现两个高峰，一个是在 1915 年的下半年；另一个是在 1918 年的下半年，而且幅度更大，当时实际汇率从 91.8 下降到 70.8。第二次高峰正好与前面提到的官方在外汇市场上的大规模干预同时发生。里拉汇率的大幅度实际升值造成了意大利出口商品竞争力的同等幅度的下降。[15]

　　总之，截至 1918 年底，价格和汇率政策使意大利出现了人为造成的相对价格结构和里拉的较高实际价值。

战争的结束：非预期通货膨胀和社会冲突

　　在战争结束时，里拉名义汇率再次出现贬值；实际汇率这次与名义

---

　　[14]　这基本上是意大利外汇局的前身。

　　[15]　意大利银行行长也提到这方面的担心；见图龙尼（1989，第 306 页）提到的 1918 年 11 月 20 日行长的信件。

汇率的变化相同。当局的对策是采取更加严格管制。1919 年 5 月 13 日至 1920 年 5 月 24 日，通过了 5 项政令。这些政令包括取消外汇交易的垄断，但将此项职能授予一组经过挑选的银行，而且在国家外汇管理局的监督之下；禁止将里拉转移到国外；限制向外国居民提供外币；实行出口商品里拉计价的规定（本质上是里拉可以作为外国货币的替代计价货币）。尽管实行更严格管制，但 1919 年里拉的英镑价格从 30 上升到 50，而实际汇率上升了 45 个基点。

战争的结束使公共财政出现了好于预期的小幅度改善。实际上，虽然军事支出仍然很高，但为了重建因战争而遭到严重破坏的附属领地也需要大量资金。另外，由于里拉的大幅度贬值，价格管制政策导致了运营损失的增加，因为当局决定不调整进口商品的国内价格，所以无法反映进口商品更高的里拉价格。1918—1919 财政年度和 1919—1920 财政年度，政府的一般账户仍然有很大失衡，货币增长在 1919 年达到顶峰。

面对这种形势，人们可能预期通货膨胀率会进一步上升。这种情况并没有发生：1917—1918 年，年均通货膨胀率实际下降了 10 个百分点。塞安克（塞安克·1933；斯宾里尼和弗拉迪阿尼，1991，表 6.11）报告的月度批发价格在 1918 年 11 月达到了最高点，然后出现下降，直到第二年 3 月，此后再次出现上涨趋势。1919 年 10 月，批发价格水平与 1918 年 11 月的水平相同。如果考虑到当时的里拉汇率趋势以及财政和货币政策，这些事实令人感到非常意外。

对此现象的解释是我们前面多次提到的通货紧缩预期，在战争期间这种预期就是意大利经济人行为的典型特征。正如卡塞尔（1922，第 27 页）和恩赛格（1935，第 98 页）曾经强调的，在整个战争期间人们一直普遍坚信在战争结束时，价格会迅速回到战前水平。战前水平被认为是"自然"水平，因此只要战争这种极端情况一结束，价格水平就会迅速恢复到此前水平。

价格回归预期的实证有效分析可以追溯到金本位体制的经历。在金本位体制下，价格水平是不变的。当局不仅不去改变这种预期，而且还尽力强化此预期（卡塞尔，1920，第27页）。意大利政府有些时候通过传递错误信息来强化公众关于"自然"价格水平的意识。另外，公众还有一个特殊信念，即德国正在囤积大量商品，目的是在战争结束时冲击意大利市场和造成价格大幅度下跌。为了说明这种信念的不合理性和尽可能降低其潜在负面影响，恩诺蒂在《每晚导报》1915年5月1～2日的一期中提出了下列问题：

"在同盟国中有很多人担心大规模出售商品，据说这些商品是德国人为了以极低价格冲击外国市场而制造和囤积的。这种危机十之八九是非理智想象的结果。由于工人队伍减少和有大量军事及农业需求，德国人怎么会有能力使用它自身没有的原材料来制造商品，而其目的完全是建立一个巨大库存？"

当战争几乎是出人意料地结束时，出现了商品供给的大幅度增加，同时谨慎的消费者预期价格水平会立即和大幅度下降（巴奇，1926，第166页）。在这种条件下，总体价格水平首先是停止上升，然后绝对值开始出现下降。[16]

当残酷的经济现实显现和价格水平恢复上涨趋势，而经济人不得不全面修正他们已经保持了多年的预期时，会发生什么事情呢？我们已经提到，价格管制政策的实施伴随着一场推广活动。这种推广活动的目的是在经济界逐步灌输"公平"价格的概念，同时也使公众对经济界产生很大怀疑。因此，当公众抱怨是经济界造成了通货膨胀的回归，就不是一件完全出人意料的事了。巴奇（1926，第168～169页）对上述情况的描述非常好：

"面对不可避免的价格上涨，公众重新发现了他们关于价格管制的古老信念。在战争期间和随后的社会及政治动荡时期，动乱的感觉得到广泛传播，也激发了人们对经济事项采取"直接行动"的新信念……

---

[16] 值得再次指出的是，战争结束后价格的下跌也是一个国际现象（League of Nations 1922；恩赛格，1935；雅格，1981）。

"因此在 1919 年 7 月初，很多地方出现了疯狂的骚乱，目的是抗议价格上涨。在几天之内，社会冲突快速发展并扩展到整个意大利。骚乱也到达了外围地区，甚至是小山村，但主要集中在大城市，其中一些城市遭遇了数天的抢劫……在许多地方，劳动者协会系统地指挥活动，而且通常装扮成看似合法的活动。他们从商铺中征用商品，存入自己的仓库中，然后以非常低价格向协会会员出售。在这场运动的第二阶段，骚乱引发了城市当局的干预。这是一种使这场荒唐运动合法化的新伎俩，为了取悦参加运动群众和安抚整个公众，当局规定价格必须大幅度下降。也许是在博洛尼市，市政当局实行一项笨拙的做法，要求将所有现行价格降低 50%。这种做法很快传播到整个意大利，所以在无数小村庄、城镇和大城市，都有政府宣传广告在大街两旁展示，上面写着价格已经被奇迹般地降低了一半。"

塞安克（1933）的批发价格数据使我们得出的结论是，这些事件对价格趋势影响的实际效果要小于巴奇讲话中所提到的程度。实际上，在很短时间内，各种价格指数的绝对值都下降了，或增速有所下降。在这一年的下半年，食品原材料的价格保持稳定，而食品制成品价格没有显示出受到价格管制的影响。

面包价格和危机的结束

有一种很强的倾向是将通货膨胀过程的恢复归咎于放松配给政策和部分回归市场经济原则，这两件事都发生在战争结束时。正如巴奇（1926，第 175 页）指出的，1919 年 6 月意大利城市协会的执行委员会得出的结论是，如果说当局的供给措施"在战争期间是组织混论和不充分的，则在停战后更是如此，因为停战后应当迅速采取根本性措施来防止几乎所有消费品的价格上涨"。

在这种情况下，公众的需求强化了政府实行按低于成本的价格出售消费品的政策。1919 年 8 月 15 日，当局决定扩大受价格管制的商品目录，并在 1920 年 4 月 5 日恢复了商品配给制。针对这些措施，恩诺蒂在 1919 年 11 月 23 日一份报纸《每晚导报》上写下了如下著名言论："这项措施是将纸币印钞厂置于疯狂状态。"

从理论上讲，唯一的解决方法是恢复对货币政策的严格控制。但从现实角度讲，这一过程又非常困难，因为价格控制政策带来了同样大的成本。正如前面提到的，随着战争的结束以及意大利里拉名义和实际汇率的大幅度贬值，按照管制价格在国内出售进口商品的过程中政府积累了巨额损失。因此，面包价格问题变成了非常重要的一个问题。

主要从国外按市场价格购买小麦，然后在国内按低于成本的价格向面包店出售，政府以这种方式管制面包价格已经若干年了。在战争结束时，这种干预的成本从 1918—1919 财年的 19 亿里拉增加到下一个财年的 27 亿里拉。在 1920 年春季，预计 1920—1921 财年的损失将达到 45 亿里拉。为了理解这一数字的含义，有必要回顾一下在 1920 年底，公众持有的纸币总额是 177 亿里拉。因此，毫不奇怪，当面包价格问题开始引起关注时就可能导致恶性通货膨胀。

1920 年 6 月，第一项有关减少政府面包价格管制损失的议案提交到议会进行讨论，但讨论引发了一场政府危机。然而在当年底第二项议案却成功了，因为该议案建议一种渐进的解决方案，同时也受益于相对贫穷的群体，其代表是左翼政党。结果是，将面包的零售价格提高到完全覆盖购买国内小麦的成本。对进口小麦而言，则通过大幅度增加税收来达到盈亏平衡点。

金融市场对此政策的反应是积极的：首先，里拉的英镑价格从 1921 年 1 月平均为 102.51 下降到当年 6 月的 75.77，汇率升值本身就足以消化政府在进口小麦方面的损失。其次，由于世界粮食作物的丰收和国际经济衰退的日益严重，1921 年小麦的国外价格出现了大幅度下降。实际上，1920 年第二季度英国出现了衰退、1919 年德国出现了衰退、瑞典在 1920 年中出现了衰退、低地国家在 1920 年夏季也出现了衰退。在许多国家，甚至出现了价格绝对值的下降（恩赛格，1935，第223页）。例如在美国，1921年批发价格仅为1920年5月的56%。最后，意大利国内粮食产量非常多（52亿公斤，上一年是38.2亿公斤），这导致意大利降低了对进口小麦的依赖。这些同时出现的因素决定了财政状况出现了拐点：政府甚至开始出现预算盈余。因此危机的结束可以解释为经济政策和有利经济周期共同作用的结果（巴奇，国际联盟，1922，第23页）。在这种情况下，非常突出的情况是，虽然一般价格指数在1920年11月就开始下降，但货币存量从1921年1月才开始下降。

意大利银行年报

意大利银行年报暴露了缺乏分析经济形势和研究货币及财政政策选项的能力。正如意大利银行自己所做的近期两篇回顾性分析文章所表现出来的（托尼奥罗，1989；德·玛蒂亚，1991），意大利银行似乎满足于印制现钞这一微不足道的角色。例如在1917年年报第48页，我们可以看到：

"管理层在扩大和更新印刷能力方面做了许多工作，包括装修厂房、购买新机器、获取原材料供给和培训人员。结果是，去年印制了1800万张银行券，而1913年的印制数量是500万张。管理层对其努力所取得的成果感到满意。"

虽然意大利银行强调上述业务，但它有意回避了应对战争融资的问题，因为在报告中竟然没有单独一段内容提到此事（德·玛蒂亚，1991，第561页）。从1918年春季到1919年夏季，意大利银行没有对通货膨胀问题给出对策，也没有解释为什么突然停止这样做。当意大利银行最终提到价格问题时，它通常是指国际萨尔贝克指数（Sauerbeck index）。意大利银行经济分析的低质量可以从下面的句子（BI R. A.，1919，第7页）中窥见一斑："公债的数量已经大幅度增加，纸币的存量一直在增加，外汇汇率总体上恶化，所有地区的商品价格都在上涨。"

10 年名义及实际汇率和菲利普斯曲线

在最后一节中我们将分析名义与实际汇率趋势之间的关系，以及生产与价格水平变化之间的关系。

我们已经研究了从战争爆发到 1918 年夏季期间里拉的名义与实际汇率之间的负相关关系。换句话说，名义汇率的黏性以及实际汇率的升值都是由于大规模和系统性的政府干预。1918 年夏季到 1920 年 3 月，名义汇率与实际汇率之间是正相关：名义汇率的升值幅度大于意大利与英国通货膨胀率之差。背后的原因是政府停止了干预，以及名义汇率上升到更高均衡水平的压力。

但如果将观察期扩大到整个 1914—1924 年，我们就会发现，在 1914—1920 年的第一个子时期，里拉名义汇率的年均贬值速度是 15.8%，而实际汇率的年均贬值速度只有前者的一半。因此，名义汇率与实际汇率之间从正相关变为负相关。实际上，里拉的名义汇率在继续贬值，而实际汇率却在升值。

相关性正负符号的变化并非主要是由于不同的干预政策，而是由于在 1920 年底至 1921 年初货币政策发生了转变。

在图 4.3 中我们给出了从 1913 年到 1923 年价格缩减指数和实际收入的年平均增长率，这一时期包含了一个完整的经济周期，至少对这两个变量来说是如此[17]。不同状况的短期变化也出现了。总体上看，西南与东北地区之间的变化似乎更突出。因此，菲利普斯曲线的关系是明显的。一方面，也有相反方向的变化。尤其是，1916—1918 年和 1920—1923 年的变化显示了生产与通货膨胀之间的一种"反常的"负相关关系。

1920—1923 年毫无疑问是一个更有趣的时期：这是一段和平时期，

---

[17]　使用工业产量数据是不合适的，因为这些数据很大程度上受特定事件的影响，如 1920—1921 年的工人罢工。

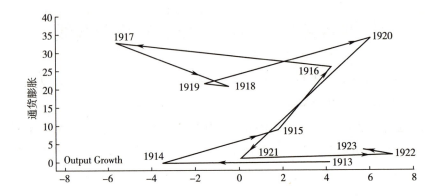

资料来源：本书第1章。

图 4.3　通货膨胀与产出增长（年增长率）

也展现了战后稳定计划期间意大利经济的变化。在这段时期我们看到通货膨胀率下降了大约 35%，产出增长率则基本稳定。

因此，这种证据并不能得出反驳宏观经济环境发生了巨大变化的假说，无论经济人是否真实体验到或感觉到这种变化。这种变化大幅度降低了稳定计划的成本。另外，新环境可能与在 1920 年底解决了面包价格问题有关，也得益于国内财政和货币政策的实施成果[18]。

结　　论

在第一次世界大战期间和之后的短期内，财政政策是意大利货币历史中最重要的因素。面对巨额支出，政府无法或不愿意通过发行新公债或增加税收负担来进行融资，此时货币当局选择了宽松的政策。因此，货币增长速度出现了大幅度上升。k 比率的趋势出现了相应的反转，这造成了货币存量的增加，由此产生的通货膨胀影响又被产出增长的下降所放大。

---

　　[18]　同时，我们不能忽视对产出和国内价格的积极影响，这种积极影响是由于世界需求的同步复苏和进口价格的下降。

　　当局的应对策略是实行直接管制商品价格和外汇汇率的做法。在这方面有三个重要观点。第一，这种政策在降低价格水平方面是无效的，即使人们采取了暴力形式也是如此。第二，在战争结束时，价格管制政策本身就造成了恶性通货膨胀。第三，政府干预和外汇管制先是导致了里拉汇率的持续实际升值，然后使得货币稳定计划的进程更加困难。

　　在所有这些事件中，经济人都一直坚定地相信，在战争结束时，价格会回到战前水平。为了打破这种信念，在价格和汇率可能恢复到战前水平之前，必须经历1919年至1920年通货膨胀的变化（包括在意大利和在世界其他国家）和许多政府的失败过程。

　　1919—1920年意大利的经历代表了一个经典的和非常重要的因果关系案例，即从非预期通货膨胀到社会冲突，而不是相反。这一案例也支持阿曼特亚（1933，第29~30页）关于通货膨胀影响的观点：

　　"企业家和商人变得更加富裕；存款者遭受大量损失；尽管发行了更多纸币，但养老金领取者和所有固定收入者变得越来越穷；中产阶层面临生活水准的降低；工人阶层（如果意大利有健全的工会组织的话）可以成功争取到名义工资的增长，使收入维持现有实际购买力水平，有时甚至超过生活必需的较高水平……通货膨胀破坏了各个阶层之间的社会均衡[19]。

　　最后，财政和货币稳定的恢复部分归功于政策决定者的意见，部分归功于外生因素。由于通货膨胀预期的快速调整，所以通货紧缩成本似乎比较小。

---

　　[19]　1920年布鲁塞尔国际货币会议的官方决议宣称，由于存在过量货币，因此也会出现"价格与工资增长之间恶性螺旋发展，其结果会破坏生产过程、贸易和造成社会冲突。"关于通货膨胀与社会冲突之间的因果关系方向的研究，见卡皮耶（1986）与弗拉迪阿尼（1986）之间的交流。为了避免误解，我们要强调的是我们非常清楚，在这段时期内仅仅是政治形势就可能引发社会冲突。

第5章
20世纪20年代和30年代：
外汇政策和工业及金融业重组

"墨索里尼先生威胁要使里拉恢复从前的价值。幸运的是，里拉并不关心即使是一名独裁者的言论，而且人们不能像对待亚麻籽那样对待里拉。"（凯恩斯，1923）。

"墨索里尼重新控制里拉的时间到来了。1926年8月在佩萨罗的一次演讲中，他声称，他的目标是不惜一切代价保卫里拉。不久之后，里拉汇率就表现出强劲升值。"（恩赛格，1935）。

导　　论

20世纪20年代和30年代意大利的货币史有许多突出特点。首先，意大利里拉在国内市场上的购买力要低于国际市场。这一问题在1922—1924年缓慢发展，在接下来的两年时间变得非常突出。这种局面主要是源于战争时期，国内与国际货币关系都处于正常化的过程之中。在战争结束时，对于落后的工业和金融结构问题，当局也深感棘手。第二，初期当局应对里拉大幅度贬值的方法是实施一个货币稳定计划，但此后有进一步发展，目标变成了对工业体系进行彻底重组。因此，1926 年到 1936 年，当局一直尽力协调货币政策、产业重组和恢复资本积累过程之间的关系。

本章包含五个主要部分。开始时我们先对意大利经济与美国和英国经济进行比较。然后我们分析 1922 年到 1926 年国内通货膨胀和里拉贬值的原因。第三节是列举了 1925 年以后政府所采取的重要决定，这些决定先是为了制止，然后是为了扭转里拉贬值趋势；本章还对强势里拉政策进行成本—收益分析。最后，我们介绍金融创新，1936 年的《银行法》使金融创新达到了高潮，该法在 20 世纪 90 年代初期仍然有效。

意大利经济的三个阶段以及
与美国和英国的比较

表 1.3 显示，1921—1937 年，货币增长速度是本书所研究的 131 年期间中最低的，平均通货膨胀率等于零，而且实际收入增长速度与其长期平均值基本一致。另外，我们从表 1.2 中可以看出，在同一时期内，意大利的经济平均增速与英国一致，而通货膨胀率却超过英国大约 3 个百分点。由于里拉在外汇市场上每年平均贬值 1%，所以里拉的实际汇率每年大约上升 2 个百分点。

但是，这段时期的平均值掩盖了意大利经济的上下波动。从统计学的角度讲，在 1921—1926 年、1927—1933 年和 1934—1937 年，许多变量都经历了 3 个明显的阶段。简而言之，第一阶段出现了里拉在国内和国际市场的贬值。第二阶段正好是国内实行稳定计划和强势里拉政策，同时在世界范围内发生了大萧条。第三阶段出现了国内货币控制机制与通货膨胀恢复之间的分离。

在第一阶段，意大利的货币存量增长速度很高，在第二阶段较低，在第三阶段又很高（表 5.1）。货币流通速度变化与货币存量增长率有正相关关系，因此加剧了价格波动的幅度：第一阶段是 +5%，第二阶段是 −7.4%，第三阶段又回到 +5.4%。除了大波动幅度外，在本书整个研究区间，都没有出现过像 1927—1933 年出现的价格水平大幅度和连续 7 年的持续下降的状况。实际收入的变化与货币存量的变化基本一致，但货币与价格之间的相关性显著高于货币与产出之间的相关性。

为了更好地了解交易方程式中各变量的演变，分析一下国外发生的情况非常有用。弗里德曼和舒瓦茨（1982）的研究使我们可以分析美国和英国的情况（表 5.1）。就货币增长、货币流通速度和价格水平而言，意大利与美国之间比意大利与英国之间有更多相似性。但意大利的通货膨胀率滞后于其他两个国家。实际上，虽然在第一阶段意大利的平均价格水平增长率为 5%，但美国（和更大程度上是英国）的价格水平绝对值却是下降的。在第三阶段，所有国家的通货膨胀都恢复上涨，但意大利更加强劲。就工业产出而言，美国经济大萧条的严重程度和持续时间都显著超过意大利。英国经济的萧条程度最轻①。

表 5.1　　意大利、美国和英国的交易方程式，1921—1937 年

（年百分比变化）

	货币存量	货币流通速度	价格水平	产出
意大利				
1921—1926 年年均	6.7	1.9	5.2	3.4
标准差	(2.6)	(3.7)	(2.4)	(1.3)
1927—1933 年年均	0.9	−7.9	−7.4	0.4
标准差	(0.9)	(2.2)	(1.4)	(1.7)
1934—1937 年年均	2.2	6.8	5.4	3.6
标准差	(2.4)	(4.6)	(2.1)	(2.7)

---

① 尽管美国国家经济研究局（NBER）将此次美国经济衰退开始的时间确定为 1929 年 8 月，但为了便于比较，我们坚持一个统一的时期划分。有关此次衰退的国际分析，另见圣·艾提恩（1984）。关于美国产出大幅度下跌有许多学术研究。对此次产出大幅度下降背后的原因仍然有争议：例如，见弗里德曼和舒瓦兹（1963）；布鲁内（1981）；圣·艾提恩（1984）。但我们的表 5.1 表明，1927 年至 1933 年，美国货币政策紧缩的程度是最大的，而英国相对于第一个子时期，其货币增长速度大幅度上升。

续表

	货币存量	货币流通速度	价格水平	产出
美国				
1921—1926 年年均	3.8	-1.9	-2.9	4.8
标准差	(2.1)	(3.2)	(2.8)	(6.1)
1927—1933 年年均	-4.3	-5.4	-4.7	-5.0
标准差	(2.9)	(3.6)	(2.1)	(3.4)
1934—1937 年年均	8.7	5.4	2.5	11.6
标准差	(1.8)	(1.8)	(1.7)	(1.5)
英国				
1921—1926 年年均	-2.0	-3.1	-6.6	1.5
标准差	(0.7)	(3.7)	(2.9)	(2.1)
1927—1933 年年均	1.6	-2.0	-1.9	1.5
标准差	(0.7)	(1.8)	(0.5)	(1.9)
1934—1937 年年均	3.6	1.9	1.1	4.4
标准差	(1.3)	(1.6)	(1.0)	(1.3)

资料来源：意大利的数据来自表 1.3；美国和英国的数据来自弗里德曼和舒瓦茨（1982，表 4.8 和表 4.9）。

　　与整个 131 年的研究区间相比，在两次世界大战期间政府赤字控制得最严。但在我们的三个子时期，内生变量和政策变量仍然有明显差异。在每一个子时期，表 5.2 都给出了预算赤字占国民收入的年均比率、货币化的比率和货币增长因素的贡献度。

　　政府预算在第一阶段是平衡的，但在第二阶段和第三阶段赤字不断增加。赤字货币化的程度（即 *MBTR* 的演变）一直都不是基础货币总额增长的主要因素。尤其是在 1927—1933 年，*MBTR* 年均增长率确实达到了 10.3%，但这种增长通常被"其他构成"的大幅度减少所抵消。正如后面将要看到的，这意味着货币当局的目的是将财政部与意大利银行之间不断增加的债务负担转移到银行体系。货币乘数的平均变化率与基础货币的变化方向相反。这主要反映了 k 比率在第一阶段的大幅度降低和在第三阶段的快速增长[2]。

表 5.2　　　预算赤字、货币增长及其贡献度，1921—1937 年

变量	1921—1926 年	1927—1933 年	1934—1937 年
DEF/Y	0.0	3.5	5.4
(*dMBTR/DEF*) ×100	−61.8	84.1	−235.5
货币存量	6.7	0.9	2.2
基础货币	1.0	1.2	7.0
货币乘数	5.7	−0.3	−4.8
对货币存量增长的贡献度			
MBTR	−6.2	10.3	3.4
MBOT	7.1	−12.0	5.8
MBF	0.2	2.9	−2.1
k	5.7	−0.6	−5.1
re	−0.1	0.3	0.2

注：

除了最上面两行，其他所有数据都是指区间年平均变化百分比。对货币存量增长贡献度的计算是将相互影响项设定为零。

---

[2]　对美国和英国来说，基础货币和货币乘数的年平均增长速度是，

	美国			英国		
	M	*MB*	*V*	*M*	*MB*	*V*
1921—1926 年平均	3.8	−0.4	4.2	−2.0	−2.9	0.9
1927—1933 年平均	−4.3	1.8	−6.1	1.6	0.2	1.4
1934—1937 年平均	8.7	12.5	−3.8	3.6	4.2	−0.6

这两个国家都是在第一个子时期控制住了基础货币增长，在第二子时期放松了控制，在第三个子时期又加快了基础货币增长。在美国货币乘数发挥了决定性作用（弗里德曼和舒瓦兹，1963）。三个国家货币变量相关性最强的情况出现在第三个子时期，这期间世界各国的基础货币都有显著增长。

1922—1928年的价格和汇率变化

图5.1比较了从1922年1月到1928年12月里拉/美元月均汇率和意大利的批发物价水平③。自1922年春季起,国内价格和汇率形势的明显恶化。在5月至10月,价格指数从630上升到715;然后下降到1921年2月和1920年3~4月的水平。在5月至10月,美元价格从大约18.5里拉上升到24里拉。英镑的价格在4月第三周达到了81里拉的最低值,然后在1922年11月的第一周达到112里拉的最高跌幅(图5.2)。里拉处于贬值压力之下是显而易见的;此前市场从未出现过24里拉兑换1美元或112里拉兑换1英镑的情况。

资料来源:塞安克(1933)和博格塔(1933)。

图5.1 批发物价指数和美元汇率,1922—1928年

---

③ 增加对美元的分析是受如下事实的推动:在这些年里,美元已经成为国际金融市场上的主要货币,而且也成为意大利货币当局的主要参考货币。例如,在1917年5月的一封信中,意大利银行行长指出:"第一次世界大战已经改变了意大利与世界其他国家的贸易结构。美国已经占据了主导地位。"(图龙尼,1989,第250页)。

资料来源：斯宾里尼和托索（1990）。

图 5.2　1922 年至 1928 年 3 月第一周英镑周平均汇率

1922 年 10 月 31 日墨索里尼政府成立，这一天不仅标志着政治和社会不稳定时期的结束，也是一个新政权的开始。根据阿尔贝特（1931）的研究，这一事件对市场预期产生了积极影响。在这一年的前两个月，美元汇率曾下降到 20 里拉；然后在 1923 年夏季之前保持稳定，此后又开始上升。1923 年 8 月至 1924 年 8 月，美元汇率稳定在 23 里拉左右。里拉兑英镑的汇率在 1922 年倒数第二周之前持续改善；在 1923 年 7 月第二周之前里拉汇率一直上升，在 1924 年 8 月底之前上下波动（围绕 100 里拉的水平）。在 1924 年 6 月之前价格水平一直在下降，因此对价格的预期产生了有益影响。

但在 1924 年秋季，形势迅速恶化了；到 1925 年价格和汇率回到了法西斯政权之前的水平。在 1924 年底，年通货膨胀率已经达到 5%。在 1925 年 6 月和 7 月，美元汇率从 24.5 里拉上升到 27.5 里拉。在 6 月的最后两周，英镑汇率达到了 136 里拉。这时当局在外汇市场上进行了大规模干预，美元和英镑汇率开始下降，最后，分别稳定在 25 里拉和 120 里拉的水平。到了 1926 年 5 月 13 日，面对难以维持的局面，当局被迫停止官方干预。这一决定的影响是巨大的。7 月 28 日，美元和英镑的汇率分别攀升到 31.6 里拉和 153.7 里拉。

8 月 18 日，墨索里尼在佩萨罗发表了一篇被广泛宣传的演讲。通过这次演讲，政府宣布了保卫里拉的"战斗"的承诺。正如图 5.1 所展示的，结果是惊人的。在演讲之后的几天里，里拉汇率开始升值。在 1926 年底，英镑汇率已经下降到 107 里拉；在 1927 年 5 月初，英镑汇率是 90 里拉左右；6 月，当局不得不进行干预，以防止里拉的进一步升值。1926 年的 8 月至 12 月，美元汇率下降到 22.5 里拉；在第二年 6 月，进一步下降到 18 里拉。

1927 年下半年，里拉汇率保持稳定。在这一年底，当局确定了里拉新的黄金平价，并结束了灵活汇率制度（自 1894 年以来正式，而且自 1966 年以来实际上就一直实行这种灵活汇率制度）。这样做的目的是将美元汇率稳定在 19 里拉，英镑汇率稳定在 90 里拉的标准（所谓的"90 报价"）。

国内价格快速和大幅度下降。在不到一年的时间里，批发价格指数从 831 下降到 615（图 5.1）。基于相同指数基础计算的通货膨胀率在 1926 年底已经是负值，并在 1927 年第 3 季度达到 -28%。因此，在仅仅 15 个月的时间里，通货膨胀率下降了 34 个百分点。1926—1927 年，收入缩减指数也呈现出大幅度和突然的方向性变化：年百分比变化从 +17% 变为 -13%。

自 1922 年到 1928 年，价格和汇率的变化引发了一些有意思的问题。里拉的国内购买力和国际购买力在初期出现下降的主要原因是什么？墨索里尼在佩萨罗的讲话对价格和汇率的影响是什么？政府采取了什么措施？1 美元兑换 19 里拉和 1 英镑兑换 90 里拉的目标汇率是否代表均衡汇率？在本章的剩余部分我们将分析这些问题。

通货膨胀重现和汇率贬值

通货膨胀在 1921 年下降之后重新开始上升（图 5.1），这是国际因素和国内因素共同作用的结果。1922 年全世界通货紧缩的进程停止了。

通货紧缩是战争刚结束时期的特征，一个具体例子是萨尔贝克指数几乎降低了 50%[④]。在像意大利这样的工业国家，世界价格的下降正好伴随着里拉汇率贬值的开始，这必然导致生产成本上升和国内价格稳定性下降。

从国内讲，基础货币的变化说明，货币政策至少在 1924 年初以前是紧缩的。实际上在 1921 年，基础货币的年百分比变化是 2.6，1922 年是 –3.3，1923 年是 –2.1。但更深入的分析显示，货币政策并非十分紧缩。在第 4 章我们提到，1918 年到 1920 年，公众降低了持有现金占存款的比重。这种情况在 1922 年再次出现，并持续到 1928 年以前。在这些年里，k 比率几乎下降了三分之二。

同时，re 比率也下降了大约 50%。货币乘数因此迅速上升。在两次世界大战之间的早期，货币乘数快速增长不仅抵消了基础货币的减少，而且成功地推动了货币存量的上升趋势。正如我们已经提到的，这种趋势使意大利在国际市场上处于一种反常局面。在 1923 年，货币存量年增长率达到了 13%，而实际收入只增长了 5.6%。因此，情况似乎是当局不能，或不想抵消因基础货币转换成银行存款而引起的扩张性影响。所以我们可以说，与基础货币的趋势可能导致的情况相反，货币政策从 1921 年到 1924 年是扩张性的。德尔·维克茨奥（1932，第 337 ~ 338 页）和阿尔贝特（1931，第 146 ~ 147 页）都表达了与我们类似的观点，并将注意力转向低利率政策和货币流通速度上升的趋势。实际上在 1925 年以前，国内实际利率一直下降；在 1925 年稳定在 –11% 左右；而从 1924 年到 1925 年货币流通速度显著上升，并达到两次世界大战之间时期的最高值。

从一定程度上讲，基础货币收缩的程度不能抵消 k 和 re 比率降低所

---

④　从弗里德曼和舒瓦兹（1982）提供的数据中，我们注意到，英国的收入缩减指数（1929 年 = 100）在 1920 年至 1923 年从 154 下降到 106，然后保持稳定。美国的收入缩减指数（1929 年 = 100）在 1920 年至 1922 年从 121 下降到 99，此后保持在这一水平。萨尔贝克价格指数（1967—1877 年 = 100）在 1920 年至 1922 年从 251 下降到 131，并在 1924 年达到 139 的水平。

造成的扩张效果，这一事实可能与工业企业融资联合体的活动有关。该机构设立于 1922 年 3 月，是一家金融机构，其资金直接来源于发钞银行，目的是向处于困境中的公司和银行提供贷款（或进行清算），如安萨多公司、意大利斯肯托银行、第一拉法公司和罗马银行。发钞银行可以向融资联合体分部提供的最大金额最初确定为 10 亿里拉，以后提高了几次（德·安吉里斯，1982b）。结果是，这家机构的现钞从 1922 年底的 8.98 亿里拉增加到 1923 年底的 33.06 亿里拉，并在 1924 年底达到 40.81 里拉的最大值。在这一时点，这家机构的纸币占流通中纸币总额的比重超过了 20%，而且这部分纸币没有抵押品的保证，也不受储备比例的限制。

从原则上讲，这家机构的纸币与流通中纸币总额之间不应当有密切的关系。实际上，通过减少基础货币的部分其他构成，当局可能已经对这家机构创造的新纸币采取了应对措施。但在现实中，鉴于这家机构业务的性质和应急救助特点，因此这种密切关系不可能不存在。意大利银行行长梅尼赫拉（1956）此后也承认了这一点。苏皮诺（1929，第 240页）提到了"货币质量恶化"，阿尔贝特（1931，第 188 页）提到了"货币稀释"。

虽然货币政策在最初几年里是扩张性的，但财政政策变化的方向正好相反。我们计算的政府预算赤字从占 1921 年国民收入的大约 15% 下降到 1923 年的 0.6%；两年后，则出现了较大盈余。表 4.1 显示，财政政策是处于收缩阶段。最后，世界需求的强劲复苏，给意大利经济提供了强有力的外部扩张刺激。

货币政策和外部需求这两种刺激发挥了主导作用。结果是，国内生产开始以此前从未有的速度增长：1921 年工业产出指数是 53；1922 年是 61；1924 年是 73；1925 年则达到了 83。另外，在 1922 年底至 1925年底，失业人数从 54 万人降低到 12.2 万人。

因此在国内通货膨胀进程再次出现时条件是有利的。梅尼赫拉（1956）明确地提到，当时形势发展是"现有物质资源不再能够满足需求，所以价格开始迅速上涨"。

弗罗萨、雷和斯蒂兹亚（1976）持有类似观点，即过多需求是通货膨胀进程重现的主要原因。相反，雷（1978，第284页）指出，从1922年开始：

"过多需求导致了消费价格通货膨胀率每年上涨7.4%，过度需求在资本货物方面尤其明显，1925年价格上涨压力非常大（＋19%），并持续到1926年。"

由于进口需求与国内产出之间一般有密切关系，所以强劲的复苏也对国际收支造成了压力（弗罗萨、雷和斯蒂兹亚，1976，第56页；雷，1978，第284页）。这一问题由于如下事件变得更加严重：意大利的自由贸易政策与其他国家不断增长的保护主义措施之间的矛盾越来越大；旅游收入以及更重要的移民汇款收入下降；外国在意大利的筹资越来越多。最后这一现象显然是由于国内和国际实际利率之间存在的差异所形成的。

国内通货膨胀和外部失衡的双重问题造成意大利里拉汇率不断贬值。在1925年8月，面对外汇汇率的大幅度上升（也与英国的社会动荡有关），财政部开始在外汇市场上进行干预，并通过远期外汇合约购买了海外所有意大利里拉。摩根银行提供的信贷支持使这种政策成为可能。干预涉及了很大金额，估计在25亿到35亿里拉。1925年《意大利银行年报》也确认干预在"规模和频率上都是不寻常的"（沃里皮，1928，第257页；德·马里阿，1928）。另外，国际投机性活动也转向了意大利里拉（在法国法郎和比利时法郎崩溃之后），而且意大利贸易失衡进一步恶化。墨索里尼认为里拉贬值主要不是政治原因，并宣称："在意大利贸易失衡越来越严重的形势下，我们应当找出损害里拉保卫机制中存在的漏洞。"（德·费里斯，1968，第231页）1926年5月13日，当局停止了干预，因为很难证明这种干预是有效的。法兰西银行行长莫瑞奥在其回忆录中写道：

"法兰西银行可以获得意大利财政部在1925年和1926年进行外汇交易的数据。这些数据显示对市场的干预是无效的。"

不久之后，里拉终于出现了崩溃，此后在 8 月就有了墨索里尼在佩萨罗的演讲。

稳定计划：预期和行动

我们来分析两个问题：国内价格和汇率趋势是如何改变的？佩萨罗讲话与趋势转变之间有什么联系？除了其他因素之外，一种货币的贬值取决于预期。如果当局有信誉度，则其就可以通过管理预期来极大地影响汇率的变化。另外，由于预期最终是内生变量，所以除非伴随着，而且最好是能被感觉到的具体措施，否则政府的信号就不会有影响；这些具体措施要针对货币贬值进程的最终原因。因此，实现最优结果的方法可能首先是采取具体的政策行动，然后当这些行动开始影响市场时，通过恰当的公开声明来进一步改变预期。

在 1925 年春季和夏季就采取了这种方法，当时当局采取了具体行动，并在 1926 年 8 月做出了关于货币稳定的正式承诺。如果没有注意这一方面，则我们一定低估了当局对经济体系的了解，或将里拉升值仅仅归功于墨索里尼讲话的效果。关于这一问题，可以参阅本章开始时引用的凯恩斯和恩赛格的话，以及德·玛蒂亚（1991，第 572 页）的正面评价。

稳定计划的具体内容可以概括如下。第一，1925 年 3 月 7 日至 6 月 17 日，意大利银行将官方贴现率从 5.5% 提高到 7%，这是自 1866 年以来从未达到的水平。第二，1924—1925 年的预算盈余不仅使当局有可能控制政府构成的基础货币增长，而且可以减少公债的存量（从 1925 年 6 月末的 940 亿里拉下降到 1926 年底的 840 亿里拉）。第三，从 1925 年 10 月起，银行和政府发行的纸币存量都开始减少。同样情况也适用于工业企业融资联合体发行的纸币，这类纸币存量的峰值出现在 1924 年底。在 1925 年底达到峰值之后，基础货币总额从大约 340 亿里拉在 3 年内下降到 326 亿里拉。第四，在 1925 年 7 月 9 日墨索里尼接受了意大利工业协会的一项建议，任命沃里皮同时担任金融部长和财政部长。沃里皮是一位具有很强技术能力和与国际金融界有密切联系的人。第五，在 1925 年 11 月和 1926 年 1 月，与美国和英国正式达成有关意大利战争债务问题的协议。这些协议的重要意义有几个方面。协议消除了有关战争债务困难问题解决方案的不确定性（BI R. A. , 1924，第 10 页）。另外，意大利公司和市政机构恢复了在美国金融市场的交易，这类交易因未偿还美国的战争债务而在 1922 年被美国国会停止了。重新开放美国金融市场和因此流入的外汇储备增强了里拉在短期和中期内的地位。从长期讲，这种局面使意大利公司可以大规模地重组制造业，而更高的经济增长又会对国际收支产生积极影响（塔斯卡，1927）。第六，1926 年 5 月 6 日通过了一项专门法律并于当年 7 月 1 日实施，意大利银行成为唯一一家发钞银行（苏皮诺，1929，第 254 页）。根据这一法律，在意大利有多家发钞银行的历史结束了。许多因素发挥了作用并导致了这一关键性的创新。当时普遍的看法是意大利经济需要一项广泛的稳定计划，而实现这一计划的最佳方式是有单一的发钞银行。另外，法西斯政权的基本哲学非常有利于出现权力的集中化；缺乏地方政治反对力量促进了权力集中化的实现（斯特林赫尔，1926；De Minister Stefani's correspondence with Mussolini reported by Marcoaldi, 1986）。即使美国金融界也积极地看待发钞业务集中于一家银行的事件（米格恩，1971，第 49 ~ 50 页和第 64 页）。最后，在财政部国库券市场上出现了新的和显著的变化。1925 年 12 月，国库券的市场总额达到 173 亿里拉，这一数额略低于流通中纸币余额。随着稳定计划的实施，越来越明显的情况是大量国库券使得货币政策的效果降低。实际上，当这些国库券由银行持有时，国库券被用作储备，因此降低了金融机构对中央银行的依赖。当这些国库券由公众持有时，就可以在常规条件下和很短时间内被兑换成纸币。换句话说，国库券表现出的真实特点是可以按低成本兑换成基础货币的金融资产（斯宾里尼，1989；BI R. A. , 1926，第 66 ~ 67 页）。针对这种情况，当局采取了坚决的和有效的措施，首先是逐步减少国库券的存量，其次是在 1926 年 11 月通过立法，合并了所有短期债务和很大一部分中期债务。

强势里拉政策和产业重组

佩萨罗讲话是一项广泛的结构性经济政策计划的组成部分，远非一个孤立的新事件。这一政策超越了货币稳定的简单目标。为了理解这一重要方面，回顾 20 世纪 20 年代初期工业危机背后的一些原因是有帮助的，因为这有助于我们认识上述政策设计与需要重组意大利工业体系之间的关系。

弗罗萨、雷和斯蒂兹亚（1976），塞奥卡（1976），雷（1978）和格勒尼（1976，1982）都分析了 20 世纪 20 年代的工业危机。我们首先引用格勒尼（1976，第 39～44 页）的研究。

意大利工业协会主席奥利维提用如下术语描述当时的局面："1923 年至 1925 年可以定义为唯生产率的时代。这是一个形容推动意大利生产能力最大化的不恰当术语。在这一时期政府的目标是消除因战争导致的障碍和约束，恢复个人追求幸福的最大可能性和实现最大发展潜力。"

但在发展过程中，传统工业受到了优惠待遇，结果是钢铁和重型机械制造业持续受到帮助，而纺织业创造的生产能力一直没有得到充分利用。在现实中，最先进技术的应用、创新和制造设备的扩充主要出现在那些从潜在增长速度和经济领导力角度讲已经过时的行业。开始时，似乎可以证实政府所采取政策是成功的。1922 年至 1925 年经历了意大利工业史上速度最高的时期之一。

但正如已经提到的，随着生产扩张的进行，国内通货膨胀问题、国际收支危机和里拉贬值问题也同时出现了。从一定程度上讲，国际收支持续出现赤字是因为进口需求对国内产出的弹性很高。但由于潜在的保护主义和比较优势的突然改变，现在情况有了新变化。这些变化减少了意大利出口的潜在市场份额（潘拉迪西，1976，第 274～275 页；塔塔拉和托尼奥罗，1976，第115页；格勒尼，1982，第28页）。

由于货币性和结构性问题同时出现，所以根据对20世纪20年代初期经济政策的作用、总需求中的外国构成和重要的工业重组状况的分析，越来越清楚的结论是有必要实行通货紧缩。当时实施了一项经济计划，目标是满足一种新增长模式的需要。这项计划的核心组成部分如下。第一，实行货币紧缩。通过实行货币紧缩，政府不仅希望实现稳定国内价格的目标，而且想通过吸引外国资本来稳定和尽可能增强本国货币里拉（米格恩，1971，第6页；塞奥卡，1976，第33页；雷，1978，第286页）。工资管制与秩序稳定是法西斯政权可以轻松保证的事项，同时可以服务于防止里拉贬值和吸引外国资本的双重目标。此外，强势里拉政策可以起到抑制原材料和机械设备进口的里拉成本的作用，这些机械设备是实现工业重组计划所必需的。根据科瑞弗恩（1971）的研究，整个计划反映了从低进口成本受益的工业部门不断增加的影响。财政部长沃里皮（1928，第259页）宣称："毫无疑问，意大利基本上是一个绝对需要进口原材料维持其生存和劳动者工作的国家，对这样一个国家来说，货币具有较高的海外购买力是有益的。"但强势里拉政策也有明显的成本：这会抑制出口和鼓励进口需求。通过倾销和税收政策（部分地）解决了第一个问题（弗罗萨、雷和斯蒂兹亚，1976，第632页；雷，1978，第291页）。

尽管如此，我们需要补充说明的是，将强势里拉政策完全归因于国内因素是错误的。格勒尼（1976）指出："推动强势货币的真实原因既有结构性的，也有国际性的。"塞奥卡和托尼奥罗（1976，第17页）确认："转折点是意大利的工业体系不能适应新的世界需求结构，以及从1927年开始国际金融界决心使国际金融市场正常化的进程。"从本质上讲，"报价90"计划也是吸引外国资本的前提条件。我们已经反复强调，意大利需要吸引大量资本流入以对其制造业部门重组进行融资：需求显然是存在的。梅耶尔（1970）和米格恩（1971）的研究，以及莫瑞奥（1986）的间接研究都指出，外部资金供给能够满足国内需求，因此强势里拉行动纯粹是一个国家政策的神话是不攻自破的。另外他们证明，在推动和支持新意大利经济政策过程中，国际金融界（尤其是美国）发挥了关键作用。

在第一次世界大战结束时，美国在历史上第一次发现自己不仅处于国际金融体系的中心，而且是资本输出国。因此，为了将其过剩的金融资源投放到欧洲，美国决心保持欧洲的货币和社会稳定（米格恩，1971，第 43~44 页）。因此毫不奇怪，美国金融界非常关注意大利危机的进程，并鼓励意大利当局实行稳定计划。纽约联邦储备银行行长甚至向意大利当局建议，他们应当与法国和比利时政府讨论稳定计划并达成一项协议，以便使所需的外汇数量最小和将计划失败的概率降到最低（梅耶尔，1970，第 45~46 页）。纽约联邦储备银行行长的建议还包括了将发行纸币的权力只授予意大利银行的重要提议，此后不久在实施稳定计划期间，意大利就获得了金融援助。

佩萨罗讲话后采取的措施

佩萨罗讲话发表于 1926 年 8 月 18 日，是恢复当局保持货币稳定承诺的信誉过程中最重要、最戏剧性和最清晰的部分。这一进程的最终目标是扭转对里拉贬值的预期，并帮助成功实现稳定计划。

当局具有一系列有利因素。当时没有反对党，也没有新闻自由来对抗政府宣传的影响。另外，讲话之前已经采取了一些重要措施，因此这次讲话的目的也是传递一种强有力的心理暗示。这次讲话充分发挥了如下作用：呼吁平衡预算、解决战争债务、将货币创造的权力集中到意大利银行和任命沃里皮为金融和财政部长。最后，讲话的公开性和重视程度都是在重大场合采用的类型，这一点在广为流传的核心演讲部分非常明显：

"我想告诉大家，我们非常坚定地推行保卫里拉的经济决战；在这个广场上我向整个文明世界确认我将为捍卫里拉战斗到最后一刻。我绝不会让伟大的意大利人民遭受因货币崩溃而带来的道德耻辱和经济灾难；在过去 4 年里意大利人民一直像英雄一样地工作和像圣徒一样忍受痛苦。法西斯政权将竭尽全力反对敌对金融界的企图，并随时坚决消除在我们当中发现的反对势力。里拉是我们国家的象征，里拉必须也一定会得到保卫；法西斯政权从上到下都愿意承担所有必要的牺牲；我们将用我们的财富、我们的工作、我们的努力、我们的牺牲、我们的泪水和我们的鲜血为之奋斗。"

1926 年 9 月 7 日通过的一项政令强化了这次讲话的心理影响，也扩大了已经实施的稳定计划的范围；实际上，该立法规定政府发行的纸币或银行代理政府发行的纸币全部退出市场。因此，该立法奠定的基础是未来所有纸币都只能由意大利银行发行，而且完全是出于商业目的。意大利银行也有一项必须遵守的义务，即从 9 月 15 日起，纸币存量的上限是 70 亿里拉。如果超过上述限额，而且没有贵金属储备支持，则需要征收特别税，税率等于在贴现率基础上加三分之一。

1926 年 9 月 7 日通过了第二项政令，此后在 11 月 6 日又通过了另一项政令。根据这两项立法，当局开始了大规模重组意大利金融体系的进程和重新评估监管机构的控制功能，并最终导致了 1936 年银行体系的改革。我们将在本章后面分析银行体系的改革。这里应当指出的是，监管控制将覆盖新银行以及所有金融机构的全部业务经营活动。尤其是，银行的存款业务将受到新限制。银行存款额不得超过其资本金的 20 倍；超过此限额的存款必须投资于政府证券。

在 11 月，当局就整合大部分公债事项做出了一个历史性决定。我们曾经强调过的事实是，银行和公众持有的大量国库券妨碍了货币稳定计划的实施。1926 年春季直至 8 月，随着纸币存量的减少和里拉在国际市场的频繁贬值（这妨碍了可能的债务整合），国库券持有人越来越倾向于在到期时将债券兑换成现金⑤。11 月 6 日通过的政令有一个吸引

---

⑤ 为了更好地了解所涉及的规模，需要再次指出的是，在 1926 年底，未到期的国库券余额是 155 亿里拉，而公众持有的纸币总额是 189 亿里拉。

人的标题:"授权发行保卫里拉的新国家债券";该政令规定,不仅短期国库券,而且5~7期的证券都要强制兑换成永续债券,总额达到205亿里拉[⑥]。德尔·维克茨奥(1928,第285页)此后写道:"在当时情况下,整合工作可以称为最有效的通货紧缩措施。当时国库券是货币控制大坝中最大出水口,但现在突然变成了最坚不可摧的屏障"[⑦]。正是由于此次整合,公债的结构在1926年6月至1927年6月得到了显著改善。实际上,在这段时期开始时,短期债务是279亿里拉,而债务总额是913亿里拉。到这段时期结束时,短期债务下降到62亿里拉,总债务是908亿里拉(斯宾里尼,1989)。

11月6日政府通过了另一项政令,目的是终止工业企业融资联合体并成立一家清算机构。正如政令中阐述的,政府希望通过加速清算前一家机构的资产和收回其发行的流通中纸币,以实现"恢复里拉健康的目的"。

里拉持续重新估值

在佩萨罗演讲时以及随着几周内,里拉在国内外都出现了显著升值,但当局没有公开关于里拉汇率的目标水平的想法。10月2日的《经济学人》杂志提出了如下问题:意大利政府是否会继续实行通货紧缩政策直到里拉恢复最初的平价水平? 或在到达此水平之前停止这一政策?

随着里拉越来越坚挺,稳定计划的支持者开始表达不同意见。他们

---

⑥　短期国库券和1926年11月11日到期的5年及7年债券都无法兑付。对每100里拉价值的原有证券,可以获得名义价值112~166.5里拉新的永续证券。对9年起债券和5%及4.75%的息票的兑换,持有者可以选择。对100里拉价值的此类证券,政府提供名义价值分别为107.5里拉和102里拉的新的永续证券。新债务也向公众发行,发行价格是87.5里拉。

⑦　这项兑换政令明确,截至1927年12月31日,意大利银行的流通中纸币可以超过70亿里拉的限额,而不会按贴现率上浮三分之一的利率受到处罚。这项规定的理由是缓解因公众无法将债务兑换成纸币而对经济造成的负面影响。

当中的一些人（很显然以出口商为主）希望紧缩政策不要无限期地实施，以至于出现货币重新估值或更糟糕的货币实际升值的情况。这些人要求政府宣布有关汇率水平的最终目标。1927 年 2 月，出现的一个流言是，目标水平是 1 英镑兑换 125.66 里拉。官方新闻发布会称这种传言是"愚蠢的"，但并没有给出可以供市场大体参考的其他目标值。5 月 26 日，在里拉进一步升值之后（图 5.2），在一次期待已久和重要的议会讲话中，墨索里尼仅仅提到："我们将在必要时间内将汇率保持在 1 英镑兑换 90 里拉的水平，并使所有经济变量都适应这一水平。"经过长时间干预将汇率稳定在 1 英镑兑换 90 里拉的水平之后，8 月政府就宣布其意图不再是汇率的进一步重估。但这种干预却一直持续到 11 月，这时汇率已经超过了 90 里拉水平。在这一年的剩余时间里，当局已经相信 1 英镑兑换 90 里拉的水平是可以维持的，现在是时候将重点转向稳定计划的其他方面了。

根据 1927 年 12 月 21 日通过的政令，当局规定了意大利里拉新的含金量以及与其他可兑换外国货币的新汇率。此外，该政令重申了纸币自由兑换成硬币和黄金的原则。100 里拉的黄金含量从此前 29.03 克降低到 7.919 克。因此里拉的黄金价值损失了 73%。新的金属平价意味着英镑/里拉汇率为 92.46；美元/里拉汇率为 19；法国法郎/里拉汇率为 3.66。

该项政令还包括了有关意大利银行储备的构成和限额的规定。对活期负债，意大利银行持有的储备必须全部是黄金和可兑换货币，不再是政府证券。储备不得低于流通中纸币总额的 40% 或活期负债。该项政令给予意大利银行充足时间来与外国商业银行和中央银行安排总额为 1.25 亿美元的新授信额度。由于这些授信额度以及对现有贵金属的重新估值，在 12 月底之前，意大利银行的储备数额几乎达到了流通中纸币的水平。

12 月 21 日通过的政令的标题是"终止不可兑换性"，并提到了"鉴于解决意大利货币问题的紧迫性和使里拉可以自由兑换黄金或等值货币"，这段话揭示了当局恢复里拉与黄金的完全可自由兑换的意愿。
1928 年 2 月 26 日通过了几项政令，规定了实际可兑换的步骤，分别明
确了传统的与新金本位制度之间的差异：

通过黄金交易或在外汇市场上的干预，意大利银行必须确保意大利
里拉与其他外币的汇率波动不超过规定的范围。

与黄金平价相对应的黄金价格上限和下限规定如下：出口交易是 1
美元兑换 19.10 里拉，进口交易是 1 美元兑换 19.90 里拉。

因此，当局有义务按固定价格保证里拉可以自由兑换成其他货币，
但不是黄金，而真正的金本位制是这样规定的。但这种差异纯粹是形式
上的。实质上从长期看，传统金本位制与新采用的意大利体系并没有显
著差异（德·马里阿，1928，第 176 页；德尔·维克茨奥，1932，第
451 页）。相反，在很短时期内，该项政令似乎可以满足双重需要：将
维持充足储备的成本最小化，同时防止里拉进一步升值的压力。由于意
大利的实际利率显著高于其他国家，所以该项政令的目的是抑制外国资
本流入。

国内价格和稳定计划的成本

里拉的大幅度升值意味着国内通货膨胀的下降，这实际上提升了里
拉在外汇市场上的购买力。为了降低国内价格，当局采取了一系列措
施。在评估总体通货膨胀形势时，1927 年 6 月 11 日的《经济学人》
写道：

"在意大利，当前价格调整过程的一个非常有意思的特征是政府、
其他公共机构、工会和媒体的大规模参与。针对制定的具体经济或政治
目标，美国人有时会采取大规模的宣传活动。但意大利降低价格和成本
的做法真是非常独特。"

当时的数据分析和经济学研究都认同工资和价格调整的幅度和速
度。独特的政治体系和集中化的协商机制使得当局比较容易影响工资调

整的过程。根据扎阿马格尼（1976，第337～338页）的研究：

"第一次调整是在1927年5月'自发'出现的，当时法西斯各协会'接受'（但实际上是建议的）工资减少大约10%。由于这一调整还不够，所以在1927年10月法西斯党的核心会议决定工资减少20%（包括此前的减少）。需要指出的是，第二次调整是一种'预防性'措施，事后证明超出了目标，并对实际工资造成了影响。相比较而言，11月的另一次减少（约8%）从技术层面上讲几乎是完美的，保持了实际工资基本上没有变化。"

图5.3展示了美元和英镑实际汇率的变化情况，计算依据是国内和国际批发价格指数。从严格意义上的购买力平价角度讲，1922年100里拉/英镑的价值可以解释为里拉汇率的基本均衡价值[8]。我们现在来分析里拉汇率此后的变化。1922年至1925年，里拉的名义汇率贬值似乎超过了国内外通货膨胀率之差；因此里拉出现了实际贬值。1925年至1927年，里拉兑英镑相对升值了18%，尽管意大利的批发价格下降幅度（14%）大于英国批发价格下降幅度（11%）。造成里拉实际汇率上升的关键因素是里拉名义汇率上升了21%。总之，意大利和世界其他国家普遍出现了通货紧缩，而里拉在外汇市场上有很大幅度升值。

到1927年，实际汇率实现了一个完整周期，即实际汇率基本回到1922年的水平（图5.3）。当时许多了解汇率购买力平价理论的经济学家没有忽视这一事实。根据德尔·维克茨奥（1928，第286页）的研究，国内价格下降速度快于"里拉国际价值上升"到相应水平的速度[9]。塔格里阿卡恩（1928）指出，1926年至1927年里拉不再处于低估水平。阿尔博提（1931，第277页）认为，在1927年12月国内价格的调整已经很充分。最后，巴菲（1965，第175页）概括了各种观点：

---

⑧　见本书第1章的数据，或美国国会出版的巴赫报告的数据（1925）。

⑨　与批发价格相比，零售价格的反应更迟缓（德尔·维克奥茨，1928；莫里纳里，1928；苏必诺，1929）。这一特点非常突出，以至于1926年12月11日的《经济学人》指出，公众的看法是"比较失意和沮丧的，因为零售商似乎没有正当理由不降低价格。"

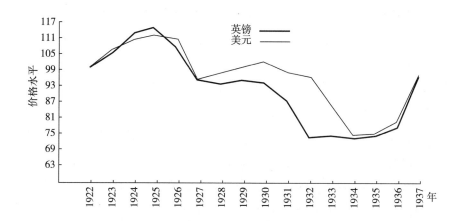

资料来源：米切尔（1962）；黄金在国内和国际货币体系中作用委员会（1982）；意大利银行年报（各年）。

图 5.3　基于批发价格计算的里拉兑美元和英镑实际汇率

"经济学家们认为 1928 年或 1929 年汇率基本反映了不同国家之间的物价差异，而且货币存量也充分体现了特定国家的情况。"

里拉实际汇率升值对产出和就业的影响是不利的。工业生产指数在 1921 年至 1925 年攀升了 29 个基点，在 1926 年保持稳定，而在 1927 年则下降了 4 个基点。在 1925 年底失业人数是 12.2 万人，到 1926 年底则上升到 18.1 万人，1928 年初进一步上升到 43.9 万人。公司破产数月均从 1925 年的 602 家上升到 1928 年初的 1040 家。

很难对稳定计划进行全面的成本—收益分析并得出准确结论。尚不清楚的问题包括不进行调整的成本、货币调整的程度以及随后发生的国际经济大萧条中的情况等。就国内形势而言，有两个因素使我们相信，即使不进行货币调整，意大利经济不久也会进入一个工业停滞期[10]。在 20 世纪 20 年代中期，意大利的经济结构已经落后了，无法维持历史平均的增长速度，因此迟早要进行调整。1925—1926 年的经济衰退导致

---

[10]　格勒尼（1982，第 49 页）认为，意大利实施的工业和金融业的重组，以及兑英镑 "90" 里拉的目标汇率等措施缓解了大萧条期间危机对意大利产出水平的影响。

不可能再推迟消除经济过热的行动。至于调整的规模，读者可能记得英国采取的类似但更节制的措施（几乎与意大利同时进行）造成了 100 万人失业。

尽管有上述解释，但稳定计划的总成本仍然是巨大的，并且因里拉实际升值而进一步放大了。有趣的问题是：为什么当局坚持里拉兑英镑的汇率保持在 90 的水平？而且为什么当局希望如此快地达到这一水平？为了得到对这一问题的满意答案，我们有必要回顾当时流行的学术观点，卡塞尔（1928）对此有出色的概括。这种观点否认了如下可能性，即所有货币都会经历缓慢的重新估值，因为投机者早晚一定会成功预期到汇率目标，并会迫使市场按照这一目标价格进行交易（纽克斯，1944，第 32 页）。因此为了保持国内价格与汇率水平一致，当局会认为必须加快通货紧缩进程。因为这段时期丹麦和挪威实施的缓慢重新估值计划失败，所以这一理论的接受程度得到增强。另外，尽管 1922 年在意大利热那亚市召开的国际会议上有反对意见，以及卡塞尔和凯恩斯等经济学家的公开批评，但当时的国际政策环境非常倾向于货币重新估值恢复到战前的汇率水平。

20 世纪 30 年代形势恶化

1927 年至 1930 年，里拉的实际汇率保持相对稳定，并接近 1922 年的水平。到 1930 年，里拉兑美元汇率略微有些低估，但兑英镑汇率有大约 7% 的高估。此后形势发生了巨大变化，强势里拉政策变得越来越难以持续，争议也越来越大。

最先出现严重问题的是兑英镑汇率。1931 年 9 月 21 日，英镑脱离了金本位制，里拉的名义汇率和实际汇率都开始重新估值。1930 年至 1932 年，英镑兑里拉年均汇率从 90.83 下降到 68.46。在同一时期内，实际汇率从 93.56 下降到 72.09。1933 年 4 月 19 日美元对黄金贬值。从 1933 年至 1934 年，美元兑里拉年均汇率从 15.59 下降到 11.69；实际汇率从 85.1 下降到 73.7。总体上讲，在 1934 年里拉对美元和英镑升值 25% ~ 30%。在本书所研究的历史中，里拉的实际汇率与其购买力价值此前只出现过一次如此大的波动，那还是在 1920 年。

在 20 世纪 30 年代，一些重要变化使得意大利当局有充分理由放弃强势里拉政策。第一，由于经济大萧条，世界贸易突然崩溃，这加大了强势里拉政策内在的困难。第二，资本的国际流动（包括美国资本流向欧洲，从意大利的角度讲这是最重要的部分）逐渐减少。在这种形势下，实行强势里拉政策变得越来越困难，而且很显然这一政策无法吸引外国资本流入。第三，国际货币体系中的两个关键货币（以及一些其他货币）不仅自身贬值，而且还引发了连带性的竞争性贬值。第四，保护主义变得非常普遍。保护主义和货币贬值主要造成对像意大利这类国家的伤害，因为其出口的价格弹性相对较高[11]。

总之，经济基本面与强势里拉是不一致的。在短期内，强势里拉只能通过消耗国际储备来维持。与不断恶化的形势相比，当局和企业采取的试图减少汇率政策负面影响的措施显然是不够的，而且这些措施通常是相互冲突。企业最广泛采用的对策是倾销[12]。虽然意大利的贸易条件（出口价格与进口价格比率）在 1931 年和 1932 年是稳定的，但由于里拉实际汇率升值而出现大幅度上升。至少在 1936 年以前，出口条件的改善是可以忽略不计的。

当局修改了贸易政策，但相对于里拉升值的程度和正在进行的贸易战而言，政策调整是不够的（莫赤，1982，第 131 页；格勒尼，1976，1982；格勒尼，1953，第 256 页）。相反，政府是通过鼓励工业和金融业集中化的战略来控制生产成本[13]。尽管采取了上述措施，但意大利的

---

⑪　国际清算银行（1947，第 50 页）；雷（1978，第 291 页）；潘拉迪西（1976，第 296 ~ 297 页）。

⑫　阿尔博提（1931）；米勒（1940）；潘拉迪西（1976）；塔塔拉和托尼奥罗（1976）；雷（1978）；吉亚勒尼（1976，1982）。

⑬　意大利银行（BI R.A.，1929，第 23 ~ 24 页；R.A.，1933，第 21 页）；塔塔拉和托尼奥罗（1976，第 130 页）；科恩（1972，第 653 页）。

出口竞争力还是出现了下降；意大利出口产品的国际市场份额从 1931
年的 2.8% 下降到 1934 年的 2.3%。

国际储备

1926—1927 年，由于国际借款、从财政部转入的一些储备和存量
的重新估值，意大利银行的贵金属和外汇储备有了大幅度增加。各项加
在一起，1927 年国际储备增量达到了 100 亿里拉。此后一直到 1933 年，
黄金储备增长缓慢，但外汇储备大幅度减少。从 1933 年起储备总额的减
少加速；到 1928 年储备总量为 28 亿里拉，仅为 1927 年储备额的 22%。

贸易账户和经常账户的变化趋势有助于我们找出储备减少的原因。
1928 年至 1930 年，贸易账户和经常账户都出现了快速和显著改善，但
仍然有较大赤字。1931 年经常账户有进一步改善。此后，趋势出现了
反转。这些情况以及 1930—1931 年放松外汇管制的政策使我们相信，
自 1928 年之后储备持续减少的主要原因可以归结如下：在 1930 年以前
是经常账户赤字；1930—1931 年是资本外逃；1931 年之后是同时出现
经常账户赤字和资本外逃（BI R. A.，1931，第 13 ~ 14 页）。

有关储备比率的立法本身可以保证货币市场上一定程度的紧缩，这
会使储备的货币乘数等于 2.5。另外，1928 年初的形势是储备与银行存
款之间的比率远远超过法律规定的 0.4。正是由于此原因，因此当局相
信在几年之内能够将货币存量减少到低于储备的水平。实际上，1929
年至 1934 年，储备从 103 亿里拉减少到 79 亿里拉，同时货币存量从
169 亿减少到 131 亿里拉。在 1934 年，当法定储备比率低于 0.4 时，过
度稳定货币的战略就不再具有可行性了。

货币控制的崩溃

新的国际储备限制规定正好伴随着整体宏观经济形势的明显恶化。

这次经济形势的恶化同样是由财政政策引起的。1927 年再次出现预算赤字。从 1929 年起，赤字占收入的比例呈上升趋势；1935—1936 年，正好是埃塞俄比亚的殖民战争期间，该比例达到了 12%。

我们再回到表 5.2 观察财政政策与货币增长之间的数量关系，就会非常有意思。我们已经分析了 20 世纪 30 年代预算赤字的整体变化情况。我们重点观察此表中的三个子时期，明显的变化是从 1921—1926 年年均预算平衡转变为此后几年赤字不断增加。但我们也注意到，最显著的差异不是赤字规模，而是基础货币中财政部成分的变化。当局在第一和第三个子时期严格控制这部分成分，但在第二个子时期放松了控制。因此，1927 年到 1933 年，84% 的预算赤字被货币化了。但尽管如此，即使基础货币中的外汇成分很大，但与下一个子时期相比，货币存量只有很小变化。关键变量是基础货币中国内成分的剩余部分（即 *MBOT*），当局将此作为一个缓冲。实际上，*MBOT* 抵消了 *MBTR* 和 *BF* 两者的增长。

1934 年至 1937 年，基础货币的三个构成发生了巨大变化。正如已经指出的，外汇成分对基础货币增长的贡献是负的，而财政部成分对冲了上述影响。*MBOT* 的贡献基本上是正向的，数量相当于每年平均造成基础货币增长 7%。因此，尽管 *k* 上升（是国内宏观经济形势恶化的标志）导致了货币乘数的下降，但基础货币保持稳定，平均数值是前一个子时期的 2.5 倍。这些情况同时伴随着货币流通速度再次出现快速上升。收入缩减指数的变化 1931 年是 −12%，1933 年是 −6.5%，1937 年则是 +10.2%。

MBOT 的变化显然与官方的贴现率政策密切相关。在 1932 年春季到 1934 年秋季，贴现率从 7% 下降到 3%，也是为了支持将利率 5% 的"整合债券"兑换成 3.5% 的可赎回证券。此后贴现率上升了，但从未超过 5%。1932 年以后，国内实际利率持续下降，与外国利率的差异也持续缩小，并在 1934 年变为 0。

针对储备减少的形势，当局采取了两种不同对策。第一，在 1934 年 5 月至 1935 年 12 月，当局限制与世界其他国家的商业和金融交易

（阿布拉特，1978，第 40～41 页；BI R. A.，1934，第 34～35 页和 1935，第 37～39 页）。因此，政府首次在国际贸易和外汇业务中采取了一种保护主义政策⑭。第二项对策是取消针对纸币的 40% 储备规定。这项历史性决定是依据 1935 年 7 月 21 日通过的一项政令，这使当局可以将 1935 年和 1936 年预算赤字的很大部分货币化。

结果是，货币政策变得完全服从于纯粹的国内政治考虑。意大利银行（R. A.，1935，第 63 页）公开承认自己要适应政治现实，正如如下摘录所表明的：

> 信贷政策和货币政策不再根据持有贵金属储备价值的数量比例制定，这种比例通常会对意大利经济造成困难。在法西斯政治体制下，信贷要更密切地与意大利的资源和经济需求相联系，同时要通过对价格水平的有效管制来保卫里拉的购买力。

贬　　值

从 1934 年开始，里拉贬值的可能性上升了。需要强调的是，当局坚决反对里拉贬值，甚至不惜采取保护主义的措施。但埃塞俄比亚战争使政府处于困难的局面。一方面，基础货币和国内价格上升增大了里拉大幅度贬值的可能性。另一方面，由于需要从国外购买大量军事设备和存在的国际制裁，所以有充分理由维持汇率平价。在短期内，后者的考虑使当局推迟了贬值的时间。

1936 年 10 月在原材料补充完成之后，贬值发生了。许多国家，如比利时、法国、瑞士和荷兰都将本国货币对黄金贬值 10%～40%。对意大利的制裁取消了，国际贸易再次开始增长。

---

⑭　埃塞俄比亚的战争推动了保护主义的兴起，并使国内外的公共舆论都认为这是合理的。实际上，从国外大量购买战争设备和通过苏伊士运河的军事运输都需要巨额外币，而这部分外币需要从私人部门转移过来。另外，英国要求国际联盟禁止意大利商品的出口。同时，所有给意大利的外国贷款都被取消了，而且意大利在外国的所有采购都必须用现金支付。

1936 年 10 月 5 日通过的政令将 100 意大利里拉的纯金含量从 7.919 克降低到 4.677 克，这意味着 40.9% 的贬值，与 1934 年美元的贬值幅度完全相同，因此恢复了美元—里拉 1:19 的黄金平价，并将英镑—里拉的平价确定为 1:93。在此次贬值之后，里拉兑美元和英镑的实际价值迅速回到了 1922 年的水平。因此，强势里拉政策结束了。

与 1927 年的情况不同，这次里拉贬值的决定不是一揽子货币稳定计划的组成部分。例如，财政政策没有显著改善。另外，与以前的贬值政令的规定不同，1936 年 10 月通过的立法没有规定储备比例或意大利银行可以发行的银行券最高限额。

1936 年 12 月 31 日采取的一项决定使得货币控制缺乏严格性更加明显，这项决定的目的是修改意大利银行向财政部贷款的有关规定。1928 年通过的政令规定了普通贷款最多为 4.5 亿里拉，并禁止所谓特殊贷款。新政令将普通贷款的限额从 4.5 亿里拉增加到 10 亿里拉，并规定只要有等额的国库券做抵押，财政部可以获得更多贷款。我们再一次看到货币政策受制于政治因素（和相应的财政政策）。总之，与 1914 年出现的情况不同，在第二次世界大战开始前，意大利货币控制处于一种非常糟糕的状态。

1936 年银行业立法

1926 年至 1936 年，意大利的金融结构发生了很大变化。变化主要涉及两个密切相关的领域。长期工业融资与传统银行业务相分离；也就是说商业银行不再办理商人银行业务。另外，在整个金融体系中，中央银行的作用得到加强，商业银行业务受到更加全面的监管。就我们的目的而言，与第一项相比，第二项制度性变化的相关性更大，因此在下面的讨论中我们将重点放在第二项变化上。

将中长期融资与短期融资分离的决定具有巨大历史意义。我们已经多次看到行业危机的影响，尤其是工业，这种危机会传导到意大利整个金融体系。这种传导过程的主要原因是，意大利大型银行机构对这些部门的贷款份额不成比例。在所有危机中，即使当金融体系成功地应对了冲击和保持了稳定，但也会对流通中纸币产生持续的负面影响，包括数量和质量两个方面。这一问题的根源不仅在于立法不完善，也是由于资本市场不发达，后者造成意大利银行进入了长期融资的核心领域。在20世纪20年代结束时和30年代开始时，当局对三起事件进行了干预，以救助工业企业和相关银行。第一次救助性干预发生在20年代初期，当时意大利制造业正在进行向"和平"经济的转型和适应向国际贸易发展的结构性变化。第二次干预与实施的通货紧缩措施以实现"90报价"的目标有关。这些措施造成了资本货物价格以及上市公司股票价格的暴跌，并最终导致大量企业倒闭。最后一次干预正好出现在30年代的大萧条期间。

我们已经介绍过工业企业融资联合体的情况及其在20年代初期从意大利银行获得大量贷款。10年后，设立了一家替代工业企业融资联合体的清算机构，以防止救助性干预。实际上，救助性干预有很大扩展。在1933年初，意大利银行针对面临破产的企业和银行的救助性干预的总金额达到75亿里拉，几乎占流通中银行券的50%。由于设立了两家专业金融机构，因此工业部门的融资从商业银行业务中分离出来。这标志着全能银行在意大利的终止（直到《1989年EC第二银行法》和20世纪90年代意大利的改革，这超出了本书研究范围）。因此，中央银行的业务范围限定于商业银行，货币政策也会变得更加有效。

我们曾说过20年代中期的货币稳定计划重点有两个方面：保护银行存款人[15]和更严格（也涉及更多政治考虑）控制中央银行及商业银行。《1936年银行法》（1936年3月12日和1937年7月17日政令）对

---

[15] 为了保护存款人利益，1926年9月7日和11月6日通过了两项政令。这两项立法规定，所有金融机构：（1）在注册登记时及以后扩展业务时，必须获得许可证；（2）必须接受监管机构的管制，监管机构需审核其年报和定期财务信息；（3）必须将其利润的一部分放在一个储备资金账户中；（4）必须遵守针对其设定的总存款基础限额和针对单一客户的总风险敞口限额。根据这些新规则，意大利的银行业务从私人领域转变成公共领域。

整个银行体系进行了更多结构性改革，包括意大利银行。

这项立法的主要特征如下。第一，吸收存款和信贷业务被正式认定为公共服务，即使这些业务由私人部门提供。第二，长期融资严格与短期融资相分离。意大利银行体系被分为两类：贷款期限超过 18 个月的专业信贷机构和贷款期限 18 个月以内的普通信贷机构。第三，授予保护储蓄和银行业务检查官办公室银行业务的监管职责，其主要职责是确保银行体系执行由政治当局确定的经济目标。最后，将意大利银行改变为一家公共利益机构，其职责是银行的银行。

这项新立法有双重目的。作为一项原则，该立法表明当局承诺保护小存款人和监管银行业务。但该立法也使所有金融机构（无论其法律地位如何）都要接受单一机构（"检查官办公室"）的监管。将产业银行业务与商业银行业务分离是为了规范两类专业信贷机构（IMI 和 IRI）的职能。"检查官办公室"的职责是确保整个金融体系中所有金融机构业务的一致性和纪律性，以及使政治当局可以对信贷计划施加更多直接和有效控制。监管职能过去由几个部门共同承担，新立法将监管职责整合到新成立的"检查官办公室"，由意大利银行行长担任负责人。

当部长委员会被授权（通过"检查官办公室"）可以干预许多事项时，《1936 年银行法》所规定的银行业务限制就变得明确了。可以干预的事情包括银行使用的利率、各种银行服务收取的费用、信贷资金在意大利不同经济部门之间的配置、银行服务的地域分布、不良债务的处置等。因此，这项法律不仅是为了保护银行体系的稳定性，也使银行体系服从于政府意志，政府可以随时和任意影响银行业务的价格和数量。在理解这项新立法时，可以说这是将银行业国有化的一种方式。

最后，《1936 年银行法》强化了意大利银行的作用；现在意大利银行是公共利益机构，处于金融体系的最顶端。尽管意大利银行与财政部的关系还不够明确，但该立法将意大利银行的业务限于公众和银行。就前者而言，意大利银行只能发放有证券抵押品的贷款；对后者而言，信贷仅限于再贴现业务。从本质上讲，公共利益机构的标签意味着政府有权使用意大利银行的信贷。根据这项立法，意大利银行对政府的依赖有了法律依据。

结　　论

在本章的第一节，我们分析了强势里拉再次出现贬值过程的原因，包括国内和国际两个方面；里拉贬值是 20 世纪 20 年代初期的特征。然后我们分析了稳定计划的各个方面，该计划虽然从 1925 年春季开始，但正式宣布是墨索里尼 1926 年 8 月在佩萨罗的讲话。我们注意到，通过此计划的整体实施，尤其是强势里拉政策，当局追求的目标已经超出了稳定计划本身，包括意大利工业体系的大规模重组。

强势里拉政策，即所谓的"90 报价"，毫无疑问得到了当时国际经济学派的支持，他们主张各种货币恢复其战前的价值水平。但从长期看，很难维持这样一种政策。因此在 20 世纪 30 年代，意大利当局认识到有必要实行收入政策、制定新的关税制度和大规模启动贸易及金融保护主义。最终和决定性冲击来自一次新的和巨大的财政冲击。1934 年政府放弃了货币控制，而货币控制实际上是维持此强势里拉政策的主要工具；1936 年里拉出现了贬值。

本章第二个主题是回顾金融业的重大结构性变化和商业银行与意大利银行之间的关系，以及意大利银行与本国政治体系的关系。我们强调了 1926 年立法和 1936 年立法的重要性，这两项立法根本改变了商业银行与中央银行之间的关系，而且这种改变后的关系一直持续到当代。在众多变化中，新立法正式授权政府有管理银行事项的最高权力。中央银行和商业银行成为公共利益机构，银行官员具有公务员的身份。《1936年银行法》使政治凌驾于银行业务之上具有了法律依据。也许法西斯政权通过这一立法并不令人意外。真正让人感到意外的是这项法律居然在共和国历史上持续存在了近 50 年。

第 6 章
第二次世界大战和
1947 年稳定计划

"在过去一段时间里，反复出现的问题一直是，当意大利银行行长重复 1920 年的陈词滥调'让我们打碎印刷机'，然后又继续无止境地签发银行券时，他到底在做什么?"（BI R. A. , 1946，第 254 页）

导　　论

本章分析 1938—1949 年的情况，这一时期充满了极端重要的事件。从政治和军事层面讲，第二次世界大战爆发；军事行动从非洲殖民地转向意大利本土；墨索里尼政府倒台；西方列强之间的冲突再现。然后是德国的占领，法西斯政权在意大利北部重新执政；战争的结束和意大利共和国的诞生。从经济层面讲，主要是因为政治事件导致的后果。我们首先看到的是工业产出的大幅度下降，然后是货币流通速度的快速上升。这两件同时发生的事件造成了总需求与总供给之间缺口的扩大，这导致了通货膨胀过程出现，而且是本书所研究时间范围内最严重的通货膨胀。伴随着稳定计划的实施，在 1947 年第四季度意大利突然恢复了价格稳定，该计划与恩诺蒂和梅尼赫拉两人有密切关系。对该计划一直存在着争论，包括最终目标、对货币和信贷总量的影响，以及意大利的净收益状况等。

本章首先回顾战争时期。然后分析商品和服务的总供给。接下来研究财政政策及其对货币政策的影响。在介绍了总供给与总需求之间的关系后，我们分析里拉贬值过程中的各种事件，包括国内和国际两个方面。这种分析也使我们发现，货币流通速度显著地偏离趋势值在里拉贬值过程中所发挥的自发和关键性作用。

本章的最后一部分，也是争议更多的部分是 1947 年稳定计划。我们对计划的时间点、计划对货币和信贷总量的影响、预期所发挥的作用以及产出减少的成本等进行分析。

从长期视角看第二次世界大战

毫无疑问，第二次大战期间总供给的变化有很大特殊性。实际上，1940 年至 1945 年，工业生产指数从 110 下降到 29（ISTAT 1957，表16）。到了 20 世纪 50 年代初期，产出才恢复到根据 30 年代数据合理推算应该达到的水平。与第一次世界大战相反，第二次世界大战开始时意大利经济并不是处于滞胀状态。部分是由于产出的初始水平较高，因此与第一次世界大战相比，第二次世界大战开始后产出下降的影响更大。

这一时期的另一个特点是政府预算，在战争爆发前政府赤字已经开始显著恶化。这种情况自然使得整个形势更加困难；赤字迅速上升到占国民收入的 34%。与 1918—1919 年的情况类似，战争的结束并没有带来对政府融资的完全控制；对政府融资的完全控制直到 1950—1951 年才出现。

通货膨胀在 1940 年开始上升，在 1944 年达到了 90% 的最大值，然后在 1946 年下降到 39%，1947 年又反弹至 60%。在此后的两年里，通货膨胀大幅度下降了 50 个百分点；这次下降具有长期性，因为在整个50 年代和 60 年代都得以持续（图 1.2）。

　　意大利与其他国家的通货膨胀率之差一直保持为正值；通货膨胀率之差从1939年开始上升，并在1944年达到80个百分点，在1948—1949年逐渐下降。由于严格的外汇市场管制政策，所以在1943年前里拉的名义汇率保持稳定。在此后几年里，里拉出现贬值，平均幅度超过了通货膨胀率之差。汇率最终在1949年稳定下来。

　　比较两次大战期间的通货膨胀表现非常有用。首先，与第一次大战相比，第二次大战开始时通货膨胀率较高。在第一次大战期间，通货膨胀受到了比二次大战期间更多的抑制（最高上涨幅度是35%）。在这两次大战中，通货膨胀过程都在战争结束后出现明显反弹；第二次大战后的反弹持续时间比第一次大战更长。平均讲，里拉在第二次大战期间贬值幅度比第一次大战期间更大。在两次大战中，都出现了在战争结束时贬值加速的情况。最后，第二次大战之后出现了50年代和60年代汇率长期稳定的局面，而第一次大战之后则是汇率的极度不稳定。

　　从20世纪30年代末到40年代末，基础货币增长了500%；而在1914年至1920年，基础货币只增长了300%。货币存量在1937年仅增长了不到0.3%，1943年则达到了50%。在经过5年时间年增长率40%左右的波动后，1949年下降到24%。正如我们将在第7章中看到的，货币扩张在几年内稳定在10%左右。作为对比，第一次大战期间货币增长率最高为约35%，而且是出现在战争结束后。

　　在1943年前货币流通速度一直在下降。然后在1947年前突然大幅度上升；1947年回到了1875年的水平；在1948—1949年再次下降。在本书所研究的时间范围内，这段时期货币流通速度的变化幅度和速度都是最异常的（表1.3）。

　　到目前为止，从131年历史的角度看，在第二次世界大战期间，意大利的名义变量快速增长、产出增长率下降、货币流通速度的缓慢下降趋势出现了一个4年期的反转，以及一个更加不确定的经济环境（表1.3中的标准差）。

　　与第一次大战期间相比，平均地讲，第二次大战期间的政府支出和预算赤字占国民收入的比重都受到抑制（表1.4）。57%的平均货币化比例与历史平均值基本一致，但高于第一次大战期间的货币化比例。基础货币的年均增长速度是33%，比整个131年的平均值高3.5倍（图2.2）。相反，货币乘数年均下降了2.6%（图2.1）。因此很显然，基础货币是货币年均增长率30.4%背后的主要因素。国内基础货币贡献了货币增长率30个百分点中的32个，其中基础货币增长中的27个百分点由财政部创造（表2.1）。最后，就货币乘数而言，收缩效应源于所有三个比率——k、rr 和 re。准备金比率的规定对货币乘数的影响最大，但只是在这段子时期结束时才发挥作用。

产出的复苏或恢复正常开始于1946年至1947年；价格恢复正常是在1946年至1948年；货币流通速度恢复正常是在1948年；货币增长恢复正常是在1949年。正如第一次大战的情况，产出调整似乎引导了货币政策的调整。后面会进一步分析这一点。

工业产出的大幅度下降

在第二次大战期间工业产出下降幅度如此巨大，完全可以将其视为一个非常巨大的供给冲击（索特哈德，1946；弗奥阿，1949；维·鲁兹，1950；巴菲，1950）。由于本次冲击的重要性，所以本章将改变通常按总需求和总供给因素进行分析的顺序。

我们首先估计本次产出减少的规模[1]。我们搜索了使用其他数据进行的研究。这方面的一个研究来自巴贝瑞，当时他是国家统计局局长，表6.1列出了他给出的从1939年至1946年农业和工业产出的估计值。从1940年到1945年，这两个指数分别从97和109下降到58和23。两个指数的简单平均值从103下降到40。由于两个部门的权重非常相似，所以简单平均是恰当的。第二个研究来自科普拉·德安纳（1946a），

---

[1] 读者可以参阅德·维塔（1947）；意大利银行（1947）；国际清算银行（1947，1950）；弗奥阿（1949）；科比诺（1962）；格勒尼（1980，1982）和拉斯（1982c）。

他估计了1945年与1938年实际净国民生产总值的比率。根据他的计算，该比率是约50%（表6.2）。实际上，我们认为，如果考虑到战前的经济周期的扩张阶段一直持续到1940年底以前，则该比率应当低于50%。上述两个研究与我们的观点相同，即第二次世界大战造成了工业产出的大幅度下降。在马歇尔的总需求和总供给曲线分析中，我们可以绘出战争导致了总供给曲线向西北方向大规模移动了。

表6.1　　　巴贝瑞农业和工业产出指数（1938年=100）

年份	农业	工业	平均
1939	103	107	105
1940	97	109	103
1941	95	96	95
1942	86	75	81
1943	77	65	71
1944	78	36	57
1945	58	23	40
1946	77	38	58

资料来源：国际清算银行（1947，第12页）。

表6.2　　　科普拉·德安纳估计的净国民生产总值

（10亿1938年里拉）

部门	1938年	1945年	（1945/1938）×100
农业	431	257	596
工业	400	100	250
商业	104	45	433
住房	67	57	850
专业人士	182	135	254
合计	1184	594	507
调整	-18	-0.8	—
净合计	1166	586	503

资料来源：科普拉·德安纳（1946a，第4~8页）。

财政冲击和政府赤字融资

现在转到对总需求的分析，我们讨论财政政策的作用。政府支出占国民收入的比重从 1938 年的 29% 上升到 1941—1942 年的 50%；随后从 1946 年至 1949 年该比重出现下降并稳定在 20% ~21%。因此，虽然支出在战争期间大幅度上升，但收入无法跟上价格上涨的速度。实际上，收入占国民收入的比重从 1939 年的 20.5% 下降到 1944 年的 8.0%，造成了巨额财政赤字。

税收收入增长缓慢有几个因素。其中一些属于技术性的，与第 4 章已经讨论的相同；另一些则不同。对此问题，国际清算银行（1947，第 38 页）指出：

"意大利的间接税一直比直接税重要，与其他生活水平低的国家类似。1938—1939 年，交易税、关税和来自烟草垄断经营的收入占总收入的 60.7%。另外，通货膨胀和租金控制造成收入从资本转向劳动者，这减少了累进税制的好处。由于这些原因，所以保持财政收入与国民收入的名义增长速度一致就变得非常困难。"

实际上，直接税占总税收收入的比例从 1938—1939 年的 22.7% 下降到 1945—1946 年的 14%。更重要的是，意大利必须应对因法西斯政权倒台所造成的行政管理混乱的局面（弗奥阿，1949，第 75 页）。

直接资本循环

一旦政府意识到它不可能通过税收来完全满足战争融资时，就不得不采取其他措施。现在我们就来分析这些措施。意大利政府无法再利用外国援助，而在第一次大战期间外国援助满足了很大一部分的支出（萨奥·迪·瑞弗尔，1942，第 215 页）。至少在初始阶段，政府也反对用通货膨胀来对战争进行融资的想法。相反，当局主要是刺激国内储蓄和通过所谓资本循环方式将储蓄转移到财政部。财政部长保罗·萨恩·雷维尔（1942，第 226 ~ 227 页）对资本循环的概念介绍如下：

"在战争时期，支出一般会超过通过税收方式积聚的资金，因此有必要利用借款方式。但这种金融需要一般也超过正常储蓄能力。因此，为了满足战争融资需要，有必要出售资产或发行新货币，以提供对资本循环过程的最初激励。所以有必要通过税收或新借款方式来弥补所有超过正常预算收入的支出。为了收回之前发行的现钞和满足新的支出需要，政府必须防止任何形式的超出政府证券和储蓄账户范围的投资，政府证券和储蓄账户是对国家的融资形式。

因此必须做到：（1）限制与战争相关行业的工业厂房的建设和禁止房地产投资；（2）不鼓励投机性购买/出售土地和建筑物；（3）控制价格、工资、服务成本、租金等；（4）减少民用消费，其数额等于军事用途增量需求部分。如果这些限制都得到充分实施，则资本循环就可以发挥完美的作用，而且财政部就可以重新获得超过预算收入的支出金额，而且可以获得包括与出售政府部分财产相关收益的储蓄金额。"

发行政府证券变成了一个重要的金融工具。尽管存在很高的负实际收益率，但政府证券的发行一直持续到 1942 年底（BI R. A.，1945，第105 ~ 107 页）。虽然政府赤字占收入的比例从 1939 年的 11% 上升到1942 年的 34%，但通过新增基础货币融资的部分却从 55% 下降到34%，这一事实也说明了资本循环政策初期的有效性。

截至 1942 年底，资本循环不再向政府提供充足的储蓄资金。在其1942 年年报（第 125 ~ 126 页）中，意大利银行指出"有关特别税的广泛流言刺激了现金的积累"。在当年最后两个月中，新现钞供给大量增加已经非常明显。通过上述情况变化，意大利银行认识到，战争融资政策正在发生明显变化：在 1942 年年报中，意大利银行承认了必须不断提高货币存量的"严酷现实"。

在 1943 年，有更多有力的证据表明资本循环政策不再有效。随着军事上的失败变得越来越明显，法西斯政权的倒台造成了心理上和行政管理上的真空，也因此重新点燃了通货膨胀进程的导火索。上述情况构成了增加税收和发行政府证券的一个巨大障碍。因此，赤字货币化的比率飞涨到了 90%（1944 年将升到 107%）。铸币税大幅度上升：在仅仅 2 年时间里占国民收入的比例就上升了 40 个百分点以上（图 2.7）。意大利的货币体制发生了巨大变化。

间接资本循环

货币体系的变化被正式称为"间接资本循环"，在此循环中商业银行和中央银行将发挥关键作用（曼基尼，1947；德·维塔，1949）。在实践中，政府提高了在意大利银行的存款利率，创造了在意大利银行的新形式法定银行存款，并禁止开设银行间的账户。另外，政府对银行施压，要求将客户存款超过银行净资产 20 倍的部分投资于政府证券或存入意大利银行。在 1943 年 1 月，当局实施了一项规定，要求银行持有客户存款超过 1 亿里拉的，应当每月将前一个月吸收的 75% 新增存款转移到意大利银行。换句话说，间接资本循环政策的作用主要是以一种强制性的，但也是临时性的储备规定，其目的实际上是临时性降低货币乘数。

在 1944 年春季，当局甚至进一步提高了在意大利分行存款的利率，因为当局很难在南方增加税收和发行政府证券以及邮政存单。另外，财政部还决定补偿意大利银行支付给商业银行的法定存款的利息成本。由于上述决定，商业银行在意大利银行的存款从 1942 年 12 月的 46 亿里拉增加到 1945 年 12 月的 1318 亿里拉（BI R. A.，1943；曼基尼，1947）。

毫无疑问，间接资本循环政策成功地防止了意大利在 1943 年以后陷入崩溃的境地。但同时，这种政策也创造了此后基础货币爆炸式增长的前提条件。当在意大利银行的法定存款最终转变为在中央银行的流动性储备时，这种情况就会出现。

k 比率和通货膨胀潜力

我们现在分析基础货币增长与货币存量增长之间的关系。k 比率的趋势值是大幅度下降的，但在战争爆发前出现了上升（图2.4）。1943年是第二次世界大战中最动荡不安和最严酷的一年，在这一年 k 比率先是大幅度上升，然后迅速下降。

临时性（尽管有力）和长期性因素都影响到了 k 比率的变化。就临时性因素而言，我们发现有关政治和军事结果的高度不确定性。实际上，月度数据显示，k 比率在1938年9月快速上升，恰好在"慕尼黑协议"之前；在1939年8月和9月，是战争爆发的时期；1940年6月，意大利参战；1942年9月，盟军开始轰炸意大利的城市；1943年7月盟军攻占西西里岛，墨索里尼政府垮台；在1943年9~10月，意大利基本上被分为两个地区。在最后这段时期，在意大利北部首次实施了暂停提取银行存款的政策。

影响 k 比率的一个更长期因素是用现钞替代支票，用于"买卖原材料、制成品和食品私下交易的支付。"（阿佐里尼，1943，第59页）。这是严格的价格管制政策和消费品配给制的结果。另外，战争导致了大规模的人口流动，这必然造成更多使用现金而不是银行存款。总体来讲，在商品交易和财富分配方面，农村显然变得更加重要。农村人口一直更偏好持有现金[2]。造成 k 比率上升的最后一个因素是银行存款实际收益率的下降[3]。

货币乘数一直在持续下降，直到1943年（含）。也就是说，只要 k

---

② 《意大利银行年报》（1942，第126页）；阿佐里尼（1943，第59页）；曼基尼（1947，第4~5页）；国际清算银行（1947，第30页）；巴菲（1965，第138~139页，第229页）。

③ 德·维塔（1949，第55页）指出，1934年4月1日确定的常规储蓄账户的利率是2%，1944年10月1日降低到1.5%，1945年2月16日又降低到1%。类似地，3个月的定期存款利率从2.5%先是降低到2%，然后又降低到1.5%。

比率上升，货币乘数就会下降。但货币乘数的下降并没有抵消基础货币不断增加对货币存量造成的扩张性影响。结果是，在 1943 年以前货币存量出现加速增长。在此后 3 年里，基础货币增速放缓，同时货币乘数上升却非常显著，原因是 k 比率出现向下调整。因此货币存量的增速仅略有下降[4]。在 1947—1948 年，这种局面出现了反转，当时基础货币创造开始再次加速，货币乘数因实施存款准备金制度而出现向下调整的情况。货币存量增长与前两年没有显著差异。正如已经提到的，货币存量增长的实际转折点出现在 1949 年。当时货币乘数出现了小幅度上升，同时基础货币则显著减少。

1943 年的通货膨胀和里拉汇率

在这些年里，并不令人意外的是里拉在国内和国际上都经历了大幅度贬值过程；贬值出现在一系列非常严重的冲击之后，这些冲击同时影响了总供给和总需求。就国内价格而言，我们已经分析了价格缩减指数的变化趋势。批发价格呈现了更大幅度的波动，1944 年最高上涨了130%（德·玛蒂亚，1977，表 7）。1943 年通货膨胀的爆发明显是一个转折点。但 1943 年也标志着里拉汇率发生了变化。实际上，里拉兑美元的官方汇率在 1940 年以前一直稳定在 19 里拉，而且在 1943 年以前甚至没有公开报价；1949 年夏季兑美元汇率被固定在 100 里拉（斯宾里尼和弗拉迪阿尼，1991，表 8.5）。

为什么在 1943 年出现了变化？在第二次世界大战爆发时，当局对

---

④　就基础货币的创造过程而言，盟军在西西里岛的登陆和意大利被分为两个区域造成了一个非常独特的局面。盟军军事当局发行了 AM 里拉，这是用来支付部队的工资以及在意大利的其他战争费用。1946 年 3 月 15 日停止发行 AM 里拉，当时意大利银行重新获得唯一的现钞发行控制权。从这一天起，由意大利银行向盟军提供必要的意大利里拉。显然，意大利政府也从意大利银行获得现金。在北方，意大利银行向社会共和国和德国军事当局提供银行券。关于这一问题，见意大利银行（R. A.，1945，第 74 页）和国际清算银行（1947，第 29 页）："1943 年 9 月至 1945 年 4 月，盟军军事当局发行的现钞占新现钞发行总量的 32%，意大利政府占 3%，社会共和国和德国当局占 65%。"

价格和工资实行了冻结政策。在控制通货膨胀方面，只要政府的行政体系在发挥作用，则这种方法被证明是有效的。科普拉·德安纳（1944b，第 25 页）写道：

"在 1942 年底前和 1943 年部分时间里，批发价格和生活成本只有小幅度上涨。这种上涨显著低于货币存量在同一时间里的上涨幅度。实际上到 1942 年底，法定货币存量增加了超过 3.5 倍，银行存款增加近 2 倍，而批发价格与 1938 年相比只上涨了 50.5%，生活成本上涨了 63.7%。在 1943 年下半年，局势开始出现改变。"

在这些月份里，意大利逐步被美国所占领。美国政府取消了管制并允许价格可以按市场供求浮动。但德国和意大利社会共和国在所控制的地区仍然抑制价格上涨，意大利经济体系很快具有了两种价格水平的特征：战线南部价格高而北部价格低，但战线显然使套利交易的成本很高（巴菲，1956，第 240 页；BIS，1947，第 30 页）。图 6.1 展示了战线北部米兰与南部罗马之间的价格差异，这种差异一直持续到 1945 年夏季。这种现象印证了如下观点：逐步取消管制使得此前受到抑制的通货膨胀显现。

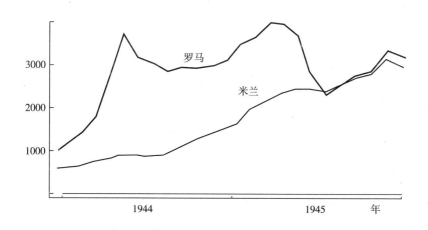

资料来源：《意大利银行年报》（1945，第 123 页）。

图 6.1　生活成本指数，1944—1945 年

就里拉的国际购买力而言，意大利参战时，官方的平价是 1 美元兑 19 里拉，市场价格是 19.8 里拉。根据巴贝瑞（1947）的计算，当时里拉已经被高估了 30 个百分点。随后政府停止了除德国马克以外里拉兑所有其他外币的报价。巴贝瑞指出，当盟军在西西里登陆时，美元兑里拉的市场价格是 45～50 里拉。盟军将汇率定为 100 里拉。这一决定事后受到许多严厉批评⑤。由于国外的通货膨胀率高于意大利，所以里拉汇率的低估缩小了，并在很短时间内消失了。实际上，当盟军进入罗马时，里拉又回到了高估状态。

总之，里拉国内和国际贬值的转折点与 1943 年夏季的政治和军事局势发展密切相关。

1944 年和战争的结束：稳定计划的争论

关于稳定计划的争论始于战争的最后阶段，并且涉及意大利多个经济问题：公共融资、通货膨胀过程、货币流通速度的大幅度波动以及现钞发行的一些纯技术问题。另外，也关心意大利银行是否有能力保证必要的新现钞供给，因为如果战争继续下去，甚至是德国完全从意大利撤出之后，德国军事当局仍可以印制意大利里拉并将纸币运送到意大利境内。

针对稳定经济，有各种建议。一些最吸引注意力的建议是：（1）收回所有流通中纸币并销毁；（2）用新纸币替换旧纸币；（3）临时性冻结所有的银行存款；（4）实行财富税，包括持有的现金；（5）对持有现金征税，并在用新纸币替换旧纸币时征收。这些建议以及所进行的分析通常都受到政治目的的操控。财政部强烈反对上述建议，财政部部长一般都是保守主义者；但其他部长，尤其是左翼部长们，却积极支持这

---

⑤　1944 年 2 月 5 日的《经济学人》和科比诺（1962）认为，由于盟军可以通过大量印制里拉（即 AM 里拉），所以该决定造成了通货膨胀的大爆发。巴菲（1965）认为这一批评有些过分。

些建议。就实施上述建议对货币流通速度的潜在影响问题，仅有几次严肃和技术层面的讨论。从这一点上讲，财政部部长们通常很担心公众可能拒绝使用现金。

直到 1947 年春季才实施了一项特别税。这项税收包括一个单一 4% 的税率，加上一个附加税，其税率根据个人的应税收入从 6% 至 41% 不等。对持有货币的征税是间接的，即对非流动财富增加一个 12% 的税收（弗奥阿，1949，第 98 页；巴菲，1965，第 183 页）。从使预算可以控制和降低通货膨胀的角度讲，这些措施完全是不充分的。但这种税收成功地将货币市场与货币存量的冻结和纸币的替换分割开来。市场对更多激进建议（如前面介绍的）的担心可能会逐渐消失。

通货膨胀的下降和再次上升——财政和货币政策

1944 年的货币增长速度与 1943 年基本相同；基础货币增长速度有所下降，但货币乘数上升了。工业产出继续下降，通货膨胀率上升到本研究所覆盖时期的最高值。由于发行了所谓的 5 年期"解放"债券（贷款），所以 1945 年的货币形势有所改善。实际上，货币化比率降低了 60 个百分点，同时总的基础货币增量是可以预测的。工业产出进一步下降。通货膨胀大幅度下降，如果考虑到出产和经济政策的演变的话，也许降幅超过了可以合理预期的水平。

通货膨胀大幅度下降的原因是什么？根据弗奥阿（1949，第 67 页）的研究，通货膨胀下降是由于总供给的恢复（这又是由于国际贸易的部分改善、UNRRA 的援助计划和投机性商品交易减少），以及通货膨胀预期的下降。巴菲（1965，第 247 页）认为，预期是最主要因素。

此后，在 1946 年春季至 1947 年春季，通货膨胀再次上升。这次回升让人回想起在第 4 章分析过的一个类似现象，即发生在 1918 年底至 1919 年初的事件。1946—1947 年通货膨胀的反弹是众多因素共同作用的结果。首先，1946 年基础货币增长了 58%，而 1945 年是 26%，这是受到了 73% 货币化比率的推动。由于货币乘数基本保持稳定，所以基础货币的增长会完全反映为货币存量的快速增长。除了货币增长外，政府还发行了一期 30 年的"重建"债券，初期收益率为 3.5%，以后提高到 5%，而且利息收入免征未来的特别税⑥。这次发行给财政部带来了 1120 亿里拉的收入，约占 1946—1947 年预算赤字的五分之一。债券承销结果不好既反映，也强化了对市场条件发展比较悲观的情绪（弗奥阿，1949，第 97 页）。另外，市场参与者无法消除对未来特别税和/或货币替换的担心。（德·维塔，1949，第 40 页；冈格米，1961，第 409 页；卡斯特隆纽弗，1975，第 378 页）。最后，意大利经济的几个部门都在经历短缺和复苏迟缓，这不可避免地对价格造成压力。在 1949 年年报中，意大利银行行长梅尼赫拉用如下话语概括了 1946—1947 年的通货膨胀环境：

"信贷扩张和持续的预算赤字对价格产生了影响，尽管意大利经济是从一个非常低水平的工业资源起步的，而且一些最重要的短缺，如煤、钢铁和食品等由于美国的援助而逐渐得到满足。意大利几乎被通货膨胀过程绑架了，这令很多人感到意外，因为他们认为在工业资源利用仍然不充分的环境下，货币需求的增加不应当造成价格上涨。"（第 230~231 页）

部分自由化和二元外汇市场

在短期内，政府对经济中微观结构的干预对意大利总体货币稳定造成了负面影响。这些干预主要集中在汇率、价格管理和金融市场。

对外汇市场管制的自由化进程始于 1946 年 1 月，当时对出口商来说美元汇率从 100 里拉上升到 225 里拉。到 3 月底，允许出口商以外汇

---

⑥　当这一笔融资发行时，市场上类似证券的收益率达到了 4.5%~5%。在开始时，这笔融资的利率是 3.5%，但包含了有关未来特殊税收的免除条款；当时正在讨论特殊税收，预期也会对其他证券征收。在 1947 年春季，政府决定特殊税收不适用于证券收入。因此，这笔融资的利率正式上升到 5%。

形式保留至少 50% 的出口收入并按市场汇率兑换成本币，市场汇率从 5 月开始公开报价。因此，这期间出现了一个二元外汇市场：一个自由报价市场（所谓"报价自由"）和一个官方市场[⑦]。1946 年这两个汇率的平均值上升到 1 美元兑换 386 里拉；恰恰因为在 7 ～ 9 月"报价自由"的里拉贬值了 54%。

在 1946 年 5 月农场主收到的农产品价格上涨了 3 倍，但消费者支付的价格却没有变化（BI R. A.，1946，第 108 ～ 109 页）。由于给政府农业产品池贷款的机构可以自动在意大利银行再贴现应收款，而且相应损失由财政部通过基础货币创造来弥补，因此导致了通货膨胀过程。

最后，政府采取了一系列措施，如取消针对不记名证券和股票收入的税收，以及废除针对战争收益的特别税和针对证券交易的附加税等。另外，政府还取消了对利润分配的限制和对股权交易实行减少 50% 税收的政策。这些措施迅速提高了对股票的需求，在 1946 年 4 月底到 8 月底之间，股票市值翻了一倍多（巴菲，1965，第 254 页）。在 1946 年的最后两个月里，股票价格又上涨了 50%。12 月交易量达到最高峰，尽管同期内还发行了重建债券。在 1947 年的前几个月里股票价格继续走高（BI R. A.，1946，第 180 ～ 182 页）。因此，商品价格通货膨胀与资产价格通货膨胀同时出现。货币流通速度在 1946 年至 1947 年大幅度上升（图 1.1）。

巴菲（1965）研究了货币市场的大量流动性。公众持有大量现金和银行存款，商业银行在意大利银行也有很多存款。证券交易中的投机活动和工业复苏都造成了强劲的信贷需求，所以商业银行需要从意大利银行提取存款。这些在意大利银行的存款并不是为了遵守 1926 年的法律（这时该项法律已经失效），而是由于工业生产停滞和间接资本循环

---

⑦　国际清算银行（1947，第 67 页）和巴菲（1965，第 191 页）都批评这种二元外汇体系。另外，巴菲（1965，第 260 ～ 261 页）认为，如果同时实行价格体系的类似双轨制，则这种外汇体系是合理的。

政策所致。贷款—存款比率在 1943 年夏季至 1947 年夏季从 42% 上升到 75%。如果我们考虑到在同一时间内 k 比率一直在下降的事实，则这种增长显得更加突出。毫无疑问除了推动工业复苏之外，银行体系的作用就是对纯粹投机性商品和证券交易进行融资（维·鲁兹，1950，第 313 页）。

没有证据表明当局曾试图制止投机性交易。德·塞科（1968，第 129 页）指出，政府的不干预政策是源于货币学派而不是银行学派的理论基础。因此当局倾向于忽视信贷乘数的变化。但这并不表明货币当局，尤其是恩诺蒂（1947），不清楚信贷乘数的作用或在意识形态上认可货币学派。我们认为政府的不干预政策另有其他原因。

1947 年的稳定计划

现在我们来分析 1947 年的稳定计划，该计划引起了学术界的高度重视，例如 F. 鲁兹和 V. 鲁兹（1950）、国际清算银行（1947）、赫史曼（1948）、辛普森（1949—1950）、V. 鲁兹（1950）和巴菲（1965）。我们按照 F. 鲁兹和 V. 鲁兹（1950）时期划分方法，将稳定计划分为 4 个独立阶段：

（1）1946 年 6 月至 1947 年 9 月，这期间通货膨胀一直在上升；

（2）1947 年 10 月至 1947 年 12 月，这期间开始实施有关准备金的新规则；

（3）1948 年 1 月至 12 月，这期间价格保持稳定；

（4）1949 年 1 月至 8 月，这期间价格的绝对水平出现下降。

表 6.3 和表 6.4 介绍了稳定计划及其对不同经济变量的影响。针对这 4 个子时期当中的每一个，表 6.3 都列出了基础货币、货币乘数、货币存量、银行信贷和信贷乘数的年平均增长率。表 6.3 展示了从 1946 年 6 月至 1949 年 8 月批发价格和名义及实际汇率的月度变化，以及股票价格和工业生产的月指数。无论是鲁兹等人还是其他前面提到的历史

学家都没有充分利用月度数据⑧。

在第一个子时期内，货币存量的年平均增长率超过 40%。该增长的大约四分之三是由于基础货币的增加，其余四分之一是由于货币乘数的上升。银行信贷增长了近 62%，比货币存量增长幅度高很多。信贷乘数比货币乘数的增速快 3 倍。批发价格月均上涨速度略低于 6%，里拉汇率月均分别贬值 4.5% 和 1.6%（名义和实际价值）。股票价格指数上升了大约 560 点，几乎达到了 2300 点。仅仅在 1947 年的前 9 个月，一般工业生产指数就从 71 上升到 100。

表 6.3　　货币和银行信贷：1946 年 6 月至 1949 年 8 月

（期平均；年百分比变化）

	1946 年 6 月至 1947 年 9 月	1947 年 10 月至 1947 年 12 月	1948 年 1 月至 1948 年 12 月	1949 年 1 月至 1949 年 8 月
基础货币	29.2	73.0	35.7	26.6
货币乘数	11.3	−31.6	−2.1	−0.3
货币	40.5	41.4	39.9	26.2
信贷乘数	32.6	−85.5	−6.4	−1.0
银行信贷	61.8	−12.6	35.7	25.8

资料来源：意大利银行《月度统计》各期。

---

⑧　我们无法找到银行信贷的月度数据。因此我们决定使用通过如下会计等式获得的数据。除了净值外，银行的资产负债表可以表示如下：

（1）储备 + 银行信贷 = 存款

在资产负债表的两边加上公众持有的现金，我们得到

（2）基础货币 + 银行信贷 = 货币

由于货币（M）是货币乘数（m）与基础货币（MB）的乘积，所以我们可以把（2）改写为：

（3）银行信贷 =（$m - I$）MB

其中（$m - 1$）= a 是信贷乘数。

根据（3），就可以从货币乘数和基础货币的月度数据得到银行信贷的月度时间序列。

表 6.4　价格、汇率、股票和工业生产：1946 年 6 月至 1949 年 8 月

年月	月百分比变化			1938 年 = 100	
	批发价格	名义汇率	实际汇率	股票市场	工业生产
1946 年					
6 月	0.4	3.6	4.9	557	
7 月	3.2	26.8	34.1	726	
8 月	4.3	5.6	4.8	994	
9 月	7.9	18.0	14.0	885	
10 月	5.5	0.7	3.3	860	
11 月	6.3	− 5.3	− 7.5	1032	
12 月	8.9	0.0	− 8.0	1373	
1946 年					
1 月	2.1	− 7.0	− 8.7	1443	71
2 月	3.6	0.8	− 0.7	1523	67
3 月	6.4	13.7	10.8	1890	83
4 月	9.5	15.2	4.5	2835	93
5 月	14.8	30.0	14.8	3145	104
6 月	2.4	− 7.2	− 9.3	2744	103
7 月	8.4	− 7.8	− 14.2	2370	110
8 月	1.9	− 7.0	− 6.9	2370	93
9 月	5.3	− 7.5	− 10.3	2285	100
1946.6—1947.9 平均	5.7	4.5	1.6		
10 月	− 3.1	− 7.3	− 3.5	1680	105
11 月	− 6.0	− 2.4	4.3	1434	94
12 月	− 2.1	− 4.6	− 0.3	1325	91
1947.10 ~ 12 月 平均	− 3.7	− 4.8	0.2		
1948 年					
1 月	− 2.8	− 0.3	4.0	1216	89
2 月	− 0.3	0.0	− 2.6	1207	90
3 月	− 0.6	0.2	− 1.1	1097	96

续表

年月	月百分比变化			1938 年 = 100	
	批发价格	名义汇率	实际汇率	股票市场	工业生产
4 月	-1.5	0.0	2.4	1743	97
5 月	-1.1	0.2	2.0	1736	97
6 月	-0.8	0.0	2.2	1437	99
7 月	0.0	0.0	1.5	1436	101
8 月	-1.0	0.0	-10.5	1586	91
9 月	11.1	0.0	-1.6	1613	110
10 月	-0.8	0.0	-1.3	1609	109
11 月	-1.0	0.0	0.3	1609	106
12 月	0.5	0.0	-1.6	1629	105
1948.1～12 月 平均	0.3	0.0	-0.3		
1949 年					
1 月	0.0	0.0	-1.1	1031	100
2 月	-0.7	0.0	-0.9	2049	96
3 月	-1.8	0.0	2.0	2004	103
4 月	-3.0	0.0	2.1	1944	98
5 月	-2.1	0.0	1.3	1754	112
6 月	-1.2	0.0	0.5	1608	111
7 月	-3.5	0.0	2.8	1676	110
8 月	-2.9	0.0	2.5	1745	90
1949.1～9 月 平均	-1.9	0.0	1.1		

注释和资料来源：

批发价格：意大利银行（R. A.，1947，第 264 页；R. A.，1948，第 304 页；R. A.，1949，第 349 页）。

名义汇率：出口汇率 1949 年 8 月前数据来自 F. 鲁兹和 V. 鲁兹（1950，表 6），其余来自意大利银行（R. A.，1949，第 352 页）。

实际汇率的变化等于名义汇率变化加上美国批发价格变化减去意大利价格变化。

股票市场：米兰股票市场指数，来自斯密德（1948，第 13 页）和意大利银行（R. A.，1949）。

工业生产：一般指数来自拉斯（1982d，第 220～222 页）。

1947 年 5 月，在弥漫着通货膨胀和投机性交易的气氛中，第四届德·加斯佩里政府组成，由恩诺蒂和德尔·维克茨奥分别出任预算部长和财政部长。梅尼赫拉接替恩诺蒂担任意大利银行行长。这三位官员组成了负责经济政策的著名的三驾马车。

1947 年 8 月 4 日，在恩诺蒂主持下跨部门信贷和储蓄委员会首次开会。8 月 2 日该委员会获批准成立，替代根据《1936 年银行法》成立的原有部长委员会。在随后的日子里，跨部门委员会的目标是实施信贷紧缩，使用 9 月底开始生效的新规则：信贷机构必须在意大利银行存款或购买政府证券，金额等于其存款基数与 10 倍净值之差的 20%，以及此后存款增加额的 40%。在意大利银行的存款利率等于短期国库券利率减 25 个基点。由于实行这种存款制度，意大利银行变成了中央银行，因为它承担了整个银行体系储备托管人的角色。

除了针对银行存款和信贷的决定外，官方贴现率从 4% 提高到 5.5%，自 9 月 6 日起生效；银行的存贷款利率提高到超过战争期间的水平；8 月官方美元汇率从 225 里拉上升到 350 里拉，当时美元在自由市场上的汇率超过了 700 里拉。从 11 月起，官方和自由市场汇率并轨，汇率水平定为前一个月自由市场的平均值[⑨]。

表 6.3 的第二列展示了稳定措施对货币和银行信贷的影响。货币乘数显著下降，原因是存款准备金率的升高，但并不能完全抵消基础货币大幅度增加所产生的影响。因此货币供给加快了其上涨势头。银行信贷乘数比货币乘数对存款准备金率的升高更加敏感，所以下降了 86%，并造成信贷绝对量的减少[⑩]。

从表 6.4 我们可以看出，价格变化在第二个子时期是 −3.7%，里拉的名义汇率升值，但实际汇率保持不变。8 月股票价格指数是 2285，

---

⑨　因此二元外汇体系也结束了。

⑩　银行信贷乘数（a）相对于法定准备金参数（rr）的弹性等于（da/dr）／（rr/a）。由于（da/dr）＝（dm/drr），所以比率 rr/a 会大于 rr/m。因此推论是，信贷乘数弹性的绝对值大于货币乘数弹性的绝对值。

12 月下降到 1325。工业生产指数从 9 月的 105 下降到 12 月的 91。因此总体上讲，稳定措施对经济周期产生了迅速和强有力的影响。

1948 年基础货币增速出现明显下降，同时货币乘数仍基本保持稳定。货币存量的增长与前两个子时期没有明显差异。信贷乘数比较稳定，信贷增长速度为 36%，这一数值与货币存量增长速度类似。价格水平和里拉汇率保持稳定（表 6.4）。股票价格指数上升了约 30%，9 月工业生产恢复到前一年 6 月的最大值。

在最后一个子时期（从 1949 年 1 月至 8 月），基础货币的增长速度为 27%；由于货币和信贷乘数高度稳定，所以货币存量和银行信贷的增加百分比基本相同。国内价格月平均下降 1.3%。里拉的名义汇率保持稳定，所以国内价格的下降造成里拉的实际贬值。8 月的股票价格指数甚至高于前一年 12 月的水平。至于工业生产，除了 8 月的季节性收缩外，产出基本保持稳定。

问题

我们的数据提出了一些此前学术研究回避或仅仅部分回答的问题。首先，是否有可能在 1947 年以前就开始实施稳定计划？更准确地说，是否可以通过采取价格管制政策或货币紧缩来防止 1943—1945 年的通货膨胀？第二，1946—1947 年的通货膨胀是意外还是"故意的"？关于时任意大利银行行长恩诺蒂是价格稳定的坚定支持者的判断，历史研究和当代评论有多大准确性？第三，1947 年夏季的措施是否真的是迅速采取的，所以几乎是预期之外的？为什么这些措施的通过是在这个特殊的时间点？国际事件在其中发挥了什么作用？第四，这些措施是否造成了长期货币紧缩？为什么这些措施在抑制通货膨胀方面表现出如此强有力？40 年代结束时的高失业率与 1947 年采取的措施之间有什么联系？最后，为什么自 1948 年起价格一直保持稳定，而货币和银行信贷相对于产出一直保持增长？

我们先分析第一组问题，然后回答其他问题。从理论上讲，有两种抑制通货膨胀的方法：实行价格管制，或迅速和坚决地排除经济体系中过多流动性。第一种方式并不可行，正如德·塞科（1968）指出的：

"由于行政管理的无效率、具体实施的困难，以及意识形态上反对管制和由于盟军的存在（与当地人口相比，数十万士兵的购买力要高出100倍），所以完全无法实施价格管制机制。"

其他作者如弗奥阿（1949）和拉斯（1982c）则关注当时形势的心理方面，并认为法西斯政权的倒台，经济人和公共当局都不可避免地和在本能上要远离管制和政治干涉，管制和政治干涉过去一直是法西斯政权的特征。因此自由派经济学家重登政治舞台并不是偶然的。

反对价格管制还有另外两点考虑。第一点考虑是，可能出现1943—1944年通货膨胀回归的情况，并可能突破价格管制，无论政治变化是否发生。如下事实可以证实这一点：在意大利北方，政府的官僚机构仍然有效，而且仍在继续实行价格管制政策，1944年价格的上涨水平超过了意大利其他地区自由市场的价格（图6.1；卡拉塔尼，1975，第128～133页）。第二点考虑是，即使价格管制继续有效，也会推迟寻找永久性解决通货膨胀问题的方法。

在考虑货币紧缩的选择时，区分1943年至1944年与此后两年期间的形势是非常有用的。在1943—1944年以前，货币存量的实际值一直在增长。因此，在对价格造成影响之前大幅度减少流动性可能是理想的；但因为两点原因这是不可能的。第一，流动性紧缩只能影响到意大利的部分地区；第二，在紧缩货币和同时进行战争融资及继续参战等选择上，当局可能面临困难。

货币流通速度的上升和当局的责任

1944年初形势发生了巨大变化。通货膨胀过程不仅势头加剧，而且不久就达到了实际货币余额显著下降的程度。在1944—1945年，货币流通速度上升了42个百分点，而价格水平上升了170个百分点（图1.1和图1.3）。在随后两年里，货币流通速度与价格水平之间的关系变得更加密切，二者分别上升了 75 个和 95 个百分点。

这些事实表明，通货膨胀进程的一部分并不是当局行动的结果，至少在 1945 年底之前是这样。当然在有些时候，当局给人的印象是支持流通速度的上升，比如他们在建议实行特别税和改变货币。但同样真实的情况是，流通速度的上升与战争、法西斯政权倒台、政府管理混乱和频繁建议采用计划经济原则等有很大关系（罗思，1954，第 648 页）。

随着时间进入 1948 年，认为通货膨胀进程超出当局控制范围的观点变得越来越没有说服力。实际上，立即引出的问题就是在鲁吉·恩诺蒂领导下怎么可能出现货币膨胀持续和不断恶化的情况呢？恩诺蒂从 1945 年 1 月至 1947 年 5 月担任意大利银行行长。作为杰出的经济学家和国际法学家，自 20 世纪开始以来，以及第一次世界大战期间和战后一段时间，恩诺蒂一直是价格稳定的坚定支持者。包括书面和口头的历史学研究都表明恩诺蒂是 1947 年稳定计划中坚定的通货膨胀斗士，他本人发起并实施了该稳定计划。但问题是，恩诺蒂确实是不计代价的通货膨胀斗士吗？

恩诺蒂和通货膨胀

我们对恩诺蒂作为一名通货膨胀斗士的看法与多数学术研究观点不同。因此，下面花一些篇幅来证实我们的观点，即货币当局更愿意任由通货膨胀发展，以便获取实际和预想的好处。我们最有说服力的证据来自恩诺蒂本人作为《1946 年意大利银行年报中的最后致辞》作者的讲话[11]。这篇讲话是外交辞令的经典之作，并不容易深入理解。讲话分两部分，在第一部分恩诺蒂为自己和其他人辩护，抨击他的批评者和政府。第一部分以恩诺蒂的提问开始：

"怎么可能出现在 1946 年 5 月底至 1947 年 1 月 20 日一位中央银行行长目睹了货币存量增加到 1038.13 亿里拉，而又不进行干预的情况？"

---

[11]　"最后致辞"准确地反映了行长的想法，因为他在意大利银行的年会上大声朗读了致辞。

（第 222 页）

这种增加的三分之一是由于对政府储备池中农业票据的再贴现，另外三分之一来源于购买外汇，其余三分之一是由于银行提取在意大利银行的存款。基于这种情况，恩诺蒂通过提问来为自己辩护：

"意大利银行能够拒绝来自政府储备池的应收票据再贴现吗？"（第224 页）

当然，答案一定是不能够，因为根据法律意大利银行有责任对这些应收票据进行再贴现（第 224 页）；恩诺蒂继续讲到：

"意大利银行能够拒绝向意大利外汇局提供购买外汇所需的资金吗？"（第 224 页）

同样答案是否定的。然后，恩诺蒂提出了最关键问题：

"意大利银行能够拒绝信贷机构提取其持有的大量存款吗？"（第225 页）

在这种情况下，答案应当毫不含糊的是肯定的。实际上，正是恩诺蒂本人在 1947 年 1 月（即在"最后致辞"两个月之前）给几家主要银行写了一封信，他在信中提醒这几家银行，根据现行法律规定是可以拒绝的（BI R. A.，1946，第 169 ~ 170 页）。为了试图解脱他自己无法推卸的职责，恩诺蒂补充说：

"如果（中央银行）不允许银行提取存款，这将违反法律并以一种十分有害的方式引发信贷危机，这会对意大利造成严重后果。"（第 225 页）

"我们没有其他选择；我们只能增加货币存量或造成经济混乱。两者都是魔鬼，但后者会更糟。"（第 231 页）[12]

由于没有经过具体分析和实证证据支持，所以这些表述尤其令人感到吃惊，也与恩诺蒂之前的立场有明显不同。

---

[12]　正如在第 8 章中指出的，卡里行长在 20 世纪 70 年代遵循了类似策略，当时他也在最后致辞中宣称，对政府信贷支持的减少应当被视为是针对政府的反抗行为（BI R. A.，1973，第 418 页）。

在为自己辩护的最后部分，恩诺蒂抨击了政府储备池的政策以及面包价格管制的做法。他的批评演变为一种公开劝导，要求政府减少因实施这种政策而产生的操作成本。在这时恩诺蒂的讲话转向了通货膨胀问题。他强调了通货膨胀的负面影响，并反复提出要消除通货膨胀。这可以很容易地解释为意大利银行行长积极反对任何形式价格上涨的又一证据。但这种解释可能扭曲了恩诺蒂发出的信息。他真正想说的是，通货膨胀会带来很多好处，当通货膨胀达到某一限度时这种好处就会消失。当在这一临界值到达时，就必须制止通货膨胀。

理解反通货膨胀主义者恩诺蒂为什么愿意强调通货膨胀的好处并不难。首先，他的行为并不是依据他以前作为自由思想者、学者和记者的才学，而是作为中央银行行长，中央银行行长也是政治家。通货膨胀会对产出有刺激作用，这又会使意大利免受暴力的共产主义占领（卡里，1993，第 15 页）。另外，通货膨胀正在迅速地降低公共债务的价值：国内持有的公债占国民收入的比重从 1942 年的 122% 下降到 1947 年的25%，这主要是由于高通货膨胀率（斯宾里尼和维斯马拉，1990）。最后，而且这一点也可以从"最后致辞"中清楚地看出，恩诺蒂得出的结论是，通货膨胀可以刺激储蓄并能够增加私人部门对政府证券的需求。

恩诺蒂建议要控制未来的通货膨胀，因为他认为意大利已经到达"通货膨胀关键点，这时通货膨胀的影响甚至对政府来说都是负面的"（第 249 页）。意大利政府默许（如果不是谋划）通货膨胀进程的另一个证据来自财政部长伊皮卡莫·克比诺在 1946 年 9 月的辞职。克比诺的辞职不仅因为他与金融部部长斯克司马洛和左派关系不好，也因为他对通货膨胀有不同看法。克比诺后来在评价他的辞职时（克比诺，1962，第 331 页）讲了如下的话：

"我相信通货膨胀不是……必须的……但我清楚其他政府成员和几乎所有支持通货膨胀的政党都持有不同观点。"

虽然这一表述初看起来是自我辩解，但却很难忽视，尤其是当有权威性和独立性的观察家如国际清算银行的判断时。国际清算银行

（1947，第 32 页）写到，在 1946 年夏季，有大量针对克比诺的政治批评，"他的政策就是反对通货膨胀"。

稳定计划是否真的是非预期的

如果认为 1947 年 8 月的稳定计划是突然实施的，并且是迫使意大利经济体系以很高成本进行快速调整，那就错了。整个经济界，尤其是银行，曾收到几次关于稳定计划即将实施和存款准备金将发挥关键作用的警告。我们有足够证据说明，在 1947 年 2 月至 8 月主要信贷机构的代表多次受政府邀请参加关于即将实施的监管规定的讨论。

稳定计划是 1947 年 8 月启动的，因为在当年春季与夏季国际储备在逐步减少（巴菲，1965，第 266 页）。储备的短缺不仅威胁到经济复苏，而且会影响到意大利制造业的高出口潜力。储备短缺也解释了为什么需要采取措施，即信贷紧缩、里拉贬值和特赦外汇犯罪等组合措施，后者的目的是鼓励奖外汇资产转回意大利境内。

V. 鲁兹（1959）所研究的意大利国际收支数据正好符合如下观点：采取上述措施的时间点主要是因为国际因素。鲁兹主要深入分析了经常账户的变化，他将此账户分为普通和特殊两个部分。后者包括外国援助的重要项目（如盟军军事救助计划、欧洲复兴计划和联合国救助及重新安置署计划）等，特殊部分在 1946 年至 1947 年从大约 2.5 亿美元的盈余变为约 4 亿美元的赤字。如果我们同时考虑资本账户，1947 年外汇储备总体流失 6500 万美元。

外部因素导致稳定计划的更多证据来自国际清算银行的一份报告（1947），该报告预测剔除外国援助和贷款，1947 年意大利将出现约 3 亿美元的赤字。在指出意大利实际外汇储备总额只有 2 亿美元之后，该报告继续分析：

"外汇储备 1 亿美元相当于 34 周的进口，也代表着最低水平，是通常情况下的审慎储备水平。1947 年最初几个月多支出了 1 亿美元。因此下半年的赤字余额将达到 2 亿美元，只能通过外国援助来解决。"
（第 60 页）

在这份报告完成之后几天之内，已经十分困难的形势进一步恶化了，因为英国政府宣布英镑停止自由兑换。由此造成的后果是，已经十分有限的意大利外汇储备中很大一部分无法使用了。另外，所有这些事件发生的一个背景是人们普遍担心 1947 年 6 月宣布的马歇尔计划会比最初预期的推后实施。

像"90 报价"一样，稳定计划及其时间点受到国际社会希望货币稳定的影响，主要受到国际货币基金组织的推动，意大利刚加入该组织不久[13]。成为国际货币基金组织成员使意大利承担了新义务。一些是短期义务，如国际储备存款、迅速取消二元外汇体系和采取固定汇率[14]。另一些是实行货币稳定的战略性义务。

另外，美国也在意大利推动货币稳定（卡斯特隆纽弗，1975，第358 页）。在 1947 年初，德·加斯佩里总理和梅尼赫拉行长对美国进行了一次正式访问。在此次访问中，意大利政府的代表收到了针对减轻意大利在实施一项重大稳定计划负担进行合作的建议。这些建议导致了取消现行针对意大利出口到美国商品的制裁，同时返还在盟军军事占领期间由意大利承担的 5000 万美元的费用支出，以及提供 1 亿美元的贷款（与导致"90 报价"初期谈判中提到的金额完全一样）[15]。

稳定计划是否真是一次强有力的信贷紧缩

一些学术研究，以及也许更多的是口头传说，认为 1947 年的措施是一次强有力的信贷紧缩。但真是这样吗？表 6.3 的数据显示并非如此。

---

[13]　在 1946 年 10 月 2 日，国际货币基金组织理事会和世界银行理事会接受意大利成为这两家机构的会员。

[14]　意大利在国际货币基金组织和世界银行的份额分别是 1.8 亿美元。

[15]　关于此次美国访问的有趣分析，见卡里（1993，第 53~55 页）。

虽然有数据，但由于这一问题的重要性，所以我们需要做更深入的分析。

1947 年第四季度银行信贷停止了增长，但 1948 年再次出现 36% 的增长；1949 年前 8 个月增长率近 26%[⑯]。在 1947 年 10 月至 12 月，基础货币增长了 73%；第二年增长了 36%；1949 年前 8 个月增长了 27%。就货币存量而言，相应的增长速度分别是 41%、40% 和 26%。显然，这些数据并不表明出现了一次强有力的信贷紧缩。

根据月度观察值，对基础货币、货币存量银行信贷的时间序列分析表明，不存在信贷紧缩启动的情况（斯宾里尼和弗拉迪阿尼，1991，表 8.14～表 8.16）。实际上，人们很难确定信贷紧缩是否真的发生了，弗奥阿（1949，第 65 页）、意大利银行（R. A.，1949，第 231～232 页）、F. 鲁兹和 V. 鲁兹（1950，第 12 页）、希尔德布拉德（1965，第 33 页），以及巴菲（1965，第 275 页）都强调了这一点。但如果情况确实如此，那么我们如何解释政府的决定为什么产生了如此重大的结果？

正如学术研究所揭示的，答案在于通货膨胀预期的反转[⑰]。政府宣布的行动对市场的影响要大于实施本身。结果是，经济人重新调整了其资产组合，从实体经济转向金融资产。政府的信誉度足以造成货币流通速度的下降，并因此导致通货膨胀进程的停止。

但是，存在着夸大政府计划对预期影响的风险。在这方面必须考虑两点。第一，仅靠预期本身不太可能使高通货膨胀快速和持久性下降，除非这种通货膨胀主要不是由非常高的货币流通速度造成的（即如果通货膨胀"超过"实际和货币变量的趋势值）。我们知道当宣布措施时，这一条件是满足的。另外，在这一时点上货币流通速度偏离其趋势值持

---

⑯ 在 1947 年最后一个季度，另一个趋势是信贷增长越来越具有可持续性。实际上，虽然在 10 月信贷逐步减少了 149%，但在 11 月和 12 月分别增长了 11% 和 47%。

⑰ 意大利银行（BI R. A.，1947，第 107 页）、兰萨隆内（1948，第 5 页）、布瑞斯卡阿尼·图龙尼（1950，第 278 页）、国际清算银行（1950，第 183 页）、意大利银行（R. A.，1959，第 352 页）、冈格米（1961，第 411 页）、赫史曼（1968，第 603 页）和马瑟拉（1983，第 34 页）都证实了公告假说。

续的时间和幅度已经造成了货币实际数量的大幅度减少。关于这一点，意大利银行（R. A. ，1948，第 103 页）提出：

"在 1947 年第三季度，价格达到的水平是仅靠市场购买能力而没有支付手段的进一步扩张是无法持续的。"

这意味着市场形势是货币流通速度可能已经大幅度和持久性下降，以至于触发了实际货币余额存量的增加。

这将我们带到了第二点考虑。政府做出决定时通货膨胀进程已经处于"自我毁灭"状态。从理论上讲，这种进程可能发展成恶性通货膨胀或持续发展直到货币丧失了所有价值。但在现实中，这两种结果都是不现实的。根据表 6.4 中的数据，在 5~6 月，即在决定做出之前，意大利经济已经到达了转折点。实际上在 6 月，通货膨胀进程已经处于停滞状态，里拉的名义和实际汇率已经开始升值，工业生产增长已经放慢。意大利银行（R. A. ，1947）、赫史曼（1948）、V. 鲁兹（1950）以及 F. 鲁兹和 V. 鲁兹（1950）都将这种现象归功于预期的初步改善，而这种改善是由于第四届德·加斯佩里政府的经济计划和梅尼赫拉—恩诺蒂—德尔·维茨奥三架马车团队的组成，但流动性也一直是紧缩的。

并不存在一次强有力的信贷紧缩和 1947 年 8 月的措施在经济衰退的环境下主要对预期产生影响这两件事实说明，政府采取行动并不是出于国内政治考虑[18]。毫无疑问的是，在 1948 年大选之前形成一个社会共识的巨大压力在不断增加。同样真实的情况是，在 1947 年夏季构成政治多数的中间派政党认为，他们可以从新达成的价格稳定中获得好处。我们已经说明在上述措施通过之前，意大利经济的转折点已经出现。实

---

[18] 德·塞科（1968，第 132 页）持有相反的观点。他写道："意大利政府在 1947 年 9 月选择的路径无法用经济学原理来解释。通过引入强制性最低储备规定来冻结商业银行在财政部和中央银行的存款只能说是出于一种政治考虑。1948 年的选举越来越近，而且执政党表现出希望得到中产阶级和农场主的支持。后者不会受到通货紧缩的影响，因为他们是依靠农产品为生。只有当一直持续上升的价格能够突然停下来，前者才会再次对政府产生信心。"我们的观点是，这些措施主要受经济因素的推动，正如德·塞科本人在其著作中的其他部分（第 126 页）所认识到的。

施稳定计划的时间点主要受国际因素的制约，以及受 1947 年 5 月政府危机的影响，而不是受第二年春季大选的影响；上述措施并不是为了引发一次严重的经济衰退。

下面的内容我们将分析稳定计划的成本。

稳定计划的成本

在众多围绕 1947 年稳定计划的问题中最具争议的是关于该计划对意大利产出的影响。这方面的争论在意大利国内外都很激烈，涉及稳定计划的短期和长期后果。德·塞科（1968，第 133～134 页）对该计划做出了负面评估，至少在短期内是如此：

在 1947—1948 年冬天，价格下降而失业每天都在增加。1948 年 4 月 18 日的大选导致了中间党派联盟的明显胜利。但在随后的 3 年里，所有经济指标都表明意大利经济要为此次胜利付出代价。

另外，赫史曼（1948）、辛普森（1949—1950）、希尔德布拉德（1965）和巴菲（1965）则表达了非常不同的观点。赫史曼承认产出有显著的下降并警告说：

"制止一场严重的通货膨胀进程而又不造成经济衰退几乎是不可能的。"（第 605 页）

辛普森的分析更加深入，他认为如果考虑到季节性因素，则工业产出和失业都没有表现出一种趋势，即可以证明稳定计划造成了持续性成本假说的存在。希尔德布拉德（第 5 页）赞成辛普森的结论：

"稳定措施并没有造成产出的大幅度下降。工业产出在措施宣布后的两个季度内下降了 11%，但这部分是由于季节性因素。截至 1947 年底，工业产出已经超过 1947 年最高值的近 6%。"

巴菲的观点也是如此：

"经过季节性调整，工业生产指数在 1947 年最后一个季度下降了几个百分点并在随后的冬季里维持在这一水平。经过短暂上升之后，该指

数反映出水利发电量的短缺和受到年底国际经济衰退的影响。在 1949 年春季经济扩张的恢复更加稳定。"（第 276 页）

根据上述分析和一直超过 60% 的通货膨胀率在 3 个月时间里下降到零的事实，这场争论的天平应当是倾向于稳定措施总体上讲是非常成功的。这一点可以通过在 1938—1949 年实际收入增长与通货膨胀之间的关系来说明（图 4.3）。首先，实际收入增长从 4% 下降到 -30%，而通货膨胀从 5% 上升到 90%。在 1946 年和 1947 年，实际收入增长转为正，同时通货膨胀下降了 20 个 ~30 个百分点。在 1948—1949 年，价格上升幅度为零，而实际收入增长约为 7.5%。正如在第 1 章中已经指出的，这两个变量沿着东南/西北方向直线同向变动可以解释为总供给曲线在西北方向上出现显著变化的结果。1946—1947 年，供给曲线表现出第二次，同样是较大变化，但方向相反。这反映了新措施实施后的变化：在较短时间内使 60% 的通货膨胀率下降为零，同时又没有造成产出的大幅度下降。

从长期结果看，1947 年的决策使意大利获得了一个稳定的宏观经济环境，这有助于此后阶段的可持续经济增长，不被因周期性国际收支危机而采取的紧缩货币政策所干扰。在这方面，1926 年的稳定措施可以提供一个有参考意义的比较。1926 年稳定计划的成本—收益分析可能是不完全和不够深入的，因为没有考虑如果不实行稳定计划 30 年代可能存在的经济环境。类似地，评估 1947 年措施的成本不能忽视如果没有 1947 年稳定计划，50 年代会出现什么局面（格勒尼，1980，第 69 页；BI R. A.，1951，第 71 页）。

最后，在与国外的竞争中，意大利的工业部门处于一种有利地位，因为 20 世纪 20 年代和 30 年代所实行的大规模重组，以及该部门在战争中基本没有受损的事实。因此，预期总供给会出现大幅度下降是不合理的[19]。

---

[19]　这一点也解释了为什么 1947 年没有重复 1926 年出现的导致意大利里拉实际升值的情况。

外国批评

到了 1949 年，关于意大利经济政策的争论转向了失业问题。这主要是由《1948 年霍夫曼报告》的出版引起的，该报告在 1949 年 2 月提交给美国国会；也受到一份研究欧洲经济状况的文章所推动，这篇文章由联合国经济委员会（1950）撰写。这两份文件都批评意大利决策者对通货膨胀的重新出现和国际储备的流失所表现出的令人瞩目的"恐慌"。这两份报告认为这种恐慌在 1947 年而非 1948 年是有理由的，因此总体的经济政策，尤其是货币政策应当在帮助失业者恢复工作方面更加"积极"。

国际批评引发了当局在捍卫政府的"恐慌"和审慎立场方面的许多反驳。布瑞斯卡阿尼·图龙尼（1950）重申了 1947 年措施不具有去通胀的性质，并嘲讽了联合国经济委员会的分析：

"意大利的失业不是因为经济周期因素，而是由于劳动力与市场之间长期和习惯性的错配。恰当的措施可以减少这种失衡，但不能完全消除它。"（第 282 页）

辛普森（1949—1950，第 219 页）和国际清算银行赞同意大利的失业不具有凯恩斯学派的性质。

F. 鲁兹和 V. 鲁兹（1950）重点研究资本积累过程的战略重要性，因为这是刺激国内需求和永久性解决失业问题的另一种方法。V. 鲁兹（1950，第 360 页）和巴菲（1965，第 277 页）强调，意大利政府持续关注外汇储备水平不应当被认为是过分的。希尔德布拉德（1965，第 43 页）表达的观点是，意大利在 20 世纪 50 年代所经历的无通货膨胀经济增长证明了政府的建议是正确的，"包括诊断和治疗措施"两个方面。

我们认为针对 1947 年的稳定计划，主要阵营的争论更多的是强调当时学术观点的差异，而非是否总体认可 1947 年的稳定计划。与在意大利相比，凯恩斯学派及其主张似乎在美国更加流行。意大利的决策者远不是盲目恐惧通货膨胀，而是在制定和应用最优货币政策的基本原则。作为一个案例说明，意大利银行行长在其1948年的"最后致辞"中提出了货币政策作用的重要问题：

"我们不能预期货币政策解决所有这些与经济增长相关的根本性问题。解决这些问题主要是其他机构的责任，而且解决这些问题时要清楚，未来使用通货膨胀的做法是不能解决，甚至是缓解任何问题的。"（BI R. A.，1948，第207页）

简而言之，货币政策不应当用来解决影响意大利经济增长的供给侧瓶颈和结构性问题。如果想利用货币政策来解决此类问题，则不仅不会成功，而且会加剧通货膨胀。值得指出的是，为了理解这一概念的合理性和现代性，其他中央银行是在30年之后，也就是在所谓货币主义革命之后。

真实货币余额的重建

相对于产出而言，1948年至1949年货币总量的增长率较高，但为什么通货膨胀没有重现？答案是，对经济人来说有必要重新构建实际货币余额，因为在1943—1947年真实货币余额因高通货膨胀被大幅度削减。换句话说，在1947年以后，在面对过多货币需求的情况下，货币总量能够以较快和可持续的速度增长。1948年和1949年的货币流通速度相对于战前时期仍然较高；可能需要很多年，货币流通速度才能回到其历史趋势值[20]。

我们再来比较1926年与1947年的稳定计划。在1925—1926年，里拉出现实际价值贬值，政策目标是制止贬值预期。在1946—1947年，一般价格水平上升速度远快于货币增长速度，所以挑战是改变通货膨胀

---

[20] 见意大利银行（BI R. A.，1947，第233页；1950，第261页；1956，第356页）；布瑞斯卡阿尼·图龙尼（1950）；V. 鲁兹（1950）；国际清算银行（1950，第50页）。

预期。因此在佩萨罗讲话与 1947 年夏季的决策之间有相似性。

但是，在这两次措施中也有很大不同。"90 报价"的政策目标是持续重新估值，而不是制止里拉的名义贬值。结果是，货币存量不仅没有增长，实际上还下降了。在 1947 年，政策目标实质上是冻结价格水平。因此，需要重新补充实际货币余额，这是名义货币存量出现增长的必要条件。

1947—1949 年的里拉

在 1947 年 4 月，意大利和英国签订了一项协议；根据此协议，意大利接受英镑的自由兑换，并需要维持美元与英镑之间 4.03∶1 的交叉汇率（F. 鲁兹和 V. 鲁兹，1950）。该协议在第二年 8 月失效，因为英镑再次被宣布不可自由兑换。此后里拉兑英镑汇率开始升值，在 1948 年 1 月英镑价值最低下降到约 1700 里拉。由于里拉兑美元汇率在 1947 年底被固定在 575 里拉，所以美元/英镑平价下降到 3.0∶1。在 1948 年 11 月，意大利和英国恢复此前的协议，因此英镑兑里拉汇率也恢复了此前失去的价值。

在 1949 年中，里拉兑美元汇率大体处于均衡值（稳定在 575 里拉），但相对于他欧洲货币处于低估状态（BI R. A.，1949，第 67 页）。在 1949 年 9 月 18 日，英镑兑美元大幅度贬值到 2.80 水平，这引发了一系列贬值。意大利政府允许美元汇率上升，以防止里拉的升值和造成意大利出口产品国际竞争力的丧失（BI R. A.，1949，第 137 页）。10 月里拉—美元汇率被固定在 625，并在此后 20 多年里保持这一水平。

意大利银行、商业银行和政治

本章最后部分我们分析意大利银行与政治体系之间，以及意大利银行与银行体系之间的关系。这些关系随着新立法和经济环境的变化而不断变化。

1945 年 1 月 4 日通过的当年第一项政令是，"意大利银行行长、总经理和副总经理的任免，要基于政府总理协商财政部长并得到内阁同意后的提名"。这表明在中央银行的内部事务中有更多政治考虑，因此中央银行的独立性和权力都减少了。但是，在政治领域还有其他变化，当然更有实质性。首先，我们必须记住在战争结束时，意大利合并了工业企业融资联合会并承担了之前被解散的贸易和外汇部以及储蓄和信贷检查官办公室的职责。工业企业融资联合会自 1936 年以来一直存在，是 IMI 的一个附属机构，但根据 1945 年的一项政令被纳入意大利银行的管辖。中央银行行长也成为联合会的主席（BI R. A.，1945，第 44 ~ 45 页）。由于联合会此前可以与意大利银行办理再贴现业务，所以新体制使意大利银行可以更好地控制其基础货币。相反，贸易和外汇部则被解散，其部分外汇管理权移交意大利银行。这种制度变化的重要性很快就显现出来，因为意大利银行现在可以直接影响稀缺的外汇储备资源的分配。

意大利银行也从《1936 年银行法》修正案中获益。我们曾经指出，《1936 年银行法》将政治系统的权力置于货币政策和中央银行之上。这一权力的实施是通过部长委员会以及储蓄和信贷检察官办公室，这两个机构实际上是政治与货币政策之间的桥梁。两项政令极大地影响了这两个机构。1944 年 9 月 14 日通过的政令解散了储蓄和信贷检察官办公室，并将其职能转移到财政部，唯一例外是将监管信贷机构的职能转移到了意大利银行。实际上，部长委员会丧失了权力，因为它只能通过储蓄和信贷检察官办公室来行使权力。1947 年 7 月 17 日通过的政令新设立了信贷和储蓄跨部门委员会，这家机构承担了意大利的货币和外汇政策的职责。

所有上述变化都给予意大利银行更多权力和职责（马科尼，1979；明那维尼，1987）。德·塞科（1968，第 44 ~ 45 页）将新环境概括如下：

"《1936 年银行法》的基本功能是使银行体系受制于政府的战略计划。当政府的决策机构被解散之后，银行重新获得了自主权。真实情况是中央银行仍然受到政府的控制，因为货币政策仍然是部长委员会的职责。但是，该委员会不再有执行机构，因此货币政策决策权实际上授权给了中央银行。各位部长可以利用自己的研究部门，但这些研究部门暂时还没有建立。因此，中央银行行长处于非常有利的位置。他可以依靠组织良好的研究部门，而且掌握所有关于信贷、货币和外汇的第一手信息。"

另外，1947 年 3 月通过的一项法律正式批准意大利加入《布雷顿森林协议》，并明确了负责联系国际货币基金组织和世界银行的各部职责。这项法律还规定有关部门将部分职能转移到意大利银行，使意大利银行可以在国际会议上代表意大利，并可以直接接触到特定权限和有价值的信息。

我们曾指出，存款准备金制度极大地强化了意大利银行的地位。即使在 1947 年以前，意大利银行已经开始强化其在银行体系中的作用，方法是发展地方银行，因此扭转了银行业集中化的趋势。

就意大利银行与财政部的关系而言，特别贷款正式得到许可，但必须是在紧急情况下和经过特别法律授权；而一般贷款必须维持在法律规定的限额之内。1936 年 12 月通过的一项政令（第 5 章）修正了上述法律规定：

"当政府具有例外性质的特别需要，并要求意大利银行向财政部提供贷款时，如果财政部部长与意大利银行行长之间达成一致意见，就可以以国库券为抵押品提供资金。"

换句话说，这项政令取消了特别贷款的最高限额并且以财政部长与中央银行之间的一份"协议"替代了特别法律授权。结果是，财政部正式剥夺了中央银行所有控制基础货币创造过程的权力。在 1947 年所有这些做法都与货币稳定和实行存款准备金的政策相矛盾。由于 1947 年 12 月和 1948 年 5 月通过的两项政令，这种矛盾得到了部分解决。尤其是，第二项政令规定，财政部可以要求从中央银行得到最高不超过经过批准的预算支出15%的贷款；如果最终超过此限额，则必须在20天内压缩至限额之内；如果不能回到限额之内，则意大利银行可以拒绝任何新贷款："没有新的和明确限额的立法批准，意大利银行不得向财政部提供任何新的特别贷款。"从本质上讲，"向财政部提供特别贷款的权力和最终职责被转移到了议会"。（钱姆皮，1983，第91页）

这项新立法只是使意大利银行部分恢复了以前的权力，并重新获得控制基础货币创造的自主权。为了捍卫意大利银行的独立性，新的《共和国宪法》第81条规定，所有支出决策必须同时说明相应资金来源[21]。

意大利银行利用了工业生产已经复苏的有利时机。货币政策承担的重要和合法职责是，确保价格和外汇的不稳定不会影响到国内经济的增长以及意大利出口产品在国际市场上的扩张。从这一点讲，在重新明确货币政策权力及其保持稳定的能力的方面，1947年的措施被证明是非常有价值的。

最后，除了使用对通货膨胀的"担心"作为一种政治策略外，意大利银行也配备了有能力的高管层。在两次大战期间，意大利银行的高级管理人员屈服于经济部部长们（德·斯特芬尼、沃里皮、朱和萨奥·迪·瑞弗尔）施加的压力；这些部长有很强的性格特点、技术能力并与国内外金融界有密切的联系。第二次大战之后，局面发生了逆转：这时是恩诺蒂和梅尼赫拉行长具有很强的性格特点、技术能力和与国内外金融界有密切联系；而经济部长们的技术能力较差，甚至对自己的政治使命都不确定。

结　　论

本章解决两个主要问题。第一个是实际、财政和货币冲击对金融体

---

[21] 我们将会看到在20世纪70年代当财政部重新确立其相对于意大利银行行长的主导地位时，这种机制如何变得无效。

系的影响，这些冲击与第二次大战相关。就冲击对里拉的国内和国际贬值过程的定量影响而言，这一时期在本书所研究范围内具有特殊性。这是由于总供给曲线的大幅度向上移动、法西斯政权的政治—行政管理—军事的崩溃，以及货币流通速度的快速上升。

从整体看，上述事件造成货币和价格增长率比 131 年的历史平均值分别高 3 倍和 5 倍；产出平均增长率仅为历史平均值的四分之一；宏观经济变量在增长过程中非常不稳定。

第二个问题涉及 1947 年的稳定计划，该计划迅速终止了很可能导致恶性通货膨胀的局面。尤其是，我们认为政府在 1947 年夏季采取的措施可以更早一些。我们详细分析了政府可能谋划了通货膨胀进程，并表示我们不赞同对此问题多数文献研究的结论。我们的解释是，1947年的稳定计划并非完全是一个意外，计划本身也没有导致信贷和货币的大规模紧缩；由于该计划主要影响通货膨胀预期，所以对意大利经济来说，该计划的特点是有利的成本—收益关系。

本章的最后部门集中于战后三个重要问题：市场需要重新构建真实货币余额，因为高通货膨胀已经大幅度削减了真实货币余额；管理中央银行的高管层具有很高声誉，并且对银行家和政治家们的影响越来越大；社会总体上希望货币稳定。根据这一背景，就比较容易理解 20 世纪 50 年代的货币变化，我们将在下一章对此进行分析。

第7章
20世纪50年代和60年代

导 论

本书研究的最后40年中有两个重要的标志性事件。第一，在20世纪60年代与70年代之间，以及70年代至80年代之间，意大利货币体制经历了两次巨大变化，涉及货币政策中间目标和最终目标的选择。第二，在80年代，意大利银行不再顺从于政治体系。因此，这是历史上的首次，货币政策与财政政策出现了冲突，此后这种冲突开始频繁出现。

在本章中我们分析1950—1969年的情况，在此期间货币政策调整为一种长期战略，至少在前10年是如此；货币政策保证了几乎是绝对的价格稳定；货币政策推动了意大利经济正常和持续的增长。第8章将研究20世纪70年代的情况，在此期间货币政策更侧重短期而不是长期视野；货币政策不仅未能克服国内外的冲击，而且自身成为不稳定的一个因素；货币政策导致了在和平时期前所未有的通货膨胀过程。货币当局没有追求价格稳定目标，而是将就业作为最主要目标。另外，设立一个实际上给予政府贷款绝对优先权的新中间目标，因此货币当局默认了一种财政政策主导的体制①。第9章分析20世纪80年代的情况,并给出我们对第二次剧变性质的看法。第二次剧变是一次逆潮流事件,造成了货币政策冲突中一系列的创新,但最突出的是使货币当局摆脱了财政当局的影响②。

为了突出20世纪60年代结束时的结构性变化,我们首先分析一些关键变量的演变。然后我们重点研究1950—1969年的情况,定量分析这些变量的变化以及与交易方程式及货币创造过程的关系。1950—1969年大体上与布雷顿森林时代同步。这一时期有两个明显的阶段:一个是货币不可自由兑换阶段(1950—1957年),另一个是货币完全可自由兑换阶段。本章中我们遵循这一划分,并将针对自由贸易和里拉对外自由兑换的政策与实行固定汇率体制的一般实践区分开来。在分析了固定汇率体制下货币创造的过程之后,我们在本章结束时论述在1958—1969年货币自由兑换条件下,经济周期与外部约束和货币政策之间的相互作用。

20世纪50~60年代与70年代

20世纪60年代结束时的突变可以很容易地通过分析财政和货币变量来确认。在财政变量方面,1950—1969年,预算赤字保持在低水平,而且占国民收入的比重稳定在2.8%左右。相反,在此后几年里,预算

---

① 货币政策的这些中间目标或最终目标变量(基础货币、货币存量、价格、汇率、利率和铸币税)的变化表明,在20世纪60年代结束时与70年代开始时这段时期出现了机制性转变。因此,我们决定将50年代和60年代与70年代分离开来。实际上,意大利的货币政策早在1960年就失去了重心,这一年圭多·卡里接替唐纳托·梅尼赫拉担任意大利银行行长。

② 同样在此情况下,理论的修正是在事件的实际转变之前。实际上,一些关键性变化(如意大利银行与财政部的分离、实际利率的上升、通货膨胀的下降和不希望里拉持续贬值等)是观念转变的具体结果。这一转变可以追溯到1975年保罗·巴菲接替圭多·卡里担任意大利银行行长。总之,有两个重要转折点,一个是在20世纪60年代卡里接替梅尼赫拉;另一个是在70年代结束时巴菲接替卡里担任意大利银行行长。

赤字迅速增加，并在 70 年代结束时达到了占国民收入比重超过 22% 的水平（表 1.4 和图 1.4）。

在货币变量方面，基础货币的增长率在 1969 年以前是趋于下降的（图 2.2）。这一趋势在 1970 年出现逆转；1970 年至 1978 年，基础货币增长率从 8% 上升到 22%。预算赤字与基础货币增长之间呈正相关关系。对货币存量增长的观察结果也类似。尤其是，1969 年代表着一个历史性阶段的结束，这一阶段的特征是增长率呈现越来越低的趋势。从 1970 年开始，货币存量增长非常迅速，在几年时间内从 11% 上升到 21%[③]；年度增长速度从 1979 年开始放缓。

产出增长率没有出现特定转折点，尽管很明显的是，由于第一次石油冲击和 1975 年的衰退，70 年代的平均经济增长率要低于其他时期（图 1.3）。因此，随着我们从 20 世纪 50 年代和 60 年代进入 70 年代，在货币总量与实际产出之间越来越呈现出差异化的趋势。因此毫不奇怪，在经过 20 年平均值为 4%～5% 的波动之后，通货膨胀在 60 年代结束时开始上升，并在 1980 年时达到近 20% 的水平（图 1.2）。

在第 1 章中我们曾指出，意大利 20 世纪 70 年代的通货膨胀不能主要归咎于国际因素。需要明确的是，工业国家的核心通货膨胀都出现上升，但意大利的通货膨胀率与美国的差异之间有很强的正相关关系（表 1.2）。除了平均通货膨胀率较高外，意大利经济与美国经济相比，也明显更加不稳定，而在 70 年代美国经济在工业化国家中并非最稳定的。

从统计上讲，汇率的突变时点正好是布雷顿森林体系结束时，而且出现的时点要晚于通货膨胀率差异的突变点。实际上，里拉的美元价格一直稳定在 600～625 的水平，直到尼克松总统在 1971 年 8 月决定终止美元与黄金之间的自由兑换。此后，汇率先是略微下滑，然后开始上升，并在 1976 年上涨了近 25%；在第二年美元汇率达到了 882 的最高

[③]　在这种情况下，最大价值出现在 1975 年，而不是 1978 年，当时基础货币达到了最高水平。

值。总体上看，汇率的变化长期内跟随通货膨胀率差异的变化。但在较短时期内，这两个变量之间有较大和持续的偏离；尤其是 1976 年至 1980 年，里拉的实际价值先是大幅度贬值，然后是升值。

实际利率以及与美国实际利率之差，在 20 世纪 50 年代和 60 年代仅在少数时间是负值；但在 70 年代则正好相反。这种现象反映了意大利的金融分隔和对资本流动及外汇市场的管制，正是通过这些手段达到了隔离的目标。金融分隔又使当局更加容易获得更多的铸币税。在 70 年代铸币税占国民收入的比重攀升到 6%，1976 年更达到了 15%（图 2.7）。

在结束简短的数据浏览时，我们要指出的是，通货膨胀进程的不断恶化及其与失业率之间替代关系的改变，可以通过菲利普斯曲线生动地说明，如图 7.1 所示。20 世纪 70 年代的观察值位于所有其他观察值的东北面，这增加了这 10 年时间的特殊之处。

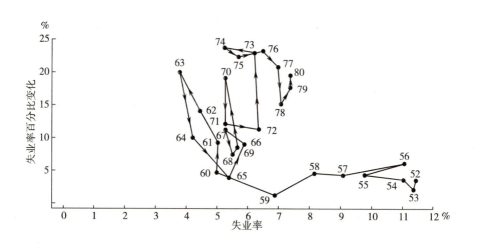

资料来源：失业数据来自"国际职业分类标准"（ISCO）；工资数据来自意大利统计局。

图 7.1　菲利普斯曲线，1952—1980 年

1950—1969年的子时期：定量概览

我们现在将1950—1969年放入一个更长期间来研究[④]。平均讲，货币和收入分别增长了18%和160%，均比本书所研究的整个时期要高；但价格上涨幅度仅有整个时期的一半。货币流通速度下降幅度（−3.2%）几乎是整个时期平均水平（1.7%）的一倍。因此，20世纪50年代和60年代的特征是经济的强劲增长和低通货膨胀水平。

经济高速增长的年份同时也是经济环境波动较小的时期。显然，这不意味着经济周期消失了。例如，货币增长速度1950年是16%，1957年是8%，1962年是15%，1964年又是8%。价格水平的变化与货币增速类似。根据官方的统计，1961年1月至1965年1月，产出显著下降。最后，货币流通速度在1962年、1959年至1961年和1965年至1968年都低于趋势值。

政府支出占国民收入的比重从1950年的22%上升到1968年的27%。税收收入的增长相对正常。与期末相比，预算赤字占收入的比重在这段子时期的初期较高（图1.4）。赤字货币化比例在1959年以前逐步下降，然后开始上升，使这段子时期的平均值与长期历史趋势没有差异。

受基础货币的快速扩张（9.6%）的推动，货币存量年平均增长速度达到了12.4%。货币乘数的增速虽然小于基础货币增速，但相对于长期历史情况也非常高，对快速增长的货币存量年均贡献了2个百分点。快速和同时出现下降的k、rr和re使上述情况成为可能（表2.1）。

---

④ 还有其他一些考虑使我们将第一个子时期的结束时间定在1969年。第一，这一年发生了从固定汇率向浮动汇率的转变。对像意大利这样一个相对小的开放经济体而言，如果当局认为国际储备是对其行为的唯一约束时，则国际货币体系的变化一定产生重要影响，包括货币政策制定和实施的水平。第二，本次石油冲击之后，意大利的贸易条件出现了显著恶化。最后，意大利经历了所谓的"炎热秋季"，其影响极大地和永久性地改变了国内的劳动力市场。

而这又反映了意大利正在进入一个更加成熟的金融经济阶段的事实。

20 世纪 50 年代：贸易正常化和货币稳定

在研究 20 世纪 50 年代的情况时，我们将重点放在三个方面：走向自由贸易、货币政策的实施和里拉恢复对外自由兑换。

自由贸易的进展

针对贸易自由化问题，1950 年意大利采取了一项重大决定。7 月 15 日，39% 的进口制成品可以自由进入意大利。这是 1949 年自由化措施的继续，1949 年的自由化措施涉及 11% 的制成品、77% 的原材料和 52% 的农产品。在同一天，新的从价关税规则替代了原有的配额制。9 月 20 日，无限制进口商品的比例进一步提高：制成品提高到 66%、原材料提高到 82%、农产品提高到 73%。这使意大利成为 OECD 成员国中贸易自由化的领导者。在随后几年里这种领袖身份得到进一步加强：到 1953 年，99.7% 的意大利进口商品都没有限制，而德国是 92%、英国是 75.3%、法国是 52%。

贸易自由化是政府的一项深思熟虑的政策，其目标是提高意大利产业的竞争力，这一点可以从意大利银行行长梅尼赫拉的下述声明（BIR. A.，1953，第 402~403 页）中清楚地看出：

"通过出口补贴，或向出口商提供大额长期信贷支持，或通过实行高关税或甚至是配额政策等可以实现国际收支平衡，这是一种简单的和反复出现的幻觉，我们必须打破这种幻觉。这些措施受到一种纯粹简单化的国际收支观点的影响，无助于解决我们的根本问题。解决我们的问题只能是通过在国际市场上进行真实而非人为的能力竞争来使我们的生产部门（工业和农业）更快发展和变得更加强大。为了实现此目标，这些部门应当更加欢迎，而不是反对外部竞争。"

除了对工业部门施加压力以满足更高标准的国际竞争外，自由化也是基于历史机遇主义者的观点，即意大利的制造业是有效率的而且在战争中几乎没有受到破坏，应当利用好在国际市场上的巨大历史机遇。在某些领域，人们担心自由贸易会使意大利更容易受到国际周期性因素的冲击。但稳定的货币和可观的外汇储备似乎可以提供针对上述风险的充分保障。

一个不应当忽视的问题是，意大利是 1950 年欧洲支付联盟（EPU）的热情的签字国，而且意大利人圭多·卡里被任命为这一机构理事会的主席。欧洲支付联盟非常成功，不仅将此前已经开发的欧洲各国双边贷记和借记体系多边化，而且创造了一个更加开放的贸易环境。贸易自由化的功劳主要应当归功于美国政府，美国政府利用马歇尔计划的"胡萝卜"积极地推动自由化进程（卡里，1993，第 95～101 页）。

货币稳定

20 世纪 50 年代初期受朝鲜问题相关事件的影响，稳定的货币和充足的外汇储备的重要性变得非常突出（巴菲，1965）。意大利继续实行稳定的货币政策，而多数其他国家则不得不实行紧缩政策。1955—1957 年出现了类似情况，当时发生了严重的国际经济衰退，而且由于苏伊士政治危机而加重，二者造成通货膨胀的压力和外部失衡。即使在这种局面下，意大利的货币条件基本保持不变，而其他国家不得不采取限制性货币政策。在 1958 年，为了应对工业产出的下降，其他国家的货币政策变得非常宽松；但意大利设法只进行了非常小幅度的向下调整，贴现率仅仅下降了 50 个基点。

50 年代的货币政策没有表现出很大变化，而此后 20 年的特征恰恰是货币政策的巨大波动。许多作者，尤其是巴菲（1965，1973）和阿克雷（1972）对此问题有详细研究。阿克雷（1972）表示了惊讶：在整个这 10 年里意大利银行从未被迫干预过公开市场操作，而且只调整了一次官方贴现率和存款准备金率。

意大利货币政策的规律性部分是由于政策实施的方式，部分是由于有利的经济条件有助于货币当局完成任务。总体上讲，货币政策确定了长期目标，即在国际收支平衡条件下保持价格稳定。我们曾指出，在固定汇率体制下，基础货币的外国和国内构成之间有负相关关系。当过多的国内货币通过经常账户的赤字和/或净资本的外流（也就是通过外汇储备的减少）溢出到其他国家的市场时，这种负相关关系就会出现（有关这些问题的研究，见弗拉迪阿尼和斯宾里尼，1984）。然而，货币政策确实曾尽力缓解储备变化造成的对货币总量的压力。但还有第二个原因造成了基础货币的外国与国内构成之间负相关关系：货币当局希望延缓或避免货币刺激从一个国家传导到另一个国家。这两种影响在20 世纪 50 年代都存在。正如巴菲（1965，第 35 ~ 53 页）指出的，意大利银行的对冲操作是非对称的，而且仅仅是单向的，因为当外汇储备增加时，意大利银行会扩张货币，但当储备减少时却不紧缩货币。

过去货币政策措施的经验、意大利银行对银行体系的有力掌控和中央银行新从财政当局获得独立性等都是有利因素，使得货币政策能够比较容易地保持稳定。1945—1947 年高通货膨胀之后的稳定计划的积极影响也在很多方面发挥了作用。我们已经指出过，由于具有管理大量外汇储备的权力，所以当局获得了行动的灵活性。此外，在 20 世纪 50 年代初期，市场参与者都在重新构建其真实货币余额；对因收入因素而导致的对金融资产的需求快速增加；审慎的财政政策减少了政府证券的供给；最后是市场预期倾向于价格稳定等。在这种环境下，货币当局利用其信誉可以使财政当局处于一种审慎的状态。

梅尼赫拉行长本人阐述了中央银行与信贷机构之间的关系（梅尼赫拉，1956）。梅尼赫拉概括了意大利银行可以使用的政策工具：向信贷机构提供贴现和贷款便利；根据需要由意大利外汇局向信贷机构提供外汇贷款，而意大利银行行长是外汇局负责人；可以制定和发布关于银行外汇负债的指令；有权放宽银行资本—贷款比率；有权影响银行在中央银行的存款数量。

全套货币政策工具如此丰富以至于不需要借助于改变存款准备金

率。正如梅尼赫拉行长所言，意大利银行似乎偏好道义劝告，这是基于中央银行的崇高地位和对信贷体系的制度管理权限，因此只有当其他方法失效时，才会采取调整存款准备金率的措施：

"如果商业银行不遵守意大利银行建议的情况变得明确无误时，中央银行会毫不犹豫地提高法定存款准备金率。"

通向自由兑换之路

20 世纪 50 年代开始时，货币自由兑换变成了一个重要问题，因为这在当时被视为是一般性贸易自由化的自然补充，甚至是前提条件，也是特定的英镑区与美元区之间经济一体化的自然补充或前提条件（德·安吉里斯，1982c，第 230 页）。我们已经强调了欧洲支付联盟和美国政府在贸易和货币自由化过程中所发挥的重要作用。针对货币自由兑换的第一项具体措施出现在 1953 年至 1954 年。当时意大利仍然实行多重汇率体制，目的是支持其自由贸易政策。当局根据进口或出口贸易、不同的原产地国家或目的地国家，以及商品类别，实行不同汇率（霍布里克，1959）。

1955 年 1 月实施了多项重大创新，表明政府希望推动里拉的自由兑换。外汇交易的税收降低了，而且如果愿意，出口商可以使用其50% 的瑞士法郎收入。1956 年 2 月，在意大利有投资的非居民可以将初始投资资本和相应利润按照官方汇率汇出境。在 6 月建立了一个外汇现钞的自由市场。在 3 月，当局确定了里拉与欧洲支付联盟国家货币之间的固定汇率。在 7 月，授权银行可以进行外汇交易。卡里（1993，第120～123 页）认为这一决定毫无疑问就是创建了一个真正的外汇市场，尽管受到了意大利外汇局的严格监管。法律使得规则透明，即没有明确允许的就被认为是禁止的；在 20 世纪 80 年代结束时取消了对外汇市场的管理之前，这一规则一直有效。1 个月之后，出口商可以选择在自由市场上出售其全部外汇收入。

1957 年 2 月，双边支付体系结束，可以开设多边里拉外汇账户。

1958 年 12 月，当《欧洲货币协定》（EMA）规定成员国政府必须兑换非居民持有的本国货币时，里拉与其他欧洲货币之间就实现了实际自由兑换。当时，美元—里拉汇率被固定在 625，干预的上下限是 ±0.72%（买入价是 620.5，卖出价是 629.5）。对其他货币的干预上下限通过隐含的三角套利关系确定。1960 年 1 月 28 日，意大利银行被授权确定黄金储备的价格是每克 703.29 里拉，这相当于 1 美元兑里拉的平价是 625[⑤]。黄金储备价值的升值部分上缴了财政部。

1959 年采取的两项决定进一步放宽了外汇交易：本国公司可以购买经营目标相同的境外注册公司的股票；意大利商业银行相互之间可以开设外币账户。

货币当局对里拉自由兑换的态度反映了当时流行的对完全无限制资本自由流动的不信任（BI，最后致辞，1959）。梅尼赫拉行长排除了为了提高外国持有意大利政府证券而实行里拉自由兑换的可能性。梅尼赫拉行长清楚外国持有大量意大利国债对货币政策的制约性影响；无限制的资本流动会迅速影响外国持有的意大利国债份额，正如 19 世纪经常发生的情况（第 3 章）[⑥]。梅尼赫拉行长对资本自由流动（尤其是短期资本流动）的保留态度，在前面提到的"最后致辞"第 339 页的如下引言中有明确的反映：

"尽管由于外汇储备的改善，现有逐步和充分地减少限制是合乎逻辑的做法，但我们还不能允许意大利的境外投资无限制自由。实际上，这些外汇储备构成了新投资的基础；为了改变目前仍然不确定的经济衰退局面，我们认为这些投资应当在不久的将来进行。"

关于里拉的外部自由兑换，有两个相关问题变得非常重要。第一个是关于在开放经济情况下货币供给的决定；第二是意大利对外开放的方式对货币政策的制约。在下面几节中我们将分析这些问题。

---

⑤ 在 1959 年 10 月，意大利向国际货币基金组织的缴款从 1.8 亿美元增加到 2.7 亿美元。意大利向国际复兴开发银行的缴款也增加了 1 倍，达到 3.6 亿美元。

⑥ 德国在 1931 年和 1959 年，英国在 1947 年和 1957 年也经历了类似情况。

开放经济体的货币供给过程

货币创造过程涉及货币当局、银行体系和公众之间的互动。当局会受制于财政赤字和国际收支失衡的规模。虽然当局可以对预算失衡的长期结果施加某些影响和可以选择汇率制度，但从日常货币政策实施角度讲，必须将这些因素视为是制约条件。当局也可以通过制定监管法规来制约银行体系和公众的行为，比如 1947 年的存款准备金立法。最后，银行业可以集体决定是否设定对竞争的限制，如银行间关于固定利率的协议，包括存款和贷款两个方面⑦。

到目前为止我们针对货币供给决定过程采取的分析框架相对简单。由于已经在第 2 章深入讨论过，所以这里我们仅重申一些突出点。货币数量的定义是基础货币与货币乘数之积。货币乘数等于 $[(1+k)/(k+rr+re)]$，基础货币等于国内和国外构成之和。

现在我们必须超越到目前为止一直使用的分析框架，更深入地分析开放经济体的货币创造过程。我们首先引入调整后的基础货币（BMA），即基础货币减去商业银行从意大利银行的借款和从世界其他国家的借款。这样做的原因是意大利银行不能直接控制商业银行的国内借款（尽管意大利银行可以通过成本和可获得性来影响这类借款）。在开放经济条件下，净外国借款是国内借款的替代品；因此，净外国借款也不在当局的直接控制之内。

总之，意大利银行可以控制 BMA，而不是总的基础货币。对于一个给定的基础货币的外国构成（BF）而言，通过调整财政部构成（$MBTR$）水平，当局可以达成一个合意的 BMA 水平。但固定汇率的制约使得货币当局无法在长期内控制 $MBTR$ 和 BF 的合计值。当局可以单独影响 $MBTR$，但必须承担改变 BF 的后果。扩张 $MBTR$ 的决定受到最

---

⑦　商业银行之间关于存款利率支付和贷款利率收取的协议不仅是一种普遍接受的做法，也得到了货币当局的批准。

大可持续国际储备流失的限制（*BF*）⑧。在短期与长期之间，当局可以努力达成一个合意的国际储备水平。在这种情况下，*MBTR* 就变成了当局必须控制的战略变量，而 *BF* 则反映了国际收支的状况以及当局决定对冲国际储备变化的结果。与长期内发生的情况相反，固定汇率对货币政策形成的制约取决于国内与国外金融资产的可替换性程度。国际收支货币理论的最终影响，即在固定汇率体制下不可能控制总的基础货币，取决于这种可替换性是否完全的特征。但如果可替换性是不完全的，则当局可以在中期内达成合意的 *BMA* 水平（弗拉迪阿尼，1976）。

为了进一步说明上述观点，我们假设 *MBTR* 中增加 1 个里拉影响到了价格、收入和利率，而这些变量又会对国际收支的不同账户造成影响，由此 *BF* 减少了 1 个里拉。在上述情况下，假如货币乘数没有任何变化，则货币政策是完全无效的。这就是著名的国际收支货币理论的影响：货币政策完全受到固定汇率体制规则的制约。这也是如下模型的长期影响，即该模型中的国内外资产在短期内不是完全可替换的。

只要 *MBTR* 的变化与 *BF* 的变化之间的替换系数不等于 −1，则货币政策就是有效的。如果这一系数介于 −1 与 0，则货币政策就会在"正常"方向上发挥作用，对油门和刹车造成一般性影响。资本账户相对低的利率弹性和/或经常账户相对低价格和收入弹性可以保证"正常"条件是成立的。还有可能的情况是替换系数代数值小于 −1。这种情况的产生可能是由于 *BF* 对价格、收入和利率变化的超敏感性响应。这时货币政策仍然是有效的，但却是以一种反常的方式：与"正常"情况下相比，刹车和油门会以相反方式发挥作用。

根据上述情况，我们给出货币供给方程式的另一种形式如下：

$$M = ma(MBA) \tag{7.1}$$

$$ma = (1 + k)/(k + rr + re - bh - bf) \tag{7.2}$$

$$MBA = BD - ABI - ARW + BF = MBTR + MBF \tag{7.3}$$

---

⑧　一国可以借入外汇并使 BF 仅仅在短期内变为负数。

其中的新符号具有如下含义：MBA = 调整后的基础货币；ABI = 商业银行从意大利银行的借款；ARW = 商业银行净国外借款；MBF = 调整后的基础货币国外构成；bh = ABI 占存款的比率；bf = ARW 占存款的比率。

公众与银行展开竞争以决定现有基础货币供给的市场份额。存款准备金规则对银行的基础货币需求有一个最低数额。银行可以通过从中央银行借款（ABI）或从世界其他国家借款（ARW）来增加储备金。对银行来说，这两种构成是可以互换的，互换的程度取决于国内和国外的利率以及从意大利银行的借款成本。在意大利，公布的贴现率仅仅是从中央银行借款总成本中的一部分。意大利银行长期以来一直都更多地将银行借款视为一种特权，而不是一种无条件的权利。因此，意大利银行更偏好通过数量限额而不是提高官方贴现率来控制 ABI 的扩张。在 1969 年 8 月之前的 12 年里，官方贴现率一直保持在 3.50% 不变⑨。

意大利银行对 ARW 也实行非价格性的约束。银行通常被告知其净外汇头寸要为"零"。在其他时候，当银行是资金的净输入情况时，则银行被禁止将外汇储备兑换成国内储备。换句话说，中央银行对冲了银行持有的外汇储备。最后，当银行是资金的净输出情况时，银行则可以将外汇储备兑换成国内储备，但数额不得超过其净外汇头寸。

为了更好地理解对冲银行持有外汇储备的后果，我们将国际收支盈余定义为：

$$BOPS = T + K$$
$$= d[FRCB + sFRB] + d[(1-s)FRB + FAB - FLB] \quad (7.4)$$

其中，$BOPS$ = 国际收支盈余；T = 经常账户余额；K = 资本账户余额；s = 银行持有外汇储备可以兑换成里拉的比例；$FRCB$ = 货币当局持有的外汇储备；FRB = 银行持有的外汇储备；FAB = 银行持有的外汇资产；FLA = 银行持有的外汇负债；d = 一价微分运算因子。

---

⑨　在 3.5% 的最高点，银行会受到递减规则的管理；从最低 4% 开始，并根据规模、存续期和贷款的频率逐渐上升。

表达式 $[FLB - FAB - (1 - s) \times FRB]$ 等于 ARW。意大利的国际储备数量由 $FRCB$ 和 FRB 的合计数决定；基础货币的国外构成是 $FRCB$ 与 $sFRB$ 的合计数；国际储备与 BF 之差即 $(1 - s)$ FRB 表示当局对冲的数额。如果当局不进行对冲，则 $s = 1$，国际收支盈余 $BOPS$ 全部转为基础货币的增加。如果当局进行对冲，则 $s < 1$，$BOPS$ 没有全部转为基础货币的增长。因此，要求信贷机构平衡其净外汇资产的规则可以用对冲政策来重新定义。当一家银行是资金的净输入者时，即当 FLB 超过 FAB 与 FRB 的合计数时，持有的外汇资产就不能兑换成里拉，因此 s 就等于零。另外，如果银行是资金净输出者（即当 FLB 小于 FAB 与 FRB 的合计数）时，外汇储备可以兑换成国内货币，但不得超过这家银行的净资产头寸。总之，当局可以改变外部货币失衡影响 BF 及其基础货币的程度[⑩]。

一般来说，意大利银行会通过对冲储备流入（即 $s < 1$）和引导银行成为资金净输出者来应对国际收支盈余。相反在国际收支赤字时期，意大利银行则会提高 s，同时取消对银行将国外资金转移到国内的限制。

为了说明开放经济体的货币供给如何不同于封闭经济体的情况，我们使用自由兑换之后时期的季度数据，即 1958 年到 1969 年。季度数据比年度数据具有的潜在优势是可以揭示银行将国内储备替换成外国储备的程度。计算方法与第 2 章中使用的类似。表 7.1 给出了货币增长的各决定因素贡献的样本平均值，使用另一种方式计算得出。

下面是一些显而易见的结论。第一，与封闭经济体相比，在固定汇率的开放经济体情况下，货币乘数对货币增长的影响更大；而基础货币的情况正好相反。第二，在开放经济体情况下，银行体系可以从中央银行或从其他国家借款。前面的解析表明，国内与国外的借款是可以替换的。第三，在封闭经济体或实行浮动汇率的开放经济体情况下，货币当局可以直接控制 MB 和 rr；这两个变量可以解释 1958—1969 年 79% 的

[⑩] 公式 (7.4) 的定义类似于众所周知的基于官方结算的余额，两者之间的差异是商业银行净外汇资产头寸的变化。

平均货币增长率。但在开放经济体情况下,货币当局仅能控制 MBTR (即基础货币的国内构成减去银行的国内借款)和 rr;这两个变量可以解释50%的平均货币增长率。由此得出的推论是,与封闭经济体和实行浮动汇率的开放经济体相比,在实行固定汇率的开放经济体情况下,货币控制的难度更大。为了达成固定汇率制度下的货币增长目标值,当局必须用 MBTR 的恰当变化来冲销 MFB(BF 与 ARW 的合计)、k、re、bh 和 bf 的变化。最后,在47个季度中 MBTR 和 MBF 在21个季度里变化方向是相反的,尤其是在1963年和1969年,当时意大利出现了巨额国际收支赤字。但在整个12年里,MBTR 和 MBF 的平均贡献是正数。总之,开放经济体的货币供给过程表明,银行具有很多借款机会,而且货币当局控制货币存量的难度加大了。

表 7. 1　　年度增长率,1958 年第 2 季度至 1969 年第 4 季度

封闭经济体模型	开放经济体模型
货币 = 12. 9	货币 = 12. 9
$k = 1. 51$	$k = 1. 84$
$rr = 0. 42$	$rr = 0. 48$
$re = 1. 26$	$re = 1. 37$
交互作用 = 0. 04	$bh = 0. 84$
MB = 9. 74	$bf = -0. 68$
	交互作用 = -0. 09
	$BD = 8. 01$
	$ABI = -1. 97$
	$BF = 2. 72$
	$ARW = 0. 15$
	交互作用 = 0. 21

下面我们将给出意大利中央银行尽力推迟或避免因固定汇率制度而引起自动货币供给调整的具体例子。具体讲,我们将重点分析在对冲外汇储备流动对货币存量所造成影响时,货币当局的动机和所用技术。

货币政策和国际收支约束

在 20 世纪 50 年代，由于处于有利的经济条件下，以及货币当局的审慎性和追求长期目标的做法，所以外部约束在货币政策实施过程中关系不大。意大利银行从不需要采取严格限制性措施来压缩国内需求。货币政策的稳定性是最终结果。

在 60 年代，以及更多的是在 70 年代，货币政策变得不够审慎；因为这期间货币政策有很多过于雄心勃勃的目标，而且更注重于短期结果。积极主动的货币政策导致了国际收支危机，这又造成政策的反转。

从讨论特定历史事件过程中，将会得出我们关于货币政策是加速外汇危机的一个决定因素的观点。其他证据来自中央银行的响应方程式的学术研究。尽管在方法、时间区间、数据和评估方式上有差异，但我们的结论是，意大利银行主要关注国际储备变化，当国际储备偏离其合意水平时就做出反应[11]。另外，我们的研究表明，意大利银行违反了固定汇率体制的"游戏规则"，方式是对银行体系的资产负债表实行限制，实质上是改变了对冲参数 s 的数值（表 7.2）。

表 7.2　　对冲操作的两个指标，1958—1969 年（10 亿里拉）

参数 s 年份/季度	对冲	对冲的储备
1958 年第 1 季度	1.00	0.0
第 2 季度	1.00	0.0
第 3 季度	1.00	0.0
第 4 季度	1.00	0.0

---

[11]　见弗拉迪阿尼（1971）、图里奥（1977，1981）、比尼·斯马赫和塔丁尼（1983）。

续表

年份/季度　　　　参数 s	对冲	对冲的储备
1959 年第 1 季度	1.00	0.0
第 2 季度	1.00	0.0
第 3 季度	1.00	0.0
第 4 季度	1.00	0.0
1960 年第 1 季度	1.00	0.0
第 2 季度	1.00	0.0
第 3 季度	0.93	149.7
第 4 季度	0.93	163.1
1961 年第 1 季度	0.92	185.4
第 2 季度	0.92	195.9
第 3 季度	0.92	198.0
第 4 季度	0.92	205.8
1962 年第 1 季度	0.92	216.7
第 2 季度	0.92	217.2
第 3 季度	0.93	199.0
第 4 季度	0.99	0.4
1963 年第 1 季度	1.00	0.0
第 2 季度	0.99	0.4
第 3 季度	1.00	0.0
第 4 季度	0.86	392.5
1964 年第 1 季度	0.90	238.8
第 2 季度	0.93	177.0
第 3 季度	0.89	297.0
第 4 季度	0.90	283.3
1965 年第 1 季度	0.92	219.3
第 2 季度	0.95	131.8
第 3 季度	0.98	41.5
第 4 季度	0.94	208.9

续表

参数 s 年份/季度	对冲	对冲的储备
1966 年第 1 季度	0.93	241.0
第 2 季度	0.92	283.4
第 3 季度	0.93	263.0
第 4 季度	0.92	294.1
1967 年第 1 季度	0.92	285.2
第 2 季度	0.89	425.4
第 3 季度	0.91	367.4
第 4 季度	0.90	421.7
1968 年第 1 季度	0.90	415.2
第 2 季度	0.91	387.7
第 3 季度	0.94	228.0
第 4 季度	0.93	264.4
1969 年第 1 季度	0.95	190.7
第 2 季度	0.90	402.9
第 3 季度	0.88	425.5
第 4 季度	0.87	497.6

为了改变商业银行资产负债表的构成，货币当局也与商业银行进行外币—里拉的掉期操作。在几次特定情况下，外汇局以优惠价格向商业银行提供外汇。货币当局以里拉为抵押向商业银行出售外汇，同时按协商的价格在未来进行相反的交易，这会在减少 $MBTR$ 同时保持 BF 不变。远期交易会造成相反的结果：增加 $MBTR$ 和保持 BF 不变。虽然基础货币没有改变，但掉期交易会产生一种长期影响。例如，如果商业银行使用外币来减少其对外国债权人的负债，则会永久性地减少商业银行持有的基础货币。另外，如果将货币存在外国银行（会减少商业银行的净外债头寸），则国内银行持有的基础货币就没有变化；但基础货币的构成会转变为更多的外国构成。

　　我们在研究意大利货币政策的这些问题时可以分析一些特定事件。为了便于分析这些事件，我们要使用图 7.2 和表 7.3。图 7.2 展示了通货膨胀率的变化，对比指标是工业部门的产能利用率，后者是我们的经济周期条件的代表。在我们所研究的子时期，开始时是一次扩张，并持续到 1963 年的秋季；然后出现一次衰退，并持续到 1966 年初；此后是第二个扩张阶段，并在 1969 年秋季结束。表 7.3 提供了有关国际收支数据和国际储备的变化，以及商业银行的境外净头寸［因为这些变量都在公式（7.4）中有定义］。第 4 列特别有意思，因为它说明发生了两次外汇危机，我们将在以后讨论这两次危机。

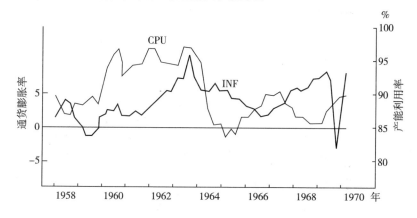

资料来源：Brunner 等人（1973）。

图 7.2　产能利用率（CPU）和通货膨胀率（INF），1958—1969 年

表 7.3　　　　　　　　国际收支，1958—1969 年（百万美元）

年份	经常账户余额	资本流动余额	"官方"结算盈余	外汇储备变化	银行净外汇头寸变化
1958	564.2	270.4	895.4	865.4	30.0
1959	755.0	231.6	850.3	897.3	-47.3
1960	317.3	166.5	442.5	174.4	268.1
1961	508.5	202.4	577.4	617.1	-39.7
1962	276.4	-308.7	50.4	480.7	-430.3
1963	-791.0	-485.4	-1251.8	-602.0	-649.8

年份	经常账户余额	资本流动余额	"官方"结算盈余	外汇储备变化	银行净外汇头寸变化
1964	619.6	110.3	773.9	442.3	331.6
1965	2209.1	−454.8	1594.2	959.7	634.5
1966	2117.2	−1276.5	695.6	287.8	407.8
1967	1599.1	1023.4	323	519.1	−195.5
1968	2626.9	−1690.7	627.3	−60.8	688.1
1969	2368.5	−3432.8	−1391.2	−704.6	−686.6

1958—1963 年 9 月

1958 年到 1961 年，意大利的国际收支出现了大量盈余（表 7.3，第 4 列）。国内产出增长迅速，而且产能利用率从 1960 年以后一直保持在 95% 以上。在 1960 年 8 月以前，银行体系可以完全自由地与其他国家开展业务。鉴于持续出现了大额对外收支盈余，所以货币当局要求商业银行在年底前将其净外债头寸降低到零。为了促进这一过程，外汇局以特别优惠的价格向商业银行出售外汇资产，这造成了基础货币的国内构成部分的减少。对冲掉了大约 8% 的外汇储备（表 7.2）。

在 1961 年春季，外汇局改变了其政策，因为这时外汇局开始通过在商业银行存放大量外币存款来刺激基础货币的创造过程。另外，由于意大利银行在 1962 年 1 月将存款准备金率从 25% 降低到 22.5%，所以"释放"了 2000 亿里拉的基础货币。1962 年的 10 月，再次授权商业银行可以从其他国家借入净债务。商业银行的反应非常迅速：其总的净外汇头寸从 1961 年底的 5500 万美元变为 1962 年底的 − 3.57 亿美元和 1963 年 8 月的 − 12 亿美元。

商业银行净外汇—债务的大幅度增加弥补了 1963 年 50% 的非常大的国际收支赤字（表 7.3）。但商业银行增加的债务也造成了境内更多流动性，而当局对这部分流动性并没有进行对冲（表 7.2 表明，在 1962 年至 1963 年，参数 s 在向 1 逼近）。从 1962 年第 4 季度到 1963 年第 3 季度，*BF* 没有显示出大的变化。这些事实与如下观点是一致的，即货币当局希望避免国际收支赤字演变成国内货币的紧缩。

在 1962 年至 1963 年，经常账户是造成国际收支出现反转的主要原因。此外，资本账户有负面影响。1962 年的一项旨在刺激非居民对意大利证券需求和鼓励资本流入的规定，导致了反常的结果。该规定提供了减税套利的机会；意大利居民发现在国内出售证券然后通过外国中介机构（主要是瑞士的中介机构）回购证券是有利可图的[12]。为了逃避检查，资本流出意大利时会使用难以追踪的现钞，有时用手提箱携带现钞越过瑞士边境：从 1963 年第 1 季度至 1964 年第 1 季度，有 15.8 亿美元的资金以上述方式离开意大利。

货币当局不考虑外部约束吗？卡里行长在其 1962 年 5 月的"最后致辞"中没有提到国际收支恶化的问题。1 年后，在国际收支危机最严重的时刻，卡利行长在发表其"最后致辞"中发出了一个温和的警告（BI R. A.，1962，第 512 页）：

如果不指出公众和私人部门对资本的需求是不协调的和超过现有储蓄的情况，则发钞银行就没有尽到其职责。在当前国际收支形势下，意大利银行无法通过注入流动性来满足这种需求，因为这反过来又会造成需求超过供给的更大失衡。这种行动可能导致一种局面，虽然目前仍在控制之下（尽管有些困难仍然可控），但情况可能会改变。

当银行贷款年增长速度达到 25% 和进口增长超过 30% 的情况下，很难理解形势为什么是"仍在控制之下"或"可控的"。货币当局或者在忽视问题，或者在期待奇迹发生。

1963 年 10 月—1965 年底

1963 年夏季与秋季，完全依靠商业银行吸引海外资金来保卫储备

---

[12]　当局不久之后认识到很大一部分外流资本是出于税收的考虑（BI R. A.，1966，第 176 页）。1964 年取消了这项法律，1967 年重新实施；见梅萨勒斯（1968）、奥尼达（1974，第 85 页）和巴塞维等人（1978，第 157 页）。

的政策明显是不可持续的。当局似乎不愿意采取任何经典措施，如提高官方贴现率，或让里拉贬值，或改变存款准备金率，或对资本外流采取限制性行动等。当局偏好的行动是请商业银行逐步减少其借入其他国家的信贷头寸（9 月底确实发生了）。在随后的 12 月和次年 6 月，当局出台了其他规定，以较低水平冻结外汇敞口。由于没有商业银行持有净贷记敞口，所以该规定的影响是对冲了 3920 亿里拉的基础货币，大约等于意大利国际储备存量的 14%（表 7.2）。

　　银行体系对当局的规定反应非常迅速，因为国外的利率水平较高，而且覆盖外汇风险的贴水在上升。净外汇债务从 1963 年 8 月的 12 亿美元下降到 1964 年底的 6.34 亿美元。银行净资本流出和官方外汇储备的减少合计造成了基础货币的国外构成部分大幅度下降。从 1962 年第 4季度到 1964 年第 1 季度，MBF 对货币增长持续造成了负面压力。

　　货币紧缩虽然出现较迟，但非常剧烈。基础货币总额在 1963 年 9月前后减少了五分之四。利率大幅度上升，包括名义和实际利率。工业产出连续 4 个季度负增长；制造业的产能利用率下降到 85%。通货膨胀率从 1963 年第 3 季度的 7.8% 下降到 1964 年第 4 季度的 5.8%。最后，也许是最重要的，外部收支从 1963 年的 125 亿美元赤字转变为1964 年的 7.7 亿美元的盈余（表 7.3）。

　　国际收支状况的迅速改变使得当局在 1964 年夏季要求商业银行成为欧洲美元市场上的净债权人。在 1964 年 10 月与 1965 年底，货币政策再次变为扩张性。正如意大利银行的一位高级官员（后来成为行长）所说：

　　"外汇形势的改善和较低的通货膨胀进程，再加上失业率上升和投资减少等，造成了一种氛围，即公众的看法变得支持通过更高政府赤字来实行一种扩张性政策。"（法兹奥，1970，第 277 页）

　　我们的最后一个事件是开始于 1966 年的货币周期，而且周期的实现是通过完全的盯住利率政策。

1966—1969 年

在这些年里，意大利一直保持着国际收支的盈余。伴随国际储备大量积累的是基础货币的国内构成低于平均速度的增长，这是基础货币总额平滑增长的净结果。当局要求商业银行将其净外汇头寸降为零，这是一种对冲政策。这一规则也意味着只要银行的外汇资产超过外汇负债，商业银行持有的外汇储备就可以兑换成国内基础货币。外汇局设立了与商业银行进行外汇交易的最高限额，并规定，有利（即以优惠价格）的外汇—里拉掉期仅限于那些愿意减少净外汇敞口的金融机构。

钉住利率是这些年里货币政策的最突出特点，并且具有很多实践性影响。当局的想法是，钉住政策的目的是使长期利率可以刺激更大规模的投资。其逻辑是基于平均回报与回报波动性之间的替代关系；金融资产持有人愿意接受较低收益率，如果这类收益率更加稳定的话。因此，利率的稳定可以使企业和政府以较低实际成本发行债券，进而刺激投资。关于这一点，我们应当引用法兹奥（1979，第 280 页）的话，他是这一政策的鼓吹者：

"除了增加收益率和总量指标的稳定性之外，与纯粹的数量型政策相比，利率稳定政策的好处是不进行直接干预就可以在任何时候降低经济中的流动性水平。相反，这一政策的缺点是无法根据经济周期情况来调节基础货币的规模。另外，一旦利率水平被固定了，就很难在不改变市场预期的同时改变利率。"

在稳定政策的初始阶段，当局并没有冒失去控制基础货币创造过程的风险；这是因为长期利率的目标值（约 6.5%）被普遍认为接近市场均衡水平。实际上，意大利银行通常是证券的净出售方。但 1967 年出现了一系列问题，当时外国利率的上升影响到了资本外流。实际情况是意大利商业银行在欧洲美元市场上非常活跃，这使得利率差异对储备流动的影响很大。表 7.3 说明，在 1967—1969 年，资本净流出量非常大；尽管经常账户余额是正数，但外汇收支状况仍从 3.24 亿美元盈余变为

–13.91 亿美元赤字。当局决策的动机是减少预期的官方外汇储备流失。值得指出的是，为了实现国内目标，固定汇率的"游戏规则"再一次被放弃了。

在 1969 年第 1 季度，当局要求商业银行首先要减少其净外汇贷记头寸，然后要在 6 月底之前降低到零。外汇局首先提高了其掉期交易的贴水，然后就是简单地拒绝向资金净输出的商业银行出售外汇。

政策转变再一次是快速和明确的。货币紧缩的原因是"经典的"防止外汇储备枯竭；采取行政性措施是为了推迟固定汇率体制的内在自动调节机制所带来的全部影响。

经过 3 年实验后，钉住利率政策在 1969 年结束。结果是，意大利银行再次开始购买和出售短期国库券，其频率与给定目标的基础货币保持一致[13]。短期利率开始上升。2 个月后，允许长期利率自由浮动[14]。在 1970 年夏季，大幅度提高了税收。

在扭转外汇流动方面货币紧缩政策再次非常有效。实际上，在 12 个月的时间内，外部收支从 –13.91 亿美元赤字变为 3.56 亿美元盈余。

结　　论

意大利的货币政策在 20 世纪 50 年代结束时开始改变，变得更加宽松。可以认为价格稳定是当局所追求目标中的一个，但不一定是最重要的。另外，货币政策的制定是基于短期考虑。最终结果就是一系列的"走走停停"，包括货币增长和经济发展。

本章研究了货币政策如何造成了周期性的外汇危机。当局对这些危机感到意外的事实说明，当局不愿意或没有能力实行一种与外部制约相

---

[13] 直到此时，仍然无限制地承诺按照官方贴现率购买和出售短期国库券（BOTs）。

[14] 法兹奥（1979，第 284 页）披露了当局结束利率稳定政策的意图：我们希望市场会找到新的均衡点，其收益率比此前的水平高 0.5 个或最多 1 个百分点。基于这一愿望，在 8 月官方贴现率从 3.5% 提高到 4%。

兼容的货币策略。当危机爆发时，不是采取传统方法来应对，而是使用行政规定，通常是强迫国内银行改变其净外汇敞口。一旦外汇储备减少的压力消失，货币政策立即就重新定位，追求"真实"目标，如投资和就业。这反过来又会给一次新危机奠定基础。

下一章我们研究在 20 世纪 70 年代这些政策缺点如何扩大了。

第 8 章
20 世纪 70 年代

"我们曾经问自己，意大利银行是否有能力或是否可以拒绝对政府赤字进行融资。拒绝融资会使政府无法支付公职人员的工资和退休人员的养老金。虽然这种行为（技术上）具有货币政策主动性的表象，但在现实中可能被解释为一种颠覆性的行为，因为这会带来整个体制的无法运转。"（BI R. A.，1973，第 418 页）

导　　论

本章我们将研究 20 世纪 70 年代的情况。这 10 年最突出的特点不是产出增长的下降，而是高通货膨胀，无论是相对于意大利本国近期历史还是其他工业化国家的情况而言都是如此。造成高通货膨胀率的关键因素同样是肆意妄为的财政政策和中央银行屈服于财政当局的融资需求。货币当局采用一个新的中间目标是国内信贷总量，该目标确立了财政政策优先于货币政策的地位。

高铸币税是财政政策混乱和货币政策服从的必然后果。20 世纪 70 年代的真实情况就是如此；为了获得如此多的铸币税，通过广泛和复杂的资本和汇率控制体系，意大利在金融上是与世界其他国家相隔绝的。

20 世纪 70 年代与 50 ~ 60 年代情况对比

对比 20 世纪 50 ~ 60 年代与 70 年代情况最明显的一点是政府融资，这是对意大利经济最大的冲击。政府支出占国民收入的比重在 1970 年是 28%；到 1978 年几乎翻了一倍。税收收入也在增长，但比支出的增长速度要低很多。实际上，税收收入在 1973 年占国民收入的比重是 21%，1980 年达到了 34%。从本书研究的长期视角看，政府支出与收入之间表现出很大的无规律性，这对预算赤字的规模造成明显压力。预算赤字占国民收入的比重从 1970 年的 3.9% 上升到 1978 年的 22%。正如我们将在下一章看到的，大额预算赤字一直持续到 80 年代。

赤字货币化的比例接近 50% 的长期历史的平均值。但有两个特别突出的时期：1970—1976 年，当时货币化的比例是 74%；1977—1980 年，这时货币当局开始摆脱财政政策的影响。在上述第二个时期，货币化的比例低于历史平均值。因此在 70 年代前半期，由于有货币政策的配合，所以大规模的政府预算造成了很高的货币化比例。在 1976 年以后，较低货币化比例降低了财政政策对货币政策的影响。

货币乘数和基础货币的年平均增长率分别是 1.8% 和 15.6%。同样情况是基础货币对货币存量的影响是最主要的，尽管货币乘数的平均增长率是历史平均值的 2 倍。

我们也可以使用第 7 章中建立的开放经济体模型来分析货币增长情况。表 8.1 列出了主要统计数据。

表 8.1   年增长率，1970 年第 1 季度—1980 年第 4 季度

货币	= 17.4		
k	= 1.77	*MBTR*	= 15.9
rr	= 0.14	*MGF*	= −1.28
re	= 0.31	交互作用	= 0.33
bh	= −1.66		
bf	= 1.47		
交互作用	= −0.11		

基础货币的财政部构成（MBTR）和净国外构成（MBF）变化趋势是方向相反，这种情况在20世纪70年代比第7章分析的50年代和60年代更加明显。实际上，在70年代中有27个季度的情况是MBTR和MBF对货币增长影响的符号是相反的。平均看MBTR对货币增长的贡献是15.9个百分点，而MBF是−1.28个百分点。K和rr的下降影响了上述货币乘数的增长。存款准备金比率一直保持稳定，对货币乘数增长的贡献是有限的。国内和净国外借款比率几乎相互抵消，再一次反映了意大利银行体系会替换使用这二者。差别是与1958—1969年相比，在70年代 bh 和 bf 对货币增长的贡献具有相反的符号。总之，基础货币的财政部构成几乎占到了货币年平均增长速度17%的全部；这就是财政政策主导地位的证据。

现在我们来看交易方程式中其他3个变量的情况，货币流通速度继续保持长期下降趋势，尽管速度更慢。实际收入的年平均增长率是3.2%。在70年代，用实际收入度量的经济发展表现不如50年代和60年代，年均低2.4个百分点；但3.2%的年均增长率要历史平均值高50%/年均13%的通货膨胀率是和平时期的最高纪录，超过长期历史平均值6个百分点。

与前两个10年相比，70年代是滞胀时期。对意大利来说是如此，对所有其他工业国家来说也基本如此。虽然意大利经济增长速度放慢与其他工业国家的情况一致，但通货膨胀率明显要高于其他国家。实际上在第1章中我们已经看到，在20世纪70年代意大利与美国的经济增长差异保持为正数，仅仅下降了0.7个百分点，但通货膨胀差异从1.1个百分点攀升到6.2个百分点（表1.2）。

总之，相对于20世纪50年代和60年代来说，70年代的财政支出和预算赤字大幅度增加。财政主导导致了基础货币中财政部构成的高速增长，几乎是高货币增长的全部原因。货币流通速度的持续下降意味着价格上涨速度要快于货币总量增长速度。经济增长速度下降，但保持在历史平均值以上。所有指标的波动性都有所上升。

高通货膨胀是意大利的真实特点

灵活的汇率体制使一个国家可以选自己的通货膨胀率。在大体上是浮动汇率体制的 20 世纪 70 年代，意大利与世界其他国家之间的通货膨胀差异达到了本书研究范围内和平时期的最高点[1]。70 年代意大利的真实特点是高通货膨胀率，而不是经济增长速度的下降[2]。这种特点有国内的原因，尤其是政府赤字的大幅度增加；这种情况在其他工业化国家是没有的。

面对巨额预算赤字，通货膨胀是政府的一项对策选择，本书中也提供了这种对策选择的几个例子。但在 70 年代如此坚定地选择通货膨胀是和平时期从未有过的。通货膨胀是服从于财政要求的软弱货币政策的自然结果。我们可以用两个相互补充的术语来形容这 10 年中的经济政策：财政主导和预算赤字货币化。将国内信贷总额（TDC）作为货币政策的中间目标，使政府非常容易从中央银行获得贷款。货币政策又更多地依靠行政规则和外汇管制，后者将意大利的金融和货币市场与国外市场分隔开来。金融分隔反过来又防止了国内投资者用外汇资产来替换国内资产；货币分隔阻碍了国内货币持有者将本币转换成更稳定的货币。通过这些方法，政府可以使铸币税最大化。

在下面各节中我们将深入分析上面提到的 4 个主题：政府赤字大幅度增加、国内信贷总额、铸币税和意大利与世界其他国家的货币与金融分隔。

---

① 指标计算是基于国民收入缩减指数。德·格拉维和弗拉迪阿尼（1985）的计算结果是，在 20 世纪 60 年代和 70 年代，意大利的消费价格通货膨胀与七国集团平均的通货膨胀之差分别是 0.2 个和 4.5 个百分点。

② 增长率核算的学术研究表明，经济增长速度的下降是一个普遍现象，当然不是意大利所独有的。见斯特恩（1967）、格拉兹阿尼（1968）、莫迪格利安尼和塔拉恩特里（1973）、罗萨（1975，1982）、维阿里（1976）、巴塞维等人（1978）、丹尼森（1979）、肯德里克（1981）、曼迪森（1982）、斯沃博达（1983）、萨阿迪和胡贝尔（1983）、林德贝克（1983）。

政府赤字、赤字融资和信贷总额

70 年代公共财政的恶化并不是意大利所独有的现象，只是意大利的情况更严重。正是由于此原因，我们制作了表 8.2，该表展示了欧共体国家三种不同类型的预算赤字度量指标③。在第一列中我们看到，意大利的财政赤字比所有其他国家都高。第二列显示预算赤字并非是由特别不利的经济周期造成的。第三列表明即使经过通货膨胀调整后，意大利仍然属于最异常的情况。

表 8.2　　意大利和其他欧共体国家的预算赤字，1971—1980 年

国家	赤字/收入	经过周期调整	经过周期和通货膨胀调整
意大利	− 8.3	− 8.3	− 6.3
比利时	− 5.0	− 5.5	− 3.6
丹麦	0.9	1.2	1.3
德国	− 2.1	− 2.3	− 1.6
法国	− 0.3	− 0.7	− 0.4
荷兰	− 1.5	− 2.0	− 2.2
英国	− 3.1	− 3.2	− 2.3
欧共体国家平均	− 3.1	− 3.3	− 2.4

资料来源：*European Economy*，November 1984，第 125 页。

意大利公共赤字大幅度上升有三个重要原因。第一，1972 年 4 月一批新地方政府创立了。区域多样化和自主权一直是意大利历史中不可分割的组成部分；因此各党派之间是普遍认同的，是要赋予各地区自主决策权。正如普特曼（1993）所说的：

"民粹主义者宣称地区政府应当提升民主水平……温和派主张决策

---

③　欧共体于 1993 年变成了欧盟。由于本书的研究截至 1991 年，所以使用历史上正确的名称欧共体。

分散化可以提高行政管理效率。南方人认为地方政府可以加快社会和经济发展……在全国政治生活中区域自主权对所有"过时"的派别都有吸引力。"

在几年时间里，中央政府就向各地区转移了在健康、住房、城市规划、农业、公共设施建设和教育等方面的管理权（普特曼，1993，第24 页）。政府职责地域的重新划分，必然伴随着从中央到地方的大规模转移支付。虽然地方立法的目标是用地方政府的支出替换绝大多数中央政府的支出，但在实践中这两个层次的支出在很大程度上是相互补充的。

政府支出大幅度上升的第二个原因是缺乏控制支出增长的动机。中央政府掌握征税的权力，但很大和越来越高的支出比重由地方层面决定，而且不需要承担为了创造新项目或扩张原有项目而增加税收的负担。一个例子可以说明将支出与收入分开后的重要性。健康支出占净国民收入的比重从 1960 年至 1977 年翻了一倍。很显然，部分增加额可以用受益面扩大和服务质量的改善来解释。但客观指标，如婴儿和孕妇死亡率显示质量的改善程度是有限的（科图拉等，1979）。关键中介变量是《1968 年医院改革法》，该法取消了对健康—医疗机构的预算数量限制。医院根据实际成本向中央政府要钱，没有任何控制成本的动机。从理论上讲，医院将追求收入最大化并扩大预算，实际上医院也是这样做的（弗拉迪阿尼和斯宾里尼，1982）。

政府支出大幅度上升的第三个也是最重要的原因是政治体系在重新分配收入和财富方面明显地变得更加积极主动。向个人和企业的转移支付的范围扩大了，而且平均金额也更加慷慨大方。政治家实际上通过补贴无效率的企业、将资源投入南方、扩大安全网范围和增加公共部门就业、放宽社保体系和无差异地提供残疾人养老金等方式来换取选票。例如，在 1977 年每 100 人当中有 28 名养老金领取者，大约是 1960 年数量的 2 倍。其中有 530 万人被列为残疾人；在 1960 年残疾人养老金领取人不到 1977 年数量的四分之一。没有数据支持在过去 17 年的时间里人们受伤的风险翻了 4 倍。残疾人养老金简直就成为重新分配收入的一种"隐蔽"方式，或是大选中争取选票的代价[④]。

正如已经提到的，与以前时期相比，在 70 年代前 6 年里，货币总量和预算赤字都出现了加速增长。1976 年是货币主义者"反革命"的开始，当时意大利正好创建了国债的二级市场。这一新市场使意大利银行可以在公开市场上出售政府债券，并部分抵消意大利银行被迫创造的基础货币。意大利银行是被迫持有政府债券拍卖交易中未销售的部分，或通过财政部账户直接贷款给财政部来增加基础货币的。1976 年之后，货币和财政的刺激强度开始下降。

国内信贷总额（TDC）模型

我们现在深入分析 TDC 作为中间目标的重要意义，以便能完全理解其在连接预算赤字与货币创造之间的作用。1974 年当意大利政府与国际货币基金组织协商一笔借款时，TDC 就变成了一个官方中间目标。借款的谅解备忘录明确规定，借款所依据的一个事实是意大利必须将 TDC 保持在规定限额之内。下面我们给出一个简单模型，是基于潘纳提和托尼奥罗（1983）关于货币当局如何看待 TDC 及其作用的分析。

我们现将基本国民收入恒等式改写如下：

$$S - I = DEF + X - IM = \mathrm{d}(AF) - \mathrm{d}(PFI + PFE) \qquad (8.1)$$

其中，S 是私人部门储蓄，I 是投资，DEF 是公共部门赤字，IM 是进口，AF 是私人部门的里拉和外币金融资产，PEI 和 PFE 分别是以里拉计价和以外币计价的金融负债，d 是一阶微分运算因子。PEI 传统上被定义为意大利商业银行和特殊信贷机构发放的贷款合计。金融资产的总需求是：

$$AF = f(Y, RE) + AF_{t-1} \qquad (8.2)$$

---

④ 为了支持这一假说，我们注意到符合失能养老金标准的制定恰恰是使相机抉择的权力最大化。另外，失能养老金更多是集中于高失业地区（即南方），而不是低失业地区（即北方）。

其中，Y 是名义国民收入，RE 是外国利率。该经济体是开放的，当局可以控制汇率。外汇市场上的控制必然导致国内利率低于国外利率，意味着国内利率要根据外国利率进行调整。由于超出当局的控制，所以可以去掉 BE 而不会根本改变该模型的结构。

通过对方程式（8.1）的调整可以得到金融资产供给的公式

$$AF = DEF + X - IM + d(PEI + PFE) + AF_{t-1} \qquad (8.3)$$

最后，进口函数式是最简单的凯恩斯主义公式

$$IM = IM(Y) \qquad (8.4)$$

我们已经有了

$$DEF = d(MBTR) + d(S) \qquad (8.5)$$

其中，$MBTR$ 是基础货币的财政部构成，S 是公众和银行持有的政府证券存量[5]。通过使金融资产的需求与供给相等，然后求解 dy，模型就完成了。

$$dY = [1/(f_Y + IM_Y)]d(TDC + TFC) \qquad (8.6)$$

其中，TDC = 国内总信贷 = d（$MBTR$）+ d（S）+ d（PEI），TFC = 外汇总信贷 = X + d（PFE），f_y = 收入中用于持有金融资产的边际倾向，IM_Y = 收入中用于进口的边际倾向。

等式（8.6）与凯恩斯主义的 IS 模型非常类似。但与凯恩斯主义模型不同的是，等式（8.6）关注流入经济体的信贷，而不是支出流量。理论上讲，这些信贷流量应当是自主的，或由货币当局控制，就像凯恩斯主义模型中政府支出由财政当局控制一样。在现实中，TDC 的定义包括了企业能够通过发行股票或从国外借款所获得的资金，因此会有两个通道使得意大利银行对货币政策的控制力减弱[6]。但更根本性的缺陷是 TDC 使货币政策服从于财政政策。

---

⑤　非居民也持有国内债务，但在20世纪70年代数量非常小，所以忽略不计了。

⑥　也许是暗指国际收支的货币方法，卡拉恩萨和法兹奥（1984）认为，1974年决定从 TDC 中剔除外币债务是因为需要鼓励外汇流入，这样才能覆盖因石油价格上涨而造成的部分预算赤字。有其他两种吸引外汇的方法（如通过控制国内货币存量和国内信贷扩张）。总而言之，控制国内经济的问题和需要获得外国资本并非发生在完全相同的时间。

TDC 的内生性和意大利银行听命于财政当局

从上面的模型可以清楚地看出，货币当局将政府预算赤字视为外生变量。因此关键问题是货币当局对预算赤字如何做出反应。从理论上讲，每当预算赤字超过其目标时，货币当局可以通过减少流向私人部门的信贷来维持一个给定 TDC 目标。但在现实中，这种补偿性调整是不可行的，因为在 70 年代政府赤字的快速增加，当局需要迅速减少私人部门的信贷。最终效果是 TDC 几乎是全额配合财政政策。

表 8.3 说明了上述观点。第一列比较了 TDC 的目标与实现的数值。在我们分析的时期中，有 3 年的实现数值与目标值之间的差异不超过 2 个百分点；其余年份的差异较大。在 1975 年和 1978 年，差额达到了最初预算的 50%。表 8.3 的第二部分提供的信息是公共部门的需求，其中 1974 年低于目标值；与 TDC 的变化模式类似。在此后的 3 年里，公共部门的需求都超过了目标值；同样与 TDC 的变化模式类似。在 1979—1980 年，公共部门需求低于预测值，TDC 的扩张与货币当局的目标是一致的。

表 8.3　TDC 和公共部门的需求目标值与实现值，1974—1980 年

年份	TDC				公共部门需求	
	目标值		实现值		目标	实现值
	流量 （10 亿）	百分比 变化	流量 （10 亿）	百分比 变化	（10 亿）	（10 亿）
1974	22400	18.6	20015	16.6	9200	8796
1975	24700	17.6	35633	25.4	8000	14237
1976	29500	17.5	34048	20.2	13800	24200
1977	30600	15.1	35703	17.6	13100	17923
1978	38000	12.9	49240	20.6	—	31707
1979	53000	18.4	53252	18.5	31000	28503
1980	59300	17.4	63150	18.5	37900	34008

资料来源：卡拉恩萨和法兹奥（1984）。

现在我们来分析 TDC 的目标值与实现值之间出现差异的原因。1978 年没有确定公共部门需求的目标，但我们可以分析 1975 年的情况，当时 TDC 的实现值与目标值之间的差异非常大。货币当局并不否认 TDC 取决于政府赤字，因此为了限制预算赤字的战略的必然结果是丧失对信贷流量控制。法兹奥（1984，第 707～708 页）在一篇回顾性文章中写道：

"一个问题是目标是否合理，另一个问题是如何实现目标。就我们的具体情况而言，TDC 偏离其目标值取决于经济政策选择，而不是技术上的困难。在过去几年里财政部可以对其赤字进行融资，而且经常超过预算赤字和报告水平，以及并没有对意大利经济造成严重影响，这一所谓事实受到了一些观察家的批评。如果议会确定具体预算赤字目标，即使与行政部门宣布的不完全一样，则对公共官员们来说，尽管有很大决策权，也不可能无视这一目标，或在执行时长时期偏离这些标准。"

1973 年《意大利银行年报》包含了我们在本章开始时引用的文字。我们认为上述引言非常有价值，因为它们充分代表了意大利银行当时的主流观点，即货币政策的重要职能之一是服从财政当局。本书的研究显示，意大利货币政策中最频繁遵循的原则就是货币配合。

利率和货币总量

货币配合的政策通常需要钉住利率。这是 TDC 模型将利率政策置于次要或不重要位置的原因。信贷是通过以所谓"限额"的行政措施来分配的。这种模式的逻辑如下。根据给定的公共赤字，TDC 的减少意味着私人部门信贷的减少和较少的投资流量。收入会因此下降，对金融资产的需求也会下降；另外，较低收入会提高经常账户余额和金融资产的供给。通过这种方式重新建立了均衡（科图拉和米克斯，1977；潘纳提和图里奥，1983）。

TDC 模型预测的假设是货币与名义收入之间的联系是不紧密和变化的，因此不应当控制货币总量。法兹奥（1969，第 105 页）将从基础货币到收入的传导机制表现不佳归咎于信贷需求缺乏弹性：

"与需求相比，信贷供给对利率水平变化更加敏感。这会造成的结果是，如果不伴随着信贷需求度变化，则基础货币的变化只会对实际信贷数量产生有限的影响。"

1973 年在布瑞斯卡发表的一次演讲（蒙格拉里，1976，第 258 页）中，卡里行长提出了货币需求非常稳定的问题：

"从使用方式和投资者类型划分，货币总量目前包含不同的资产。对其中的一些资产来说，比如法定货币，其作为支付中介的功能是最主要的，与收入的关系非常稳定。其他资产，如有息存款，是投资中最多的形式，也是基本稳定的。它们与收入之间的关系不太稳定。因此没有将支付中介的数量与货币收入变量连接起来的简单规则。货币当局试图加快或放慢货币增长速度的做法一定会对利率水平和通过非银行机构对资金的流动产生影响。这意味着，在不同国家和不同环境的限制条件下，支付中介数量的变化会对货币流通速度产生相反影响。结果是，货币存量的变化对交易数量的影响会部分地被抵消。"

值得注意的是，TDC 模型部分或全部忽略了世界金融市场一体化的问题。金融分隔的假设使得该模型可以简单忽略利率的作用和拒绝使用货币总量；同时，金融分隔增强了当局偏好通过里拉贬值来纠正外部失衡的倾向。外部失衡由经常账户赤字来体现（阿佐里尼和马拉尼，1982）。如果明确地承认金融一体化，则该模型不得不集中于国际收支的总体均衡。在分析中引入资本流动，就不能忽略利率的作用。总之，也许有必要认识到货币与总体外部失衡之间的关系。

"限额"与投资组合约束

我们已经看到实行贷款数量限额的理由是货币政策为了保持利率低水平的最终和公开目标。由于在预算赤字和债务—收入比率标不断上升的压力下这一目标变得比较模糊，所以当局发现有必要进一步约束商业银行资产负债表中的资产方业务。基本问题是需要在低利率条件下创造对政府证券的大量需求。通过规定意大利银行体系将其生息资产中的固定部分投资于政府证券，就可以很容易建立一个受管制的市场。"资产组合约束"政策就是为了上述目的。结果是导致了官僚主义的混乱，涉及越来越复杂监管规则的苏联模式的建立。

最初的资产组合约束从 1973 年 6 月开始生效，当时商业银行被迫购买长期政府证券，数量不得少于 1972 年 12 月 31 日底银行存款额的6%。同时意大利银行发布了贷款总额不得超过最大限额的规定。由于这一约束对意大利经济各部门的影响不同，所以有越来越大的压力要求将规定适用于更加具体的部门和企业。

不久之后货币当局就陷入微观管理信贷分配的具体事项中；信贷分配的标准从企业是否私人或国有的，到企业规模的大小。微观信贷分配的结果是任意的，反映了各群体的讨价还价能力，而不是企业对意大利经济的相对价值贡献。1980 年违反信贷分配规则的银行受到了处罚，必须将超过贷款限额的等值存款以无息存款方式存入意大利银行。同样在 1980 年，资产组合约束的范围扩大了，覆盖了国有企业和农业信贷机构发行的债务⑦。

这种"受管理的银行业务"运行的长期后果是破坏了银行的人力资本，损害了贷款发起和贷款监测业务，也降低了金融市场效率。这种游戏规则会惩罚承担风险和激励官僚主义行为，目标就是解释和满足有关信贷限额和资产组合约束的规定。尽管新任行长保罗·巴菲已经充分和清楚地认识到了 TDC 模式的缺陷，但作为货币当局工作的指引，该模式仍继续运行了一段时间。

意大利的货币和金融隔离

我们已经看到，通过将高额赤字货币化、将国内储蓄转向公共部门

---

⑦ 有关贷款数量上限和资产组合约束的具体分析，见斯宾里尼和弗拉迪阿尼（1991，第 548 ~ 550 页）。

和保持利率低于通货膨胀率等方式，财政刺激的主导地位可以放大其作用和影响。在开放经济体（商品、服务和资本完全自由流动）的条件下会自动出现两个因素，使得财政主导的后果更加显著和不可持续：里拉在外汇市场上的贬值和国内实际利率根据世界利率水平进行调整。如果没有这种调整，则国内储蓄会转向外国投资，造成外汇储备的流失，或造成国内实际利率提高的压力。对开放经济体来说不可避免的情况是，一定会出现极度扩张性财政政策与货币政策为了减轻财政政策对信贷及金融市场影响所采取对策之间的矛盾。

摆脱这一困境的一种方法是在国内与国际金融市场之间设置屏障。意大利当局在 70 年代就是这么做的。为了隔离意大利的货币和金融市场与国际市场，进一步收紧了针对外汇和资本流动的原有限制，同时又增加了一些新限制。必须将这些限制视为前面讨论的信贷限额和资产组合约束政策的自然补充，即为了抑制国内利率上升的压力而采取的行政措施。事实上，在很长一段时间内国内实际利率都是负值，而且也低于国外利率[⑧]。

我们曾指出过，意大利货币当局拥有非常大的针对外汇交易的审批权。意大利的外汇法律有两个指导原则。第一个原则是意大利外汇局（实际上是意大利银行）被赋予管理外汇交易的垄断权。个人、企业和银行不能无条件持有外币、外币计价资产或从国外借债。例外事项必须经过货币当局的明确批准。第二个原则是没有明确批准的交易则被视为是禁止的。

为了更好地评估当局实施的行政措施，我们最好分析当时的国际收支数据（表 8.4）。第一次国际收支危机开始于 1972 年，是在石油价格大幅度上涨之前；这次危机持续到 1976 年底。第二次危机在 1980 年爆发并持续到 1982 年；从 1978 年到 1980 年，总的国际收支失衡从 70000 亿里拉的盈余变为 63000 亿里拉的赤字。正如我们将在下一节中看到

---

⑧ 1972 年到 1979 年，意大利的实际事后短期利率平均比德国低 3.68 个百分点；长期利率低 5.23 个百分点，见弗拉迪阿尼（1987，第 270 页）。

的，国际收支的这种大规模反转反映了国内和国际局势变化的综合情况。

表 8.4　　　国际收支变化，1970—1980 年（10 亿里拉）

年份	经常账户	资本流动	差额
1970	476	−148	222
1971	981	−374	491
1972	1169	−1571	−748
1973	−1473	1737	−206
1974	−5212	1559	−3715
1975	−377	−527	−1439
1976	−2343	1484	−1531
1977	2175	−54	1730
1978	5261	1319	6996
1979	4553	−2404	1824
1980	−8291	2749	−6258

资料来源：BI R. A. ，各年。

早在 1969 年 3 月，意大利的信贷机构就已经被禁止参与国外证券的发行。货币当局曾允许外国互助基金在意大利开展业务，但条件是其资产组合的至少一半要投资于意大利证券。1970 年 2 月，缩短了与进口和出口相关的支付期限；只能在意大利银行总部兑换汇往境外的外币现钞（明显提高了资本外流的成本）。

截至 1971 年底，投资者被禁止购买非上市的外国证券。非居民的借款和贷款都设有限额。商业银行必须每天平衡其外国资产与外国负债；商业银行的远期交易也受到限额管理。对其他机构来说，远期交易仅限于"有形"贸易。即使旅行者也不例外：在 1 年之内他们的旅行零用钱不得超过 100 万里拉。

正如 60 年代发生过的情况，货币当局利用道义劝告来鼓励政府机构和银行在国外筹集资金（1970 年）或偿还借款（1971 年）。这类"劝告"的目的是抵消经常账户中某些科目的变化。

汇兑限制必然导致资本的非法外流。非法资本外流的形式主要是高报进口价值、低报出口价值，或直接携带外币现钞出境。1972 年当局宣布停止意大利里拉收入兑换外币汇往国外。

1973 年 1 月创建了一个二元外汇市场。为了稳定商业汇率，当局继续干预外汇市场，而允许金融汇率自由浮动。同时再次加强对出口收汇和进口付汇项目的管理。在 2 月，随着美元兑其他货币开始贬值，商业汇率也允许浮动；但在二元外汇市场存续期内，商业汇率一直低于金融汇率，直到 3 月底。

涉及不同货币之间套利活动变得越来越普遍。在 1973 年 6 月当局试图制止此类套利活动，方法是要求商业银行分别对冲美元头寸和欧洲货币的头寸。投资外国金融资产的投资者必须有一笔投资金额 50% 的无息存款。意大利现钞在海外的报价比官方汇率低 7% 至 11%。在 1972 年 6 月的决定之后，旅游变成了将资本转移到国外的一种便利方式。为了制止意大利现钞在海外的这种交易，当局实行了一个上限规定，即出境的居民和离开意大利的非居民每人只能携带 20000 里拉现钞（1974 年 3 月）。1974 年 5 月这一限额提高到 35000 里拉。只有计划经济体的官僚机构才会设计此类微观管理规定。

1974 年 5 月，要求进口商在一个无息账户里存入进口价值 50% 的资金。1975 年 3 月取消了这一规定。1976 年 1 月 20 日，当局做出暂停外汇交易的重大决定，但却不是在为了抑制里拉贬值而浪费了大量外汇储备之前。当 3 月恢复外汇交易之后，里拉又开始贬值。4 月将违反外汇交易列入了刑法管辖范围。5 月当局扩大了海外金融投资者需要将投资额一定比例的资金存入一个无息账户的规定，从 50% 增加到全额。商业银行还必须平衡其与非居民的远期交易头寸。10 月，所有购买外币的居民需要支付 10% 的税收。这种税收相当于里拉的一次贬值。在 1977 年 2 月和 4 月，分别取消了这种税收和无息存款的规定；因为这时已经非常明显的情况是，商家已经发现了规避法律的路径，即将出口收入留存在境外，以支付进口费用⑨。

总之，货币当局听命于财政当局的做法导致了一系列外汇限制措施，这些措施严重地限制了个人、企业和银行的自由。

经济周期、外部约束和货币政策

经常账户的决定因素

意大利以往经济政策的突出特点是需要针对国际收支状况做出调整；在 70 年代尤其是如此。在表 8.5 中我们给出了影响国际收支表中经常账户的 3 个因素。第一个是国内外经济增长率的差异。鉴于进口与国内产出之间有很强的正相关关系，所以产出增长率差异的增加会对经常账户余额造成负面影响。在 70 年代，意大利的实际国内生产总值的平均增长率基本与其他工业化国家相同；1973—1974 年和 1978—1979 年，意大利经济增长速度更快一些，而在 1975 年和 1977—1978 年则更慢一些。表 8.5 的数据印证了增长率差异与经常账户余额变化之间预期的负相关关系。

表 8.5　　　　　　经常账户决定因素，1970—1980 年

年份	经常账户 （10 里拉）	增长率差异 （% 变化）	竞争力 （% 变化）	实际汇率 （% 变化）	贸易条件 * （% 变化）
1970	476	2.4	-1.0	—	0.5
1971	981	-2.0	0.6	0.5	-0.2
1972	1169	-2.2	-0.3	0.3	0.3
1973	-1473	1.0	-2.3	4.6	-12.1

---

⑨　根据意大利银行的估计，隐藏在"旅游"科目下的资本外流 1974 年是 5600 亿里拉；1975 年是 5350 亿里拉（1976 年年报，第 163 页）。直到 1977 年非法资本外流才结束。在这一年，在境外流通的意大利现钞的贴水也消失了。

续表

年份	经常账户 （10 里拉）	增长率差异 （% 变化）	竞争力 （% 变化）	实际汇率 （% 变化）	贸易条件* （% 变化）
1974	−5212	3.5	2.4	−10.4	−26.5
1975	−337	−3.2	−0.6	2.4	5.5
1976	−2343	0.9	−4.0	2.5	−3.3
1977	2175	−2.0	4.4	−1.5	3.2
1978	5261	−1.3	−1.3	3.3	2.3
1979	4553	1.6	4.2	−3.4	−2.2
1980	−8291	2.6	3.7	−3.4	−7.8

资料来源：第 1 章。

该表中显示的第二个因素是竞争力，度量方法是意大利出口价格与其他工业化国家出口价格比率的变化，所有价格都用美元表示。竞争力的另一种度量方法是实际汇率，正值表示里拉的实际贬值（见第 5 列）。这两种度量竞争力的平均值分别为 0.53 和 −0.52。这意味着，平均讲，意大利丧失了竞争力或里拉实际汇率升值了。竞争力的丧失加大了 1972 年、1974—1975 年和 1978—1980 年经济增长率差异的影响。

该表中显示的第三个因素是贸易条件的变化，贸易条件的定义是出口与进口价格的比率。由于意大利主要是原材料和半成品的净进口国，并将其作为出口商品和服务的投入，所以贸易条件说明相对于意大利的非贸易部门而言，出口部门的盈利能力和在该部门生产的吸引力[10]。1973—1974 年和 1979—1980 年的两次石油危机对像意大利这样一个正在转型和依赖进口石油的国家来说，是灾难性的；贸易条件出现了恶化，年平均下降了 3.7%。

结论是，当经常账户余额恶化时，上述三个因素中至少有两个是按预期方向变化，同时在危机最严重的 1974 年和 1980 年，第三个因素也有相同变化。

---

[10] 格瑞里、克雷宁和萨文纳（1982）用贸易条件的作用来解释意大利的经济周期。

外汇市场上里拉的压力

图 8.1 ~ 8.3 研究的是外汇市场的三个方面：里拉—美元即期汇率、里拉—美元 3 个月远期汇率贴水、3 个月欧洲里拉存款利率（离岸利率）与 3 个月里拉国库券收益率（在岸利率）之间的差异。数据是月度的，可以反映时间序列数据中大量动态信息。

资料来源：《周概览》，哈瑞斯银行。

图 8.1　里拉—美元汇率，1970—1980 年（月平均值）

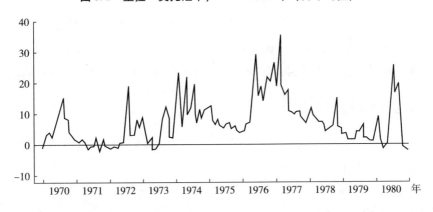

资料来源：《周概览》，哈瑞斯银行。

图 8.2　3 个月里拉—美元汇率远期贴水，1970—1980 年（年百分比变化）

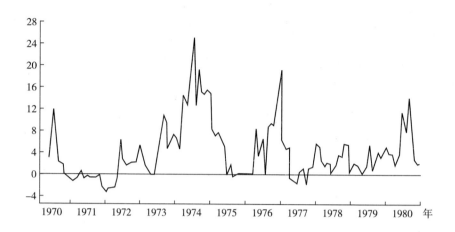

资料来源：《周概览》，哈瑞斯银行和意大利银行的《统计月报》。

图8.3　3个月离岸利率与在岸利率之差，1970—1980年

在接近1973年底时，里拉进入了一个动荡和贬值的时期。在1976年初时出现了第二个大幅度贬值的阶段，当时汇率从大约700贬值到约900里拉；1976年至1980年，汇率在840里拉至900里拉波动。在70年代多数时间里，里拉—美元远期汇率都有贴水。1973年至1975年，远期贴水尤其高；1976年至1978年更是如此，反映了对里拉有较多的投机交易。另一个高峰出现在1980年中。在1973年至1975年上半年期间、1976年大部分时间和1980年，离岸与在岸意大利利率的差异是正值。这种利差明确表明意大利的金融市场与国际金融市场是分隔的。

货币和经济周期

本节的最后一部分与货币周期有关。在表8.6中我们给出了调整后基础货币年增长率的转折点。

1971年以后，在经济高峰时，调整后基础货币增长率呈现出向上的趋势；相反，在经济低谷时，调整后基础货币增长率呈现出向下的趋势。高、低增长率的发散模式说明，货币创造过程在长期内会变得波动性更高。实际上，在第四个货币周期中，调整后基础货币的高增长率与低增长率之间的差异是第二个货币周期时的二倍多；第二个货币周期正好爆发了石油冲击。图 8.4 有助于我们比较货币周期与通货膨胀和经济周期。产能利用率序列在 1973 年第 1 季度、1975 年第 4 季度和 1980 年第 3 季度处于低点；正好也是通货膨胀率的低点。

表 8.6 货币周期，1970—1980 年

转折点	日期：季度	年增长率（%）调整后的基础货币
峰值	1971 年第 2 季度	24.1
低谷	1972 年第 4 季度	10.5
峰值	1973 年第 4 季度	18.7
低谷	1975 年第 1 季度	7.2
峰值	1976 年第 1 季度	25.2
低谷	1977 年第 2 季度	7.9
峰值	1978 年第 4 季度	27.9
低谷	1980 年第 4 季度	5.0

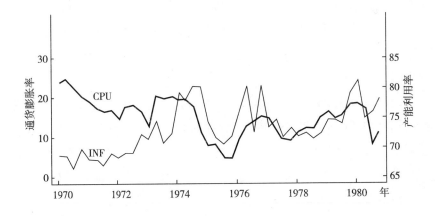

资料来源：欧洲安全与合作组织（OCSE）《主要经济指标》各期。

图 8.4 产能利用率（CPU）CPI 通货膨胀率（INF），1970—1980 年

我们对 60 年代货币周期与经济周期之间关系的解释，也完全适用于 70 年代。平均讲，70 年代的货币政策非常具有扩张性，其理由是货币政策必须刺激产出和投资。这一时期的货币政策也非常具有周期性。典型情况是，扩张进程如此之大以至于会突然引发一次国际收支危机。在危机爆发时，因为需要快速采取行动，所以当局无法使用传统货币工具。因此，当局会借助于行政措施，如对银行贷款实行定量限额和限制外汇交易及资本流动等。一旦危机逐步消失，当局就会重新推动货币增长和开始一轮新的扩张。简而言之，走走—停停的政策是一种常态。

在第 7 章中，我们了解到 1966—1969 年钉住利率政策导致了 1969—1970 年的国际收支危机。到 1970 年时一个新的扩张性货币周期已经开始。对此，法兹奥（1979，第 288 页）写道：

在几乎整个 1970 年的上半年，货币政策是紧缩性的；但随着外汇形势的改善和产出增长率的下降，政策在夏季出现了明显反转。

与通常情况一样，国际收支赤字的消除与希望刺激产出增长是货币和信贷总量加速增长的原因。随后还降低了利率。1970 年离岸—在岸利率差达到了 12%（图 8.3）。现在很难理解，在资本净额正在流出意大利和里拉远期汇率的贴水超过 15% 的情况下，为什么意大利银行还想实行低利率政策。1971 年，资本账户的恶化程度是前一年的 2 倍。1972 年，净资本流出是 1971 年的大约 5 倍，并造成了国际收支总体的赤字。

1972 年 4 月 24 日，欧共体的一些成员达成协议，同意将双边汇率波动幅度控制在 ±2.25% 以内⑪。但在 6 月，由于受到资本大量外流的压力，意大利要求不履行协议的某些条款。里拉汇率的远期贴水上升，同时离岸—在岸利率之差又恢复为正值。国内与国外利率之差也扩大了；1973 年，德国利率超过了意大利利率 7 个百分点。

---

⑪ 这一安排就是所谓的欧洲"蛇形"或"洞中之蛇"。这种安排在 1973 年结束。有关这种安排的目的和机制的详细情况，见意大利银行（BI R. A.，1972，第 67～74 页）。

当局刺激国内生产的优先考虑与汇率稳定是直接冲突的。由于不能长时间忽视国际关系，所以当局开始采取行政措施。正如已经提到的，在 1972 年 6 月至 1973 年 1 月，意大利银行宣布了本币投资收益不能自由兑换和汇出，二元外汇市场出现了。在新体制出现的早期，相对于"商业"里拉，所谓"金融"里拉已经丧失了 6% 的价值。

1973 年，严重的国内经济衰退、低利率和预期里拉进一步贬值（这也鼓励了商品库存的囤积）造成了对进口商品需求的持续增加。当局依靠二元外汇体系来防止因国内低利率而出现的资本外流。此后当局使用资产组合约束方法来防止国内对长期证券需求的大幅度减少。这两个决定是相互补充的：第一个是将储蓄留在国内市场；第二个是将储蓄引向政府证券。

扩张性货币政策与国际收支赤字之间的联系，对此从未有过争论。然而，当局却推迟采取纠错决定。当能源危机爆发时，在承认基础货币创造"过多"之后，法兹奥（1979，第 295 页）继而指出："并不存在需大幅度修改货币政策进程的必要性。"在石油危机爆发时，货币政策是非常扩张性的。负面供给冲击与货币宽松的共同作用是造成国际收支赤字和国内价格的大幅度上升。但意大利银行再一次选择以外部失衡的代价来刺激总支出。

为了重新掌控局面，当局从欧共体获得了一笔贷款、与国际货币基金组织签订了一项备付协议、实行了进口货物的无息存款规定和启动信贷紧缩政策（BI R. A.，1974，第 61~63 页和第 250~251 页）。信贷紧缩的结果比与国际货币基金组织达成协议更加严厉⑫。这部分没有预期到的信贷紧缩使得 1975 年正在发生的经济衰退更加严重，但改善了国际收支状况。

正如过去经常发生的情况，货币当局受到了刺激产出增长的压力。由于 1972 年至 1974 年意大利经历了巨额国际收支赤字的情况，所以没

---

⑫　TDC 增长了约 20000 亿里拉，少于意大利和国际货币基金组织此前的规定（比尼·斯马赫和塔丁尼，1983）。

有理由再次实行通货膨胀政策。另外，国内与国外经济周期在 1974 年是不同步的。这次比较奇怪的是，意大利银行认为目前刺激国内支出的条件还不成熟。但政府却有不同看法。在夏季，货币政策与财政政策都变得高度扩张性（法兹奥，1984）。取消了针对银行贷款的规定，实施了出口信贷补贴政策，这使得银行可以自动在中央银行再贴现其 50% 的此类信贷。基础货币创造加快，而且在几个月内货币市场利率就从 15% 下降到 8%[13]。

在 1975 年底，经济活动复苏，造成了进口增加。1976 年是战后时期最混乱的一年。在 1976 年开始时，意大利持有的外汇储备存量不到两个月的进口额。一场政治危机和对里拉的负面预期如此严峻，使得当局被迫采取暂停 2 个月外汇交易业务的重大措施。这些事件震惊了货币当局。他们最初的反应是紧缩货币政策，但最终采取的是不完整的措施。用意大利银行行长巴菲（1976）的话说：

"在 1975 年衰退之后这次复苏刚刚开始，所以恰当的政策不是阻止生产复苏，而是让我们降低限制的强度。为了协调这两个相冲突的目标，货币政策的行动范围因此变得非常有限。"

法兹奥（1979，第 306 页）承认意大利银行的行动是"不具有充分限制性的"。[14]

真正的瓶颈是政治危机，因为政治危机阻碍了采取更加强有力的措施。3 月新政府组成，其优先目标仍然是促进经济增长。取消了在中央银行自动再贴现出口信贷的政策，贴现率新提高了 4 个百分点。但相对于形势的严重程度而言，贴现率的提高幅度太小了。外汇交易恢复了，但在 3 月就里拉贬值了 5.8%，4 月又贬值了 5.7%，尽管当局为了支持里拉使用了 10 亿美元进行了干预。10 亿美元正好是欧共体贷款的全部收入。里拉的名义和实际汇率都出现了贬值。在这一年中，里拉兑美元

---

[13]　此外，信贷机构可以对其资产进行重估，因此实际存款准备金比率从 15% 下降到 8%。

[14]　贴现率从 6% 上升到 8%，存款准备金也提高了。

的远期贴水按年计算超过了 35%。正如我们此前讨论的，逐步采取了
许多行政措施：意大利游客出国旅行购汇限额、强制性的进口和出口支
付规定、外币短期出口应收款的融资规则、强制性的无息存款规定、购
买外币资产的特别税收、将违反外汇管理的行为纳入刑事犯罪的范围
等。官方贴现率先是提高到 12%，然后又提升到 15%，但实际利率仍
然为负值。在 1976 年底实际收入增长了 5.6%，但国际收支状况仍然令
人担忧。

1977 年发生了三件重要事情。第一，来自政府的压力使商业银行
持续增加从外国债权人的借款。结果是短期外国资本流入使得当局可以
覆盖上半年累计的国际收支赤字。第二，由于生产增长的绝对值和相对
于其他国家而言都出现了放缓，因此自 1971 年来国际收支首次出现了
全面盈余（表 8.4）。第三，里拉兑美元远期汇率贴水出现了较大幅度
下降，利率差也变得平缓（图 8.2 和图 8.3）。

1978 年经济增长持续低迷，加上贸易条件的进一步改善，造成了
经常账户大约 30000 亿里拉的盈余。负利率差保持在较小范围内，有利
于资本账户盈余的实现。总的国际收支状况达到了 70 年代里最高水平。

从 1978 年起，货币政策再次将重点转向刺激产出。从夏季开始，
国内与国际之间的利率差开始上升。到年底时，净资本流出总计达到
24000 亿里拉。国内生产复苏，而且明显好于其他国家，贸易条件再次
恶化。因此，经常账户从相当大的盈余变为 70 年代最严重的赤字就毫
不奇怪了。这次失衡是缘于第二次石油危机和国内外高度不同步的经济
周期的共同作用。从很多方面讲，这是 1974 年事件的重复。到 1980 年
底，经常账户赤字达到了 83000 亿里拉，而总的国际收支赤字是 63000
亿里拉。可以预测的是，为了应对外部约束，货币政策不久就会变得紧
缩——在 1981 年春季。

结 论

20 世纪 70 年代最突出的特点是货币当局对政府赤字的默许，而政

府赤字的飞速上升是由于转移支付的大幅度增加。当局不能或不想防止大部分赤字的货币化。在实践中，意大利银行采取的政策是将预算赤字的政治成本最小化。

通过将国内信贷总额作为主要中间目标，货币政策对财政赤字的默许得以常规化。在 TDC 的框架内，公共部门的融资需求被作为外生变量。初始时，可以通过限制向私人部门的信贷来实现目标，此后目标简单来说是无法实现的。

信贷限额、资产组合限制和对资本流动及外汇交易的控制等措施本身就是造成政府支出高速增长的一个动机。这反过来又造成了货币总量的不稳定、和平时期从未经历过的通货膨胀进程，以及反复出现的大规模外汇危机。最后，这种政策降低了金融部门的效率，也凸显了意大利与国际金融市场相隔离的状况。

第9章
20世纪80年代的意大利：
走向中央银行独立性

我们已经看到意大利货币史的主旋律一直是财政主导，这是货币政策实施中的最高原则。财政主导的起源可以追溯到1866年5月，当时通过的一项立法规定，未经政府当局事前批准，发钞银行不得改变贴现率。这项立法还规定，国民银行应向财政部提供一笔2.5亿里拉的贷款，并将这笔资金贷记到一个新开设的财政部活期账户。这一账户最终演变成一种实际上的自动机制，通过此机制意大利政府可以对大部分预算赤字进行融资。20世纪70年代在行长圭多·卡里领导下，财政主导变得非常突出（见第8章）。1975年保罗·巴菲被任命为意大利银行行长，这代表着财政主导历史中一个思维上的转折点。但直到卡罗·阿泽里奥·钱姆皮在1980年继任巴菲的行长职位后，才将许多巴菲的想法付诸实践。因此，本章的主要内容就是关于意大利银行争取获得货币政策自主权的情况。看待欧洲货币体系（EMS）——意大利在特殊条件下加入该体系——和《1991年马斯特里赫条约》必须考虑基于如下背景：赋予意大利中央银行一定程度的独立性是一个漫长和迟到的过程，意大利银行此前从未获得过独立性。

在撰写本书时，意大利银行已经完成了中央银行独立性的进程，这与《马斯特里赫条约》的规定是一致的。但需要解决两个关键问题。第一，意大利银行会如何使用其新的独立性？意大利银行是否会追求价格水平稳定目标，或像过去一样有多重的和相互矛盾的目标？意大利银行的新行长安东尼奥·法兹奥必须明确该行的目标。第二个问题是财政如何改进，这一问题现在才开始研究。本书的研究表明，货币政策的质量无法摆脱政府融资途径的影响。价格水平的稳定更多是依靠债务占GDP比率的稳定，而不是中央银行的独立性。

本章首先简要介绍欧洲货币体系，这一"外部"事件推动了意大利银行转变成一个更加保守的中央银行，同时也促进了意大利政府赋予意大利银行更多独立于财政部的自主权。然后我们讨论意大利银行从财政部获得何种程度上的自主权和成为一家更加保守的中央银行。在此之后我们定量分析相对于其他6个欧洲货币体系初始签字国来说，意大利在去通货膨胀方面的努力程度。最后我们评估80年代后期意大利财政改善的程度，并将其与其他欧洲货币体系国家进行比较。

本章的主要结论是，在80年代后半期意大利财政当局大幅度降低了基本赤字；在意大利银行被赋予很高的独立于财政部的地位之后，财政状况有了改善；如果想加入欧洲货币联盟（EMU），财政状况还需要更进一步改善。本书研究的正式结束时间点是1991年。在1991年与本书出版之间，发生了几件重要事件，因此有必要有一个后记。在此后记中我们将详细介绍中央银行独立性的完成过程和造成意大利在1992年9月退出汇率机制（ERM）的原因。我们的结论是，这次货币危机与其他在过去131年发生过的其他危机并没有太大区别。关键因素是通货膨胀率一直高于汇率机制的核心国家，而且市场怀疑政府是否有能力稳定债务占GDP的比率。

欧洲汇率机制

欧洲汇率机制包含4个主要成分：（1）一篮子货币，即欧洲货币单位（ECU）；（2）汇率机制安排；（3）参加国中央银行之间的信贷支持；（4）成员国的储备资产集中管理①。欧洲汇率机制的支柱是下述协议：将双边汇率波动范围限制在事先确定的中心平价的 ±2.25% 之内②。在1978年，意大利设法获得了里拉汇率 ±6% 的更宽波幅；在1990年1月5日，里拉汇率才实现了 ±2.25% 的更窄波幅③。巴菲（1989）给出了有关意大利赢得更宽波幅的匆忙谈判的有价值分析。从本质上讲，意大利的立场，尤其是意大利银行行长的立场是，±2.25% 的波幅过于严格，会迫使意大利让里拉实际升值和使贸易账户恶化。而较宽波幅则可以降低频繁调整里拉中心平价的压力。巴菲的观点最终获胜，意大利被批准实行较宽波幅④。

欧洲汇率机制并不是一个严格的固定汇率体系。当时的一个共识是，根据变化的经济条件和参加国的相对经济表现，中心平价可以调整。欧洲货币体系的早期支持者认为，中心平价的频繁调整不应当被视为是该体系成功或失败的一个标准（Commission of EC 1979，第78页；冯·雅波斯里，1979，第9页）。1979年至1990年，共有12次中心平价调整：1979年2次；1981年2次；1982年2次；1983年1次；1985年1次；1986年2次；1987年1次；1990年意大利里拉从宽波幅到窄波幅的"技术性"调整；有关具体情况，见弗拉迪阿尼和冯·哈根（1992，表2.2）。显然，与后面的年份（1984—1991年）相比，早期阶段（1979—1983年）的欧洲货币体系是一个非常灵活的体系。在1987年的中心平价调整后，欧洲货币体系实际上变成了一个固定汇率

①　具体介绍，见欧共体委员会（1979，1982）。

②　更准确地讲，浮动范围上限是高于中间平价的2.275%，而下限是低于中间平价的2.225%。

③　西班牙于1989年6月19日加入欧洲汇率机制，英国于1990年10月8日加入欧洲汇率机制 ±6% 的较宽浮动范围。葡萄牙货币埃斯库多稍后加入，而希腊德拉克玛从未加入这一机制。准确介绍欧洲汇率机制的事件超出了我们的目标。更多有关信息读者可以参考弗拉迪阿尼和冯·哈根（1992，第2章）。

④　附带说明的是，巴菲认为较宽的波幅也会有利于英国，对此他引用了斯缪·布瑞坦在1978年11月16日《金融时报》上写的文章，题目是"意大利浮动范围的案例"。

体系（吉阿法兹和斯帕法塔，1990）。

关于欧洲货币体系及其运行情况有大量学术研究。详细分析该体系超出了我们的目标。就本书的目的而言，我们必须将欧洲货币体系视为政策协调的一种特定形式，由放弃了某些货币政策独立性的参加国组建。更具体地讲，如果欧洲货币体系的角色是一个 N 个国家的汇率联盟，则需要确定 $N-1$ 中心平价，使联盟有一个选择联盟共同货币政策的自由度。这种自由度在短期内可以决定联盟对影响所有成员国的因素做出反应，但在长期内只能帮助确定联盟的通货膨胀率。

虽然运行这种受到约束的一个体系有多种方案，但我们分析两种极端方案就有助于说明问题。第一种是在该联盟内最多只有一个货币当局，独立地决定其他成员国的政策。这就是支配国方案：最大或最重要国家确定自己的货币供给增长率以及联盟的通货膨胀率。经典的金本位时期的英国和布雷顿森林体系中的美国可以解释为具有支配权（金德伯格，1973；科奥翰内，1984；艾亨格林，1989）。许多作者认为欧洲货币体系就是这样一种解决方案，并将德国视为支配国角色（吉阿法兹和吉奥范尼尼，1989）。根据这种观点，像意大利这种高通货膨胀国家，在德意志联邦银行的领导下。可以利用欧洲货币体系实现较低通货膨胀率。德意志联邦银行可以自主决定货币供给，而其他成员国则不行。像意大利这种国家，必须将其货币供给作为内生变量进行调整，以满足维持里拉/德国马克固定平价的约束条件。

另一个包含 N 个自由度约束的极端方案是，联盟的成员国之间相互合作，使货币政策决策成为一个共同决策过程的结果。根据这种观点，协商决定联盟中货币存量的水平以及每个国家可以创造的货币数量（弗拉迪阿尼和冯·哈根，1992，第 6 章）。

实证证据显示，欧洲货币体系的运行方式对不同国家来说是不同的，即发挥非对称性作用。更具体来说，有一个包括德国、比利时和荷兰在内的核心；与其他欧洲货币体系的成员相比，核心国家的行动更加一致和更加独立。相反，相对于规模和经济重要性而言，法国和意大利

第9章 20世纪80年代的意大利：走向中央银行独立性

在欧洲货币体系中的货币政策决定中处于相对弱的地位。与德国的联邦银行（中央银行）主导欧洲货币体系的情况相比，这种非对称性是不同的（弗拉迪阿尼和冯·哈根，1992，第6章）。

总之，意大利加入欧洲货币体系，使得意大利中央银行不能完全独立于其他汇率协议成员国实施货币政策。完全独立的货币政策必然与汇率目标形成冲突，因此，中央银行要么选择追求独立货币政策和调整货币平价，要么维持现有平价和对货币政策做出相应调整。由于有12次平价的重新确定，所以中央银行一定是综合了上述两种选择，而不是单独选择了其中一项。

1979年到1990年，与其他欧洲货币体系协议的其他6个原始签字国（比利时、丹麦、法国、德国、爱尔兰和荷兰）的通货膨胀率相比，意大利的通货膨胀率一直高很多。这种通货膨胀率差异导致了里拉的一次贬值，这次贬值仅仅是部分地补偿了此前累计的通货膨胀率差异。因此，里拉兑欧洲货币体系其他货币的实际汇率出现了大幅度升值（表9.1）。例如，在12年的时间里，意大利的通货膨胀率比德国高98个百分点。里拉兑德国马克只贬值了56%，使里拉实际升值42%。利用实际汇率升值作为抑制意大利通货膨胀的一种政策造成了这种后果。相似的历史事件发生在20世纪20年代，当时墨索里尼利用汇率作为工业重组的一种方式。与20年代的情况类似，在80年代，当局希望向出口行业发出的信号是，不要依靠本国货币贬值来提高竞争力和收入。为了保持在国际市场上的竞争力，出口行业必须咬紧牙关和实施降低成本战略。

表9.1　　　意大利与其他国家的通货膨胀和实际汇率累计
双边数值变化1979—1990年（百分比）

	通货膨胀	里拉实际升值
比利时	77.4	48.8
丹麦	53.6	34.8
法国	46.8	31.1

	通货膨胀	里拉实际升值
德国	98.2	42.0
爱尔兰	34.1	18.8
荷兰	99.5	47.8

注释：通货膨胀用消费缩减指数的变化度量；实际汇率变化指名义汇率变化与通货膨胀率差异之间的差额。

资料来源：弗拉迪阿尼和冯·哈根（1992，表2.3和表2.4）。

在80年代，意大利产业丧失了巨大的竞争力，我们可以从贸易账户的恶化以及非贸易商品价格相对贸易商品价格上涨中看到这一点。1970—1979年，贸易账户的年平均赤字是10700亿里拉；在此后的12年里，平均贸易赤字几乎增加了4倍，达到了53880亿里拉[5]。但是，意大利与欧洲货币体系的其他6国的实际收入之差并没有发生显著变化[6]。因此，里拉的实际升值是造成意大利贸易赤字增加的主要原因。

里拉的大幅度升值也造成了非贸易商品相对价格的大幅度上升，这有利于非贸易商品部门的扩张，代价是贸易商品部门的停滞。对上述现象的解释如下。贸易商品部门是与世界水平展开竞争，不能超过贸易竞争对手的标准而提高价格。另外，非贸易商品部门（主要是服务业）不需要与外国进行竞争。在承诺固定汇率的条件下，贸易商品部门的单位劳动力成本上涨超过国外市场价格的部分无法通过提高商品价格的方式转移；国内出口行业必须降低成本或接受较低利润收入。相反，非贸易商品部门不需要面对国际竞争，因此如果单位劳动力成本上涨幅度超过贸易行业的上涨幅度，则可以提高价格。关于贸易和非贸易商品的价格指数没有公开的数据，但通过划分贸易商品与非贸易商品部门，有可能创立此类指数。这就是萨文纳（1993）所做的工作，他的结论是，

---

[5] 数据来源是意大利银行《经济公报》中的"国际收支表"。

[6] 1971—1978年，意大利的增长率比欧洲货币体系其他6个国家快39个基点；在1979—1991年，意大利快54个基点。欧洲货币体系6个国家在加总时使用了固定欧洲货币单位（ECU）的权重。

1982—1991 年，非贸易与贸易商品价格的比率上升了 35%。如此大幅度变化必然会造成很强的动机，将资源从竞争性和高效率的国际部门转向受保护和低效率的国内部门[⑦]。

总之，欧洲货币体系的这种运行方式意味着意大利可以通过使实际汇率升值来保持与其他成员国不同的通货膨胀率。由于国内工资和价格的相对刚性，所以实际汇率升值意味着意大利产业国际竞争力的恶化，以及资源转向低生产率的受保护部门。

更加独立和保守的意大利银行

在本书大部分内容中我们一直都认为，最初的国民银行和之后的意大利银行通常实行配合财政当局的政策。在行长卡里的任期内，货币政策的实施变得完全从属于财政政策目标。我们将这一段时期称为财政主导。由于保罗·巴菲在 1975 年接替圭多·卡里担任行长，所以意大利银行的学术氛围发生了改变。虽然巴菲无法实施许多他的想法，但在意大利银行非常强的凯恩斯主义传统中他代表着一种新思想。为了更好地理解这种思想转变的重要性和深度，我们有必要详细了解巴菲和卡罗·阿泽格里奥·钱姆皮的想法，后者在 1980 年底接替巴菲成为行长。

保罗·巴菲

巴菲的学术影响力出现在其任内第一期《意大利银行年报》中；他在此份年报中分析了货币与经济增长之间的联系。当时主流思想流派的核心信条是要继续将货币作为经济增长的引擎；好像是为了挑战这一信条，巴菲指出（BI R. A.，1975，第 426 页）：

"意大利社会必须正视的问题是，不能仅仅依靠货币总量工具来增加经济的供给面，而是要使用被证明并非轻率和较少幻觉的工具。"

[⑦]　有意思的是，明福德（1994）认为这种机制有助于政府增加对贸易商品部门的补贴，这会使得欧洲货币体系不如一个浮动汇率环境下独立中央银行运行的机制。

巴菲行长公开批评那些假设通货膨胀与失业之间存在稳定替代关系的理论（巴菲，1976），并反对依靠通货膨胀来重新配置资源，这种方式不利于工薪阶层和债权人，而有利于资本所有者和债务人（BI R. A.，1977，第397~399页）。

巴菲认为巨额政府赤字是货币不稳定的一个原因，并主张在决定购买和出售政府证券时意大利银行应享有完全自主权（BI R. A.，1976，第410~411页）。多少具有一些讽刺意义的是，1981年的分离（"离婚"）政令并不是在巴菲担任行长期间颁布的。也许巴菲更擅长提出主张而不是设计具体的制度解决方案。同样的观点也适用于70年代意大利货币政策的特征，即太多行政管理。巴菲行长感慨货币政策质量的下降，因为意大利银行依靠定量约束而不是注重基础货币的创造；对此巴菲给出了如下评估（BI R. A.，1976，第409~410页）：

"与完全集中于控制基础货币相比，行政管理可以实现更多目标。但是，忽视这种体系产生的成本可能是不审慎的。其中一种成本是金融中介机构会丧失资源配置效率。另一种成本是由于行政管理的长期存在，我们的技术能力下降了。但是，最大成本是创建和保持这类目标和手段都是人为确定的体系，而不是一种金融机构可以自由做出决定的环境。"

根据巴菲的观点，货币政策应当关注长期问题，不应当服从于短期因素（BI R. A.，1976，第382~383页）：

"一个广泛的共识是，频繁政策调整导致的不确定性和这些调整对意大利经济影响的时滞，会增加而不是降低经济的周期性波动。"

总之，巴菲的理想计划包括：（1）货币当局的最终目标应当符合货币政策的潜力和局限性；（2）货币当局应当从财政当局获得足够独立性；（3）货币政策策略应当基于市场机制而不是行政性措施。实施这一计划的责任将落到其继任者卡罗·阿泽格里奥·钱姆皮身上。

"离婚"

在1980年10月理想破灭的巴菲辞职后，卡罗·阿泽格里奥·钱姆皮被任命为意大利银行行长。钱姆皮的任职一直持续到 1993 年他担任总理的时候。他任职的第一年被视为是意大利银行历史的一个里程碑。好运气也帮助了这位行长。1981 年 2 月 12 日，钱姆皮收到了财政部长本尼阿米诺·安德里塔的如下一封信函（1993）：

"很久以来我就认识到，由于意大利银行对财政部的融资需求没有足够程度的独立性，所以使得货币政策实施的很多问题变得越来越严重。因此我的想法是重新审查信贷和储蓄跨部门委员会（ICCS）1975 年 1 月 23 日决定的功过。这次重新审核将形成一个体系，在此体系中意大利银行是否干预国库券拍卖将由意大利银行自由决定。"

财政部部长婉转提到的这一新体系在 1981 年 7 月开始运行，使意大利银行从政府证券拍卖中承担兜底购买的义务中解脱出来⑧。媒体将这一事件称为"离婚"，表明公共财政世界与货币世界之间的正式分离。

这一事件的不寻常之处是此前并没有经过公开讨论；艾普斯特恩和舒赫（1989，第 160 页）指出，"实际并没有分析这一事件的备忘录或内部文件"。真实情况是意大利银行在 1975 年已经成功地建立政府证券的二级市场，而且认为货币政策的独立性是货币稳定的一个前提条件（BI R. A.，1980，第 180～183 页），但同样真实的是财政部的决定的确出人意料。

艾普斯特恩和舒赫认为，这次"离婚"是削减工会和其他强大压力团体权力的长期趋势的一部分。他们指出，包括意大利共产党在内的所有政党都不反对这一决定。很难理解为什么减少工会的权力符合意大利共产党的最佳利益。同样很难解释的是基督教民主党希望从此事件中获得的好处，因为对意大利银行的压力很多来自党内权力非常大的委托人⑨。为什么财政部部长（同时也是基督教民主党的成员）希望割断货

---

⑧　1975 年已经对财政部对短期国库券的拍卖（即所谓的"buoni ordinari del Tessoro"）进行了大幅度改变。改变是为了使竞拍过程对市场条件更加敏感。

⑨　古德曼（1991）并没有用意大利的政治结构来解释这一"离婚"。他似乎也更重视政治创新者的作用。

币化融资的一个重要和方便通道？我们的解释是历史中创新者的作用。历史上确实有一些个人的例子，他们看到了实行关键变革的重要性，并做出了也许表面上与自身利益不一致的决定。博洛尼亚大学的经济学教授安德里塔就是这样一位人士。他解释了这一决定的动机（安德里塔，1993）：

"偏好持有金融资产的意大利人正在令人吃惊地抛弃此类资产，不动产的价值年平均上升100%。必须改变经济政策的机制；我没有同盟者，我的同事们都着迷于不惜以实际低利率和疲软汇率为代价来维持经济增长的观点。我希望意大利银行与财政部分离是一个造成较少就业和产出影响的去通货膨胀过程，一旦我们将中央银行从财政部的银行的角色中解放出来，更有信誉的中央银行会支持这一过程。"

并不是要抹杀这一事件的重要意义，但大家应当小心，不要迅速得出如下结论，即1981年代表着从以前的财政主导体制到新的中央银行独立性体制的一个明确突破点。最好是将1981年作为一个漫长过程的起点，这一过程使意大利银行逐步获得了货币政策的独立性。强制性参加财政部证券的拍卖是财政部裹挟货币当局的一种方式；通过财政部活期账户自动从中央银行进行融资和改变贴现率必须得到财政部同意是财政部施加影响的另外两种方式。一直到90年代意大利才完全摆脱上述两个约束。尽管有明确规定，但"离婚"政令的特点更多是一种分离，因为该政令规定了意大利银行在拍卖中必须按事前确定的百分比购买新发行证券。实际上，意大利银行在很长一段时间里都参与财政部证券的拍卖：例如在1987年7月至1988年6月，意大利银行购买了7.5%所有新发行的证券。这些购买是必要的，因为申购量少于供给量（布提格里奥内和普莱提，1990，表6），而且财政部确定了底价或最高利率。直到1988年7月，才取消3个月国库券的最高利率规定；1989年3月，取消了6个~12个月财政部债券的最高利率规定。即使在1989年3月之后，意大利银行在拍卖市场上仍然很活跃，其目的是提高申购的平均价格，同时也有自身资产组合管理的需要⑩。总之，意大利银行对双周证券拍卖的干预是逐步退出的，但并没有彻底消失。尽管有这些问题，但我们仍然将1981年视为财政部与意大利银行之间关系一个新时代的开始。

使商业银行摆脱数量约束

钱姆皮担任行长期间取得的第二项成果是取消了三项数量限制，这些限制直接束缚了意大利的银行体系：资产组合约束、信贷限额和对汇率及资本流动的管制。在第8章我们曾指出，资产组合约束要求银行必须购买最低数量的政府中期长期证券，具体数量是新增存款的一个固定百分比。1976年这一固定百分比是30%；1978年下降到6.5%；1983年进一步下降到5.5%；1987年4月最终取消。

1983年6月取消了信贷限额，但1986年1月重新实行；1988年3月最终取消。为了与《单一欧洲法》的规定一致，1987年2月，财政部开始取消对汇率和资本流动的复杂管制。这一过程于1990年完成，远远早于《单一欧洲法》规定的最后期限。

更加保守的意大利银行

在80年代结束时出现了第三个创新，标志着意大利银行明确转向更大程度的保守主义。这种转变毫无疑问受到了其他中央银行主流观点的类似改变的影响（楚拉奎和普莱斯，1984；弗拉迪阿尼，1993a），也反映了意大利应加入低通货膨胀的欧洲货币联盟的想法越来越迫切的现实。但我们不应当忽视意大利银行当时所经历的文化转变的重要意义：

过去20年的经历和理论研究都强化了如下观点：稳定的经济增长与价格稳定之间长期内不存在互不兼容的关系；相反，通过坚定和有信誉的货币政策可以同时实现这两个目标（BI R. A.，1989，第198页）。

---

⑩　1989年3月至1990年2月，意大利银行购买了3%的拍卖的国库券（布提格里奥内和普莱提，表6）。

这样一种观点将我们带回到 20 世纪 50 年代初期的学术氛围，当时意大利银行行长是唐纳托·梅尼赫拉。60 年代和 70 年代主张积极干预政策占主导地位的日子已经一去不复返了。机制转变的另一个证明来自 1991 年《意大利银行年报》中的"行长的最后思考"。这一段话可以恰当地被称为"货币宪法"：

"货币稳定是中央银行的最终目标。一个健康的货币是正义的民主社会的基础，也是经济发展和有序社会交往的前提条件。货币单位的贬值会造成不确定性和互不信任，也会破坏经济交易和社会结构。"（BI R. A.，1991，第 340 页）。

货币政策策略

钱姆皮任期内的最后一项创新是货币政策策略。货币政策策略的转变影响到货币政策中间目标和工具的选择。我们在第 8 章中曾指出，70 年代意大利货币当局曾使用国内信贷限额（TDC）作为优先的货币政策中间目标。我们也指出过，国内信贷限额非常适合于财政主导的机制。实施 TDC 分为两个临时阶段。在第一个阶段，意大利银行坚持 TDC 的数量目标；当出现政府预算赤字超过其目标时，让私人部门承担调整的负担。因此，大额预算赤字挤压了私人部门的信贷。这种挤出效应只是部分地通过较高利率来实现。当局不愿意让利率达到其均衡价值，而是实行信贷配给政策。在第二阶段，当局无法继续控制 TDC，因为当局并没有用等额减少私人部门的信贷来抵消流向政府部门的预期之外信贷。结果是 TDC 失去了意义，于是改用货币总量。

从 TDC 转向广义定义的货币存量 M2 出现在 1983 年和 1984 年。意大利银行的官方立场是有几个中间目标，但在实践中 M2 替代了 TDC。⑪

---

⑪ 钱姆皮的这份声明很好地反映了官方立场的模糊性："在行动中，中央银行有多个参考指标；其中特别重要的是投放到经济中的信贷、货币（M2）、实际利率、汇率。从绝对意义上讲，这些变量中没有一个可以定义为主要参考指标。"（钱姆皮，1983，testimony to both chambers of Parliament）

结论

在 80 年代财政主导的机制开始走向末路，这一机制在本书研究的大部分历史中都存在，尤其是 60 年代和 70 年代。原因包括意大利加入欧洲货币体系；开明的财政部长将意大利银行从财政部短期证券拍卖中的兜底购买义务中解脱出来的决定；意大利银行的偏好转向降低通货膨胀；货币政策策略更适合于一家更加保守的中央银行的目标等。政策机制在 80 年代从此前的财政主导转向货币独立。截至 1990 年，也就是本书研究的结束时，根据《马斯特里赫条约》的规定，类似德意志联邦银行享有的货币独立性仍在形成过程中。

20 世纪 80 年代的定量分析

在前两节中，我们具体分析了两大组事件的重要性，即欧洲货币体系和国内政治环境，这两组事件都促使意大利银行追求低通货膨胀的目标。但非常滑稽的是，从某种意义上讲这两组事件的作用方向是相反的：欧洲货币体系减少了意大利银行的自主权，而国内政治环境赋予意大利银行更多独立于政府行政部门的独立性。如果意大利银行在 70 年代就有更多独立性和更加保守，则加入欧洲货币体系在 80 年代对政策的约束就会较少。但是，欧洲货币体系和国内政治环境相互作用都提升了意大利银行的信誉度。

现在我们来分析体现了意大利 80 年代发展特点的重要宏观经济变量。像以前一样，我们首先概述一下本阶段与整个历史趋势之间的关系。80 年代货币增长和产出增长的平均值恢复到 131 年历史的趋势值。就交易方程式而言，80 年代与整个研究时期之间的重要差异是货币流通增长速度：80 年代的货币流通速度年均增长率是 1.5%，而在整个研究期间，货币流通速度大约是下降 1.5%（表 1.3）。因此 80 年代较高的通货膨胀率反映了货币流通速度偏离长期趋势值的情况。

所有财政变量都加速增长。从占国民收入的比重看，尽管税收负担有了大幅度上升，但80年代的中央政府的预算赤字规模几乎比70年代翻了一倍。实际上，80年代中央政府的税收比率比70年代大幅度上升了16个百分点；但中央政府的支出比率上升了令人吃惊的22个百分点（表1.4）。财政赤字货币化的比率从70年代的52%下降到80年代的18%，体现了意大利银行转向货币独立和保守主义的效果。

实际利率在80年代大幅度上升，无论是绝对水平还是相对于美国的实际利率。意大利实际利率与国外利率水平趋于一致的主要原因包括逐步取消对外汇市场和资本流动的管制；全球金融市场的一体化；财政部无法依靠中央银行来对其赤字进行融资等。

正如我们看到的，80年代的重要特征是货币调整。动态变化而不是平均值可以揭示这种调整的真实程度。由于欧洲货币体系的重要性，我们认为对比意大利与其他6个初始签字国是合适的。我们从货币因素开始，最后比较财政变量。我们认为，在这两个领域意大利都进行了调整并趋向欧洲共同体的数值。

货币调整

对数据的初步分析就可以了解80年代意大利的去通胀情况，但多数工业化也是如此（弗拉迪阿尼，1993a）。因此，相关问题就是，相对于欧洲货币体系的其他国家而言，意大利去通胀的情况如何。图9.1清晰地表明，意大利的情况类似，尤其是从1980年到1987年[12]。意大利的去通货膨胀过程不是有利事件造成的，而是一些特定政策决定的结果。为了度量货币政策的作用，我们使用麦卡伦姆（1989，第16章）的稳定—价格货币规则：

$$\Delta b - (\Delta \bar{y} - \bar{v}) \tag{9.1}$$

---

[12] 图9.1及后面几个图中的曲线EC指欧洲货币体系6个原始签字国家的加权平均值，权重是各在欧洲货币单位中的权重。

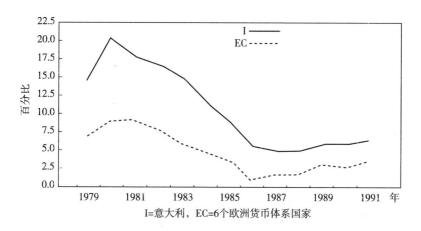

I=意大利，EC=6个欧洲货币体系国家

图 9.1　20 世纪 80 年代的通货膨胀率

其中公式右边的第一项是基础货币的增长率，第二项是产出的增长率，最后一项是货币流通速度增长率的 3 年移动平均值（定义为名义 GDP/基础货币）[13]。加上括号是定义基础货币的增长率数值与稳定的价格水平一致。公式（9.1）的数值越高，则货币政策的扩张性越强。图 9.2 表明，在 1980 年意大利的货币政策变得紧缩，而且在所分析时期的多数事件中都在逐步紧缩。更重要的是，意大利货币政策与其他欧洲货币体系成员国之间的差异大幅度缩小，并且在 1991 年完全消失。总之，图 9.1 和图 9.2 表明，意大利的去通胀过程主要受意大利银行的政策行动所推动。

当意大利银行获得确定通货膨胀目标的完全独立性时，出现了货币当局去通胀的一个极端形式。我们已经看到，从 1981 年的"离婚协议"开始，意大利银行逐渐有能力不考虑财政因素而确定货币政策。如果现行体制是一种货币主导，会发生什么事情呢？也就是说，一种机制的背景是高通货膨胀和高债务率的国家（如意大利），加入了一种固定汇率安排（如 1987 年以后的欧洲货币体系）会出现什么后果？

---

⑬　数据来自弗拉迪阿尼和冯·哈根（1992）；产出和价格数据来自经合组织（OECD）；基础货币数据来自国际货币基金组织（IMF）。为了具有可比性，我们没有使用自己度量的基础货币。

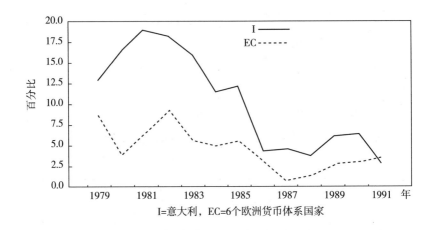

I=意大利，EC=6个欧洲货币体系国家

图 9.2　20 世纪 80 年代的货币政策强度

弗拉迪阿尼和冯·哈根（1993）分析了这种情况，并建立了一个不实行平价重新调整的模型。因此，预期汇率变化是零。另外，价格水平由欧洲货币体系的其他成员国确定；这意味着为了维持固定汇率，意大利的货币政策必须做内生性调整。也就是说，如果意大利的债务随着产出的增长而增长，则意大利的货币增长速度必须低于货币联盟的其他国家，才能防止国内资产不断地转移到外币计价的资产。换句话说，货币当局提供了一种抵御财政当局挥霍无度行为的机制，即宽松的财政政策被紧缩的货币政策所抵消[14]。

完全货币主导的最关键影响是一般预算赤字与国内利率之间的反向关系，一家独立的中央银行可以约束财政当局接受比没有约束条件下更低的预算赤字。在这种情况下，如果政府确定的支出水平和税率使得债务的增长率高于实际 GDP 增长率，则中央银行的应对措施可以是紧缩货币政策，以防止资本流出意大利。反过来讲，由此造成的国内利率上升也会引导财政部降低其赤字。从这一意义上讲，货币主导，再加上政府债务的风险贴水，就可以对财政政策施加约束力。

---

　　[14]　1989 年的《德洛尔报告》非常怀疑市场能否约束财政当局。关于这一点，见弗拉迪阿尼和冯·哈根（1990，第 396～397 页）。

第9章 20世纪80年代的意大利：走向中央银行独立性

上述分析的主要目的是引起大家对一种极端条件的重视：在此条件下货币当局不仅可以忽视所有公共部门的借款需求，而且为了维持其对固定汇率的承诺，可以抵消借款需求的影响。需要明确的是，意大利银行还不是本模型中"理想"的独立中央银行，欧洲货币体系也不是本模型假设的有信誉的固定汇率体制。但是，我们已经在本章中看到，意大利银行在80年代获得了独立性，而且相对于过去和欧洲货币体系的其余国家，意大利银行紧缩了货币政策。我们将在后面看到，如果存在，那么在多大程度上意大利的预算赤字按照本模型估计的影响力进行了调整。

随着意大利的通货膨胀率相对于欧洲货币体系其他成员国而言的下降，市场利率也出现了下降（图9.3）。意大利与欧洲货币体系的短期利率之差从1979年3.4个百分点上升到1983年的9.5个百分点，然后就开始逐步下降。在1991年，这一利差大约恢复到1979年的水平。由于利率差等于本国货币预期的贬值幅度乘以一定时期内的贬值次数，所以很明显的是，欧洲货币体系从来都不是一个有信誉的体制；因为平均讲，市场预期意大利里拉会出现大幅度贬值（弗拉迪阿尼和冯·哈根，1992，表7.7和表7.9）。

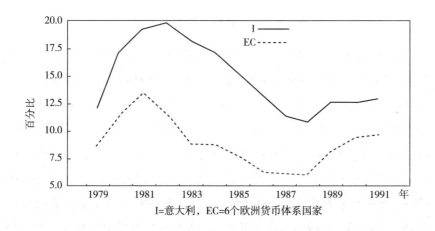

I=意大利，EC=6个欧洲货币体系国家

图9.3 20世纪80年代的名义利率

实际利率，即短期利率与 1 年期通货膨胀率之差，在整个 80 年代都在上升（图 9.4）。在加入欧洲货币体系时，意大利的实际利率还是很大的负值，但开始逐步上升。1983 年以后，意大利的实际利率就显著高于欧洲货币体系的其他 6 个成员国：波动范围从 1986 年最高的 247个基点到 1990 年最低 10 个基点，年平均值是 139 个基点。实际利率的这种向上调整反映了意大利金融市场的对外开放（通过逐步取消外汇和资本管制）和意大利银行取消信贷限额、转向实行实际利率政策的效果。

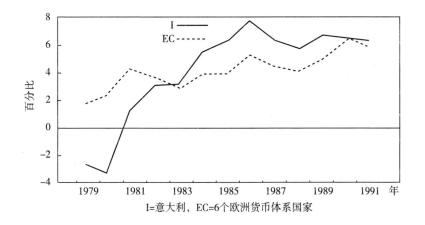

I=意大利，EC=6个欧洲货币体系国家

图 9.4　20 世纪 80 年代的实际利率

意大利的高利率再加上政府债务占 GDP 的比率不断上升，加大了投资者的担心：意大利政府的债务应当有一个风险贴水；也就是说与意大利政府证券的价格存在突然下跌相关的风险。造成这种价格下跌的原因包括部分或全部的债务违约；对已支付的利息和本金实行追溯税收；或进行类似于 1926 年 11 月的整合（第 5 章）。由于具有这类风险，所以对投资者要有所补偿。吉奥范尼尼和皮格（1992）研究了意大利风险贴水的问题；他们比较了在 1991 年 5 月至 1992 年 5 月意大利政府在欧洲美元市场上发行的美元计价债券的收益率与世界银行发行的类似期限美元计价债券的收益率。他们的结论是意大利债券风险贴水的波动范围是22个~42个基点。也就是说，意大利债券的违约风险很小（阿莱辛纳等人，1992）。我们得出的结论是，在80年代意大利利率一直高于欧洲货币体系其他国家的主要原因是贬值风险。

通货膨胀与产出之间替换关系

与欧洲货币体系其他成员国相比，更强有力的去通货膨胀过程是否意味着意大利在产出或失业率方面付出了更高代价？图9.5可以解释这一问题，方法是对比意大利与6个欧洲货币体系成员之间的通货膨胀差异和产出增长率之间的差异。类似菲利普斯曲线的替换关系意味着这些点应当位于一条假想线上，这条线是从西南到东北走向。如果我们比较样本期间前3年与后3年的情况，则似乎存在这种替换关系。在80年代开始时，意大利的通货膨胀率和产出增长率均高于欧洲货币体系的其他6个成员国。在80年代结束时，相对通货膨胀率已经下降了6.5个百分点，而相对产出增长率则下降了2个百分点[15]。大约3:1的替换关系是比较稳定的。

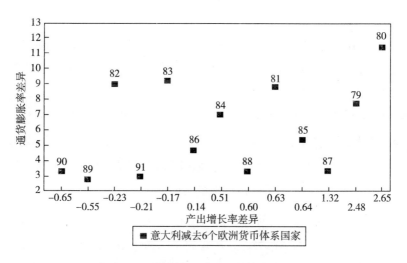

图9.5 通货膨胀—产出之间的替换关系

---

[15] 我们度量的是1989—1991年平均价值与1979—1981年平均价值之差。

如果我们考虑 1982—1987 年的中期区间，则这种替换关系更加有利。吉阿法兹和斯帕法塔（1989）分析了这些年的情况，得出的结论是，意大利比其他国家更好地改善了通货膨胀—产出之间的替换关系（尤其是英国），但这不是由于欧洲货币体系的信誉度，而是由于供给政策。通过一个临时性失业保险基金，意大利政府承担了劳动者失业后的成本，使得意大利产业急需的重整成为可能。如果没有失业保险基金，则工会就会反对裁员，也就无法提高劳动生产率。换句话说，政府实行了有利于企业盈利的资源重新配置的政策，该政策缓解了类似菲利普斯曲线的通货膨胀对产出的影响。总之，80 年代通过持续的里拉实际升值，意大利的去通胀政策造成了相对价格优势向受保护的低生产率部门转移。到 80 年代结束时，与欧洲货币体系的其他 6 个国家相比，意大利里拉的实际升值已经对经济整体发展状况造成了越来越大的负面影响。

财政整改

80 年代是去通货膨胀的时期，也是意大利银行从财政部部分获得独立性的时期。货币的完全独立意味着中央银行的目标是低通货膨胀率，因此完全独立性的一个影响是财政部的预算"成本"上升，财政整改也变得更有可能。本节我们将分析意大利预算问题的相对规模，以及 80 年代进行的调整。我们的度量方法不是使用政府支出、税收收入和预算赤字的绝对数额，而是使用偏离欧洲货币体系 6 个原始签字国的加权平均值的程度。总预算赤字的定义如下：

$$total \quad def = G_c + G_k + G_{tr} + G_i - tax \qquad (9.2)$$

其中，G_c = 政府消费支出；G_k = 政府资本支出；G_{tr} = 向住户和企业的净转移支付；G_i = 政府债务的利息支付；tax = 总税收收入。公式（9.2）中的所有变量都用占名义 GDP 的比率表示，并代表意大利变量的数值与欧洲货币体系 6 个国家加权平均值之间的差异，权重是 1987

第9章 20世纪80年代的意大利：走向中央银行独立性

年1月12日货币平价重新确定时各国占欧洲货币单位（ECU）的份额。数据来源是经合组织（OECD）的《经济展望》。表9.2给出了数据和度量方法。

表9.2的数据显示，意大利的巨额预算赤字和债务并非源于"过多"G_c、G_k和G_{tr}的支出，而是源于税收收入的"不足"。术语"过多"和"不足"没有特别的经济含义，只是表示意大利的情况不同于欧洲货币体系的其他6个原始签字国。70年代的情况同样是如此，但没有列出（弗拉迪阿尼，1993b）。意大利的消费支出和转移支付一直低于6个欧洲货币体系国家组的数值，尽管发展趋势是趋同。意大利70年代的税收收入（也没有列出）和80年代前半期的税收收入显著低于欧洲货币体系6个国家的数值。结果是，与债务水平一样，意大利的预算赤字也大幅度上升到两位数水平。例如在1979年，意大利的预算赤字占GDP的比率是11.6%，债务占GDP的比率是556%。债务占GDP比率的不断上升意味着利息支付不断增加。1979年G_i占赤字总额的一半。随着债务相对于欧洲货币体系6个国家的上升，G_i也出现上升。到1991年，G_i实际上已经相当于全部赤字总额。

前面我们已经提到，为了适应在有信誉的固定汇率环境下货币政策独立性的体制，财政当局必须进行调整和减少基本赤字。

表9.2显示，相对于欧洲货币体系6个国家，意大利的基本赤字在1985年以前一直在上升，然后出现下降。到1991年，意大利与欧洲货币体系6个国家之间的差额已基本上消失。如果只考虑意大利的基本赤字，也出现了同样情况：从1986年开始下降并一直持续到1991年，财政部在这一年最终实现了一般预算的少量盈余。意大利的基本赤字与欧洲货币体系6个国家之间偏离度的密切相关性这一事实表明，调整主要是通过财政方面实现的。造成意大利财政调整的主要因素是税收收入占GDP比率较高，而不是支出占GDP比率较低。

表 9.2　政府支出、税收收入、赤字和债务：意大利减去 6 个欧洲货币体系国家组加权平均值（占 GDP 百分比）

年份	消费支出	资本支出	转移支付	利息支付	支出总额	税收收入	赤字总额	基本赤字	净债务
1980	-4.51	-0.24	-4.66	3.13	-6.27	-12.65	-6.14	-3.01	35.04
1981	-3.80	0.46	-4.24	3.34	-4.24	-12.01	-7.58	-4.24	36.13
1982	-3.84	0.95	-4.16	3.93	-3.12	-10.90	-7.09	-3.16	37.99
1983	-3.32	1.47	-3.31	3.85	-1.30	-9.38	-6.77	-2.92	40.28
1984	-3.18	0.87	-3.62	4.12	-1.81	-10.09	-8.33	-4.21	44.58
1985	-2.90	-0.17	-3.20	3.95	-2.23	-9.83	-9.84	-5.89	50.20
1986	-2.72	0.17	-2.42	4.50	-0.47	-8.19	-9.01	-4.51	53.71
1987	-2.26	0.33	-2.89	4.11	-0.71	-8.09	-8.49	-4.38	57.48
1988	-1.69	0.09	-2.73	4.39	0.06	-6.99	-8.43	-4.03	59.58
1989	-1.16	0.35	-1.58	5.29	2.90	-4.95	-8.85	-3.56	62.20
1990	-0.31	-0.06	-2.63	5.94	2.93	-3.28	-8.04	-2.10	63.17
1991	0.02	0.36	-3.23	6.27	3.42	-2.75	-7.07	-0.80	63.29

注释：

消费支出是政府消费总支出，包括工资。资本支出指政府总投资和资本交易的合计。税收收入指直接税收收入。支出总额指政府不动产收入。转移支付指社会保障福利和政府其他转移支付的合计。政府收到的社会福利缴款、政府收到的其他当期转款、政府的不动产收入和间接税收入之间的差额。基本赤字指总赤字与利息支付之间的差额。净债务指政府净债务。所有变量都用占名义 GDP 的比率来表示。

资料来源：经合组织的《经济展望》，数据磁盘 N. 44 和 N. 50。

总之，由于意大利银行变得越来越独立和欧洲货币体系的约束力越来越强，所以上述数据的变化情况基本与意大利财政当局采取的整改行动是一致的。我们无法证明货币主导是否导致了部分的财政整改。财政整改的出现可能与当时的货币体制无关。但是，事件的结果是与如下模型的影响一致的：假设其他条件不变，当货币当局不必须对赤字货币化时，一般预算赤字就会减少。

启动财政整改的事实并不意味着整改规模与意大利留在欧洲货币体系中的要求是一致的，或整改最终一定完成。确实，本书研究得出的教训使我们谨慎地得出如下结论：已经改变了财政纪律松弛的状况。我们的研究截至1991年；但我们认为我们欠读者一个后记，该后记试图将1991年与近期一些事件之间的缺口联系起来，尤其是与1992年9月货币危机相关的事件。

后　记

为了符合《马斯特里赫条约》的规定，意大利的立法机构一直在赋予中央银行更多自主权。1992年1月，议会通过法律，明确意大利银行而不是财政部有权调整贴现率。另外，这项法律也要求意大利银行考虑政府的需要，这一条件又削弱了改变贴现率的权力。1992年11月26日，议会通过一项法律，取消了原有的使财政部可以从意大利银行借款的活期账户。替换此账户的是一个无息账户，初始金额是310000亿里拉，资金来源是政府发行和由意大利银行购买的债券。原有活期账户中累计的债务将被转换成利率为1%的长期债券。新的财政部账户不得透支（BI，Bollettino Econonico，February 1994，N.22，第55页）。这项法律同时还赋予意大利银行改变存款准备金率的权力。最后，截至1994年1月1日，意大利银行将不再参与财政部的证券拍卖。总而言之，现有法律将赋予意大利银行《马斯特里赫条约》所要求的独立性，该条约适用于那些希望加入货币联盟的国家。现有法律也给予意大利银行一定程度独立于财政部的自主权，在 1866 年以前只有国民银行享有这种自主权（见第 3 章）。

中央银行的独立性不必然导致货币当局实行零或低通货膨胀率的策略。意大利银行新任行长安东尼奥·法兹奥还没有明确宣布中央银行的主要目标是稳定价格水平。相反，法兹奥行长却多次提到高失业率的成本和中央银行降低失业率的隐含作用。在中央银行最近两期年报中（1992 和 1993），再次出现了通货膨胀与失业率之间反向关系的陈述，这表明古老的思想传统并没有消失。另外，年报对货币增长与通货膨胀之间的因果关系却说得甚少。通货膨胀被认为是由多种因素造成的，包括但不主要是货币政策。意大利银行是否退回到了原有的多重和相互矛盾的目标策略？是否对通货膨胀持有非常折中的看法？

财政整改的进程仍在持续，而且远未完成。债务占 GDP 的比率已经超过了 1，而且利息支付已经相当于全部赤字。意大利的经济政策仍然是过去的财政宽松政策的附属品。就像本书所研究的整个历史一样，目前的财政政策仍然是意大利的致命弱点。

1992 年 9 月 16 日，里拉脱离了欧洲汇率机制（ERM）。这次危机已经酝酿了相当长时间。图 9.6 给出了 1992 年期间两个时间序列的周变动情况。第一个序列是预期 12 月的里拉/马克汇率，计算是基于无抛补利率平价理论成立的假设[16]。第二个序列是 12 个月的欧洲里拉利率与 12 月欧洲马克利率之差。该数据显示，在整个 1992 年市场对此平价缺乏信心。实际上，从 1 月到 5 月期间，预期汇率超出了波幅上限，平均利率差是 2.5 个百分点。在 1992 年 6 月，信誉问题恶化了，利率差上升到 5 个百分点。在经过 8 月的一些改善之后，局面又开始变得糟糕，并在 9 月上半月爆发危机。意大利银行在外汇市场上进行干预，净损失了 300000 亿里拉的外汇储备，整个交易造成资本损失 43940 亿里拉（R. A.，1992，第 118 页和第 121 页）。

---

[16] 预期 12 个月的汇率指 12 个月欧洲里拉利率与相应的欧洲马克利率的比率，再乘以即期里拉/马克汇率。

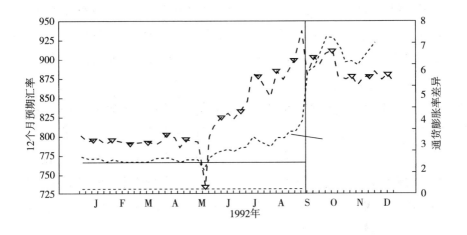

图 9.6　预期汇率和利率差异

目前有很多针对 1992 年危机原因的研究。艾亨格林和威普洛斯（1993）给出了四个解释：因汇率固定而造成高通货膨胀国家之间的竞争力差异；德国货币统一的结果；为了应对不断恶化的国内经济环境，预期政策会发生转变；自我强化的投机性危机。第一个解释符合意大利的情况；意大利丧失了竞争力，尤其是用单位劳动力成本来度量，从 1988 年到 1992 年 9 月单位劳动力成本上升了大约 20%（艾亨格林和威普洛斯，1993，图 1）。

竞争力的丧失是由于意大利的通货膨胀率持续高于德国[17]。我们前面提到过，竞争性的出口行业不能将价格提高到贸易对手的水平之上。在固定汇率体制下，单位劳动力成本上升幅度超过外国竞争对手的部分就会转变成竞争力的丧失。而受保护的部门却能够将较高的价格成本转嫁到消费者身上。实际上，里拉的实际升值相对应的就是价格变化有利于非贸易部门。我们用服务业代表受保护的部门，用货物（剔除食品和能源）代表贸易部门，从 1988 年到 1992 年，相对于贸易部门而言，非

---

[17]　例如，从 1988 年到 1991 年意大利与德国之间累计的通货膨胀差异（用消费者价格指数度量）是 15.2 个百分点。

贸易部门的价格水平累计多上升了 13 个百分点（R. A. , 1993，附录，表 B32）。总之，以往的竞争力损失和资源重新向低生产率的受保护部门配置的程度已经到了必须采取纠正行动的时候了。这种行动最早应当于 1991 年就采取。

1992 年货币危机的时间点是许多因素造成的，包括对货币联盟承诺的整体下降。对意大利来说，尤其具有破坏力的因素是市场感觉未来的承诺会像过去一样。金融市场的注意力集中在政府是否有能力制定一个针对降低预算赤字的计划。具有这种看法的典型代表是摩根士丹利公司的执行董事乔治·S. 哈尔里斯，他在 1992 年 5 月 19 日在《全球债券——意大利特刊》中写道：

"未能选举一位总统或建立有作为的政府正在变得非常令人不安。意大利的问题需要有立即和严肃的解决方案，但目前几乎没有任何这方面的证据。没有一些有说服力的控制巨额赤字的建议，不久就会导致更多满怀希望的投资者丧失信心。我的观点是，持有里拉债券现在没有得到足够补偿。在当局再次被怀疑的机遇之前，现在是时候兑现利润并在其他地方寻找投资机会了。"

在 1992 年的多数时间里，政府的预算赤字都大幅度高于 1270000 亿里拉的目标值。重要的财政措施推迟到了 9 月 19 日，也即里拉退出欧洲汇率机制 3 天之后。

总之，1992 年 9 月的事件挑战了欧洲货币体系和货币联盟的信誉度。在欧洲货币体系中，意大利是（相对）高通货膨胀、高债务的国家；也就是说国家处于风险之中。虽然这次货币危机发生的时间点很难解释，但危机的爆发似乎与我们在本书中所解释的多数货币危机爆发的原因是基本一致的：没有约束的公共财政和货币政策的配合。

结　　论

本章的主题是意大利银行的主导地位，因为在 80 年代意大利银行

第9章 20世纪80年代的意大利：走向中央银行独立性

逐步获得了货币政策的自主权和扭转了一个很长时期的我们称为财政主导的局面。对这一体制变化，有几个原因。首先，我们要归功于货币主义学派的力量，在70年代后期该学说对北美和欧洲的中央银行家们产生了深远影响。发达国家的中央银行对通货膨胀问题变得更加保守。意大利银行的新行长，先是保罗·巴菲，然后是卡罗·阿泽里奥·钱姆皮，都非常不同于圭多·卡里。卡里笃信凯恩斯主义学派，而且偏好主动采取行动。相反，巴菲是一名经典主义的货币经济学家，不愿意使货币政策服务于短期目标。钱姆皮在学术上不如卡里或巴菲，但具有实现巴菲无法实现的改革的"才干"。巴菲奠定了改革的学术环境，但钱姆皮实现了改革。虽然意大利银行在80年代的复兴在很大程度上要归功于钱姆皮，但这位行长得到了明智的财政部长本尼阿米诺·安德里塔的帮助，因为他签订了1981年的"离婚"协议。

欧洲货币体系是外部约束，货币当局需要不断地实行逐步的去通胀政策。当外部约束被认为不严格时，意大利的货币政策会倾向于宽松；本书所研究的大部分时期都是如此。但是意大利银行并没有持续实施去通胀的政策，因为没有将意大利的通货膨胀率与德国的通货膨胀挂钩。如果原有的欧洲货币体系继续运行，则无力消除与德国通货膨胀率之间的差异可能不会造成太大影响。但在1987年欧洲货币体系的特征改变了，从具有灵活性转向完全刚性。刚性汇率体制与长期存在的通货膨胀差异之间的不一致性一定会出现。由于竞争力的大幅度降低和高水平的债务负担，1992年9月22日意大利脱离了欧洲汇率机制。

货币政策的自主性有助于实行被长期拖延的财政政策整改。最近的数据显示，意大利已经实现了一般财政盈余，也就是出现了政府收入超过支出（剔除债务利息支付）的局面。财政整改仍然是初步的，现在宣布债务占GDP比率在可预见未来将出现下降还为时过早。本书131年历史表明，在谈到公共财政问题时，人们应当保持谨慎。

第 10 章
总　　结

　　本章我们将从本书所研究的历史中得出几个一般结论和教训。我们的研究涉及 6 个主题；这些主题并非意大利所特有。篇幅和知识水平使我们无法分析意大利与其他国家之间的相似点和差异点。因此，作为一个次优解决方案，我们将邀请其他国家的经济史学家和货币经济学家做出恰当的对比研究。

第一个主题：货币是什么

　　在政治统一时，人们对货币形式的偏好是金币和银币。纸币是金属货币的不完全替代品。对纸币的相对不信任有历史和政治原因。纸币是市场上的后来者，货币持有者并不愿意使用。对纸币比黄金或白银更容易贬值的深深担忧会强化这种负面的"网络"效应。对纸币的信心来源对那些直接影响纸币购买力的机构和政府的信心。在意大利的政治历史，有长达一个世纪的区域动荡，使货币持有者并不具有这种信心，而这种信心是使纸币完全等同于金属货币所必要的。

　　几家发钞银行没有全国范围的分支机构网络；因此，在本地市场以外，这些银行的负责能力也受到怀疑。直到意大利退出金本位之后，纸币（包括政府和银行发行的纸币）才被普遍接受。类似地，在政治统一时银行存款也非常不发达。随着时间推移，存款才缓慢地被接受。总之，最初持有和使用的货币主要是金属货币。随着银行业的发展和意大利国土的扩张，持有的货币构成从金属货币转向纸币，再从金属货币和纸币转向银行存款。

即使意大利退出了金本位制，由于两个原因金属货币仍然很重要。第一，从很大程度上讲，流通中货币数量是内生的和由需求推动的，因为发钞银行，尤其是国民银行，有里拉汇率的目标。第二，对黄金的需求是由于与纸币相比，黄金能够更好地保持购买力。

货币流通速度的变化，以及对货币需求的实证研究都表明，货币是一种奢侈品。相对于收入，意大利人增加货币资产的速度更快。货币和银行存款的增长一般呈同方向变化，但 1866 年和 1893 年的银行业危机以及两次世界大战期间除外，当时货币的构成大幅度从银行存款转向货币（在第二次世界大战期间，全球都出现了货币需求下降的情况）。

第二个主题：对货币和信贷的管理

先是通过管理银行现钞数量，然后是控制银行存款的扩张，意大利货币当局为了适应货币构成的变化，不断调整管理方式。对银行券的管理实际上是在政治统一之前，具体包括规定银行券与银行资本金和/或贵金属储备的最高比率等。国际金本位体制通过自由兑换的条款，自动实施了银行券发行规模的上限。在意大利 1866 年退出金本位制后，立法部门在管理银行券数量方面更加积极主动，具体方法包括否决新发钞银行的章程和规定银行券发行数量限额。数量限额最初针对最大的发钞银行，即在 1868 年针对国民银行，此后在 1874 年针对所有发钞银行。由于实施过程非常不严格，所以超限额发行是比较普遍的做法。最终，政府不得不对银行券印制直接进行监管。

对银行存款扩张的控制很久之后才出现，是在 19 世纪结束时。最初的实践仅限于发钞银行的存款负债，这在货币存量控制程序方面造成巨大缺口。基本解决这一问题是在 1926 年意大利银行成为唯一发钞银行和 1947 年实行了存款准备金制度之后。这两个事件不仅使意大利银行成为银行的银行，而且被授权管理货币。1936 年的立法将货币和信贷的概念等同于公共产品。该项法律赋予政府管理银行事项的最终权力。中央银行和商业银行都具有了公共机构的身份，银行官员享受了公务员的待遇。《1936 年银行法》从法律上规定政治凌驾于银行业务之上。法西斯政权会通过这样一部法律并不令人感到奇怪。令人奇怪的是这部法律竟然在共和国的生活中持续存在了近 50 年。

根据前面提到的这部法律，商业银行站到了舞台中央，吸引了私人部门绝大部分的金融财富；债券和股票仅占资产组合的很小一部分。企业的项目融资或者通过未分配利润，或者通过银行贷款、银行入股。在 1936 年以前，银行的业务模式更像是现代全能银行。30 年代的银行危机（包括在意大利和其他国家）使立法机构明确区分了商业银行与产业银行。这两类银行之间的关键区别是吸收存款的商业银行只能发放短期贷款，而产业银行则可以通过债券市场来对长期项目进行融资。这种业务分隔的原则也在美国的《格拉斯—斯蒂格尔法》中体现，其目的是禁止商业银行从事产业部门的股票发行业务和确保存款人的债权安全。

第三个主题：通货膨胀的原因

在本书所研究的历史中，年平均通货膨胀率大约是 7%。但通货膨胀主要还是 20 世纪的一个现象，因为 1861 年至 1913 年，价格水平的波动范围是在零附近。两次世界大战是高通货膨胀时期；两次大战之间的时期价格是稳定的，而且有一段时间实际上是通货紧缩。第二次世界大战后的时期，尤其是 20 世纪 70 年代，是和平时期的高通货膨胀时代。

汇率体制影响了意大利发展的相对表现。在金本位和布雷顿森林时期，意大利名义变量的变化与世界其他国家基本一致。意大利的差异化或特点出现在两次大战之间的时期，更突出的情况是在 70 年代和 80 年代，这段时期国内通货膨胀大幅度上升，国内实际利率显著下降，里拉的实际汇率升值。70 年代超过了其他任何历史阶段，符合"全国偏好"（相对高）通货膨胀、低利率和金融市场分隔的特征。从本质上讲，通货膨胀的变化每一个时期都不相同，而且没有证据表明，价格水平一定会出现缓慢上升。

年度货币增长速度超过了产出增长速度 8 个百分点以上，也比年平均通货膨胀率高 1 个百分点。与和平时期相比，货币增长率在战争时期要高很多。在意大利银行获得发钞垄断权之后，货币增长率要比垄断前几乎高 3 倍。另外，在金本位时期，货币增长率受到严格约束；甚至在两次大战之间，货币增长率也受到制约。在布雷顿森林时代，货币增长率处于历史高水平，而同期年平均通货膨胀率和平均产出增长率分别是 3.6% 和 5.6%。货币增长率在 70 年代大幅度上升，之后在 80 年代出现下降。

基础货币是货币增长速度中最主要因素。平均讲，在整个研究时期，93% 的货币增长是由广义基础货币增长造成的。同时，基础货币的增长主要是因为财政部构成的增长，而外汇构成的正增长和负增长时期交替出现。货币乘数的变化对货币增长的影响主要是在短期而不是长期，这一结果与其他国家的类似发现是一致的。在货币乘数的三个决定因素中，影响最大的是公众持有的基础货币占银行存款的比率。

除了货币刺激之外，财政刺激可以解释意大利通货膨胀的大部分变化。需要明确的是，有一些时期（如两次大战时期），产出总供给的变化对通货膨胀率造成了巨大影响；但总体上讲，总需求变化比总供给变化对通货膨胀的影响更大。我们发现，从本质上讲，几乎没有证据表明投入成本的自动增加或不同群体之间收入分配的矛盾会对通货膨胀持续造成影响——这并不是否认投入价格会根据通货膨胀进行调整。如果有的话，因果关系的方向似乎应当是从通货膨胀到社会矛盾，而不是相反。

在通货膨胀发展的过程中，通货膨胀预期发挥着关键作用。本书研究的历史中既有快速去通胀的例子（如 1926 年和 1947 年），也有缓慢去通胀的例子（70 年代和 80 年代的部分时期）。差异在于预期的强度，而预期的强度又反映了公众对货币当局承诺去通胀策略的评估。如果公众认为这种承诺是有力的，则通货膨胀预期就会迅速调整。当认为这种承诺是无力或随时可变的，则通货膨胀预期就会顽强地保持下去，去通胀就会是一个漫长过程。

价格和外汇管制的结果是无效的，或如果这些管制改变了意大利经济的相对价格结构时，则会实际上拖延恢复货币稳定的进程。至少有一个时期（第一次世界大战结束时），直接价格管制给政府预算赤字带来了负面影响，因为很快出现了恶性通货膨胀。

最后，如果当局感到他们处于严格的外部约束时，则去通胀计划就容易取得成功。这种约束的最近例子是欧洲货币体系，意大利货币当局在 80 年代实行逐步去通胀政策时经常谈到欧洲货币体系。

第四个主题：通货膨胀与产出之间有替换关系吗

20 世纪的经济增长速度要比 19 世纪高。此外，与第二次世界大战之后相比，经济增长的波动性在金本位和两次大战之间的时期更高。产出的大幅度下降出现在第二次世界大战期间。尤其重要的是关于产出增长与通货膨胀之间的关系。第二次世界大战后的理论（如解释菲利普斯曲线的理论），重视产出增长（或失业）与通货膨胀之间的关系，这意味着通货膨胀与产出增长之间有正相关关系，除非经济体系受到负面冲击的影响。意大利的数据排除了产出增长与通货膨胀之间有任何系统性正相关关系。

这并不是否认存在着短期菲利普斯曲线效应。我们确实在本书的研究中有几个孤立的例子，决策者能够依靠通货膨胀来刺激经济增长。但这些刺激措施只会造成短期影响，而且不能被反复使用。

第五个主题：货币当局的行为

我们曾指出，意大利的大部分货币增长可以归咎于基础货币的增长，而推动基层货币增长是国内来源构成（尤其是财政部的构成）的增长。我们也曾指出，货币和信贷控制过程以复杂和费力的方式进行演变。这一演变过程深受各个机构所追求目标的影响，也受到银行之间互动和银行与政治体制之间互动的影响。在创造基础货币的过程中，指导发钞银行和政治当局的原则或经济因素是什么？

在固定汇率体制下，货币当局的行动受到政府赤字规模和对冲储备流动意愿的影响。立法机构不止一次地明确规定了纸币增长率的上限，同时冻结了利率水平。所以发钞银行的目标是同时控制货币数量和利率水平。通常情况是，利率目标比数量目标更重要。

偏好将利率作为目标主要不是技术问题，更多的是由于政治主导的原因。本书研究的关键主题可以概括如下：发钞银行听命于政治权力，而且就财政政策而言，货币政策具有内生性。在本书所研究历史的早期和后期，国际储备存量是影响货币当局行为的另一个关键变量。在早期，追求利润的发钞银行偏好低贴现率（即国内来源构成的高速增长），这种政策经常与维持流通中贵金属与纸币的稳定比率发生冲突。周期性的国际收支危机迫使发钞银行提高实际贴现率，而且经常高于伦敦或巴黎的利率。在布雷顿森林时代，基础货币的国内构成出现了减速，这种减速是合理的，因为制止了国际储备的流失。在 70 年代，货币当局依靠复杂的外汇和信贷管制措施来防止资本和储备的流失。

外部约束对货币政策措施和结果的重要性有两个相互冲突的因素：意大利经济的对外开放和决策者希望实现高经济增长率和低失业率。随着凯恩斯主义经济学派的崛起，这种冲突在当代变得更加严重。确实，通过复杂的外汇管制和信贷限额管理措施，70 年代分隔意大利金融市场与国际金融市场联系的政策正好与意大利中央银行采取工资推动型通货膨胀政策同时出现，对此并不令人感到意外。

货币当局行为的另一个重要问题是其倾向于顺应，而不是对抗经济周期行事。具体来说，在国际收支和/或货币危机爆发前，货币扩张一般会持续，然后突然对货币增长刹车或进行控制。一旦形势出现了扭转，货币扩张就会恢复。

第六个主题：财政主导

在本书研究的历史中，财政和货币政策通常是纠缠在一起的。在早期，追求利润的发钞银行受到自由兑换规则和流通中纸币余额法定限额的约束。政府会认可超额发行的纸币，同时维持银行券的价格不变，这种情况即使有不确定性，但概率很高。这种情况会提高超额发行纸币银行的预期利润。如果超额发行纸币的银行面临纸币价格大幅度下跌的局面，则银行的供给行为就会不同。这一系统中的脆弱联系是政府，政府维持各种纸币的相对价格，而又不控制流通中纸币的总量。这种脆弱性更多的是出于政治而不是学术原因：政府借款通常是突破纸币发行限额的原因。

1866 年意大利退出金本位制、1866—1867 年和 1870—1872 年的货币冲击、19 世纪 80 年代中期以后实际上停止纸币自由兑换，以及随后 10 年中货币形势恶化等，其直接或间接原因都是预算赤字。类似地，货币稳定通常也是公共财政形势改善的结果。

在当代，公共财政对货币政策的影响甚至变得更大，其最高峰出现在 70 年代。意大利银行过于依赖政府来维护自主性政策；通过低利率对巨额预算赤字进行融资，也就是创造过多基础货币，意大利银行通常会配合政府的目标。预算赤字的原因是政府支出无节制的增长，而不是税收收入增长缓慢。转移支付是最不可控的支出项目，尤其是在第二次世界大战之后。

在 20 世纪 80 年代，中央银行逐步地重新获得货币政策的自主权。造成这一过程漫长和迟到的部分原因是货币主义学派的学术影响力；部分是由于意大利银行行长保罗·巴菲和卡罗·阿泽格里奥·钱姆皮，以及财政部长本尼阿米奥·安德里塔的作用；部分是由于欧盟的货币一体化的要求。

虽然 70 年代和 80 年代早期的高通货膨胀率似乎已经是一个遥远的回忆，但目前的高债务—GDP 比率给以意大利完成货币整改的进程投下了一道很长阴影。

参 考 文 献

Abrate, M. 1978. Moneta e risparmio in Italia negli anni della grande crisi. In *Industria e banca nella grande crisi 1929—1934*, G. Toniolo (ed.). Milan: Etas-Libri.

Ackley, G. 1972. Lo sviluppo economico italiano del dopoguerra e gli insegnamenti che è possibile trarne per la politica economica degli Stati Uniti. In *L'economia italiana: 1945—1970*, A. Graziani (ed.). Bologna: Il Mulino.

Alberti, M. 1931. La vicenda economico monetaria dell'Italia dal 1913 al 1929. In *Banche di emissione, moneta e politica monetaria in Italia dal 1848 al 1929*, M. Alberti and V. Cornaro (eds.). Milan: GUF.

Alesina, A., de Broeck, M., Prati, A. and Tabellini, G. 1992. Default Risk on Government Debt in OECD Countries. Manuscript, May.

Alesina, A. and Summers, L. 1993. Central Bank Dependence and Macroeconomics Performance: Some Comparative Evidence, *Journal of Money, Credit and Banking*, 25, 2: 151–62.

Amantia, A. 1933. *La difesa della lira*. Catania: Studio Editoriale Moderno.

Andreatta, B. 1993. Il divorzio dieci anni dopo. *Il Sole–24 Ore*, 26 July.

Azzolini, R. and Marani, U. (eds.). 1982. *Politica monetaria e debito pubblico*. Milan: Angeli. 1984.

Azzolini, V. 1943. I riflessi della guerra sui fenomeni della moneta e del credito. *Rivista Bancaria*, 24 (February 28): 532–65.

Bachi, R. 1922. Italy. In *The Recommendations and Their Applications. A Review of Two Years, Vol. II, Italy*, League of Nations (ed.). Geneve: Kundig.

  1926. *L'alimentazione e la politica annonaria in Italia*. Bari: Laterza.

Baffi, P. 1965. *Studi sulla moneta*. Milan: Giuffrè.

  1973. *Nuovi studi sulla moneta*. Milan: Giuffrè.

  1976. Il governo della moneta nel nostro tempo. *Bancaria*, 32 (January): 7–13.

  1989. Il Negoziato sullo SME. *Bancaria*, 45 (January): 67–70.

Bagehot, W. 1873. *Lombard Street*. London: Henry S. King.

Banca d'Italia. various years. *Relazione annuale [R. A.]*. Roma: Banca d'Italia. (The year refers to the year of the Report and not to the year of publication.)

  various issues. *Bollettino statistico*. Rome: Banca d'Italia.

  1994. *Bollettino economico* (February), 22. Rome: Banca d'Italia.

  1986. *Donato Menichella: Scritti e discorsi scelti, 1936—1966*. Rome: Banca d'Italia.

Bank for International Settlements. 1947. Italy's Economic Financial Position in the Summer of 1947. Basle: Bank for International Settlements.

1950. *Twentieth Annual Report* (June). Basle: Bank for International Settlements.

Barberi, B. 1947. La lira italiana dal 1913 al 1946. *Congiuntura Economica*, 2, 15 (May): 4–8.

Barro, R.J. 1989. *Macroeconomics* (2nd edition). New York: Wiley and Sons.

Basevi, G. *et al.* 1978. *La bilancia dei pagamenti italiana*. Bologna: Il Mulino.

Benini, R. 1894. L'azione dello Stato sui mercati dei cambi ed i criteri dell'amministrazione italiana. *Giornale degli economisti* (April): 299–322.

Bini-Smaghi, L. and Tardini, P. 1983. The Effectiveness of Monetary Policy, an Empirical Investigation for Italy (1966 — 1981). *Giornale degli economisti e Annali di Economia* (September–October): 679–90.

Bloomfield, A. 1959. *Monetary Policy under the International Gold Standard: 1880 — 1914*. New York: Federal Reserve Bank.

Bomhoff, E.J. 1977. Predicting the Money Multiplier, a Case Study for the US and the Netherlands. *Journal of Monetary Economics*, 3: 325–45.

Bonelli, F. 1991. *La Banca d'Italia dal 1894 al 1913. Momenti della formazione di una banca centrale*. Bari: Laterza.

Borgatta, G. 1933. *Bilancia dei pagamenti*. Milan: Giuffrè.

Bordo, M. and Schwartz, A.J. (eds.). 1984. *A Retrospective on the Classical Gold Standard, 1821 — 1931*. Chicago: University of Chicago Press.

Box, G.E.P. and Jenkins. G.M. 1970. *Time Series Analysis, Forecasting and Control*. San Francisco: Holden Day.

Bresciani Turroni, C. 1931. Le vicende del marco tedesco. *Annali di economia*, 7, 1–2. Milan: Università Bocconi Editrice.

1950. Due giudizi contrastanti sulla politica economica dell'Italia. *Moneta e Credito*, 3 (September): 277–82.

Brittan, S. 1978. The Case for the Italian Band. *Financial Times* (November 16).

Bruins, G.M. 1920. *Memorandum Prepared for the International Financial Conference at Bruxelles*. London: Harrison and Sons (for the League of Nations).

Brunner, K. (ed.). 1981. *The Great Depression Revisited*. Boston: Martinus Nijhoff Publishing.

Brunner, K. and Meltzer, A.H. 1964. Some Further Investigation of Demand and Supply Function of Money. *Journal of Finance* (May): 240–83.

1968. Liquidity Traps for Money, Credit and Interest Rates. *Journal of Political Economy*, 76 (January–February): 1–37.

1989. Money Supply. In *Survey of Monetary Economics*, B. Friedman and F. Hahn (eds.). Amsterdam: North-Holland.

Bruno, M. and Sachs, J. 1985. *Economics of Worldwide Stagflation*. Cambridge, MA: Harvard University Press.

Burger, A.E. 1971. *The Money Supply Process*. Belmont, CA: Wadsworth Publishing Co.

Busacca, R. 1870. *Studio sul caso forzoso dei biglietti di banca in Italia*. Firenze: Tipografia della Banca d'Italia.

Buttiglione, L. and Prati, A. 1990. La scelta del meccanismo di collocamento dei titoli di Stato: analisi teorica e valutazione dell'esperienza italiana. *Contributi all'analisi economica del Servizio Studi*, 6 (December). Rome: Banca d'Italia.

Cagan, P. 1965. *Determinants and Effects of Changes in the Stock of Money, 1875—1960*. New York: Columbia University Press.

Calliari, S., Spinelli, F. and Verga, G. 1984. Money Demand in Italy: A Few More Results. *The Manchester School of Economic and Social Studies*, 2: 141–59.

Canovai, T. 1912. *Le banche di emissione in Italia*. Rome: Casa Editrice Italiana.

Capie, F. 1986. Conditions in Which Very Rapid Inflation has Appeared. In *The National Bureau Method, International Capital Mobility and Other Essays*, K. Brunner and A.H. Meltzer (eds.). Carnegie-Rochester Conference Series on Public Policy, Vol. XXIV. Amsterdam: North-Holland.

Caranza, C. and Fazio, A. 1984. The Evolution of the Methods of Monetary Control in Italy: 1974—1983. Paper presented at the Conference on Money, Credit and Economic Activity in Italy, Oxford.

Cardarelli, S. 1990. La questione bancaria in Italia dal 1860 al 1982. In *Ricerche per la storia dlela Banca d'Italia*, Vol. I. Bari: Laterza.

Carli, G. 1993. *Cinquant'anni di vita italiana*. Rome: Laterza.

Cassel, G. 1920. *Memorandum on the World's Monetary Problems*. London: Harrison and Sons (for the League of Nations).

1922. *Money and Foreign Exchange after 1914*. London: Constable.

1928. *Post-war Monetary Stabilization*. New York: Columbia University Press.

Castronuovo, V. 1975. La storia economica. *Storia d'Italia, dall'unità ad oggi*, 4, 1. Torino: Einaudi.

Catalano, F. 1975. *L'Italia dalla dittatura alla democrazia 1919—1948*. Milan: Feltrinelli.

Chouraqui, J.C. and Price, R.W.R. 1984. Medium-term Financial Strategy: The Coordination of Fiscal and Monetary Policies. *OECD Economic Studies*, 2: 7–49.

Ciampi, C.A. 1983. Funzioni della banca centrale nell'economia di oggi. In *La moneta e l'economia: il ruolo delle banche centrali*, P. Ciocca (ed.). Bologna: Il Mulino.

Cianci, E. 1933. *Dinamica dei prezzi delle merci in Italia dal 1870 al 1929*. Annali di statistica, series VI, 20. Rome: Istat.

Ciocca, P. 1976. L'economia italiana nel contesto internazionale. In *L'economia italiana nel periodo fascista*, P. Ciocca and G. Toniolo (eds.). Bologna: Il Mulino.

Ciocca, P. and Toniolo, G. (eds.). 1976. *L'economia italiana nel periodo fascista*. Bologna: Il Mulino.

Cohen, J.S. 1972. The 1927 Revaluation of the Lira: A Study in Political Economy. *The Economic History Review*, 4: 642–54.

Commission of the European Communities. 1979. The European Monetary System. *European Economy*, 3 (July): 65–111.

1982. The European Monetary System. *European Economy*, 12 (July): 13–128.

1984. *European Economy*.

Commission on the Role of Gold in the Domestic and International Monetary System. 1982. *Report*. Washington, DC: Government Printing Office.

Confalonieri, A. 1974. *Banca e industria in Italia 1894 — 1906. Vol. I: Le premesse: dall'abolizione del corso forzoso alla caduta del Credito Mobiliare.* Milan: Banca Commerciale Italiana.

1975. *Banca e industria in Italia 1894—1906. Vol. II: Il sistema bancario tra due crisi.* Milan: Banca Commerciale Italiana.

1982a. *Banca e industria in Italia dalla crisi del 1907 all'agosto del 1914. Vol. I: Il sistema bancario di un'economia in transizione.* Milan: Banca Commerciale Italiana.

1982b. *Banca e industria in Italia dalla crisi del 1907 all'agosto del 1914. Vol. II: Crisi e sviluppo nell'industria italiana.* Milan: Banca Commerciale Italiana.

Coppola d'Anna, F. 1946a. Il reddito nazionale italiano nel 1945. *Congiuntura Economica*, 9: 4–8.

1946b. *Esperienze monetarie di questo dopoguerra.* Milan: Istituto Editoriale Galileo.

Corbino, E. 1931. *Annali dell'economia italiana. Vol. I: 1861— 1870.* Città di Castello: Leonardo da Vinci.

1933. *Annali dell'economia italiana. Vol. III: 1881—1890.* Città di Castello: Leonardo da Vinci.

1938. *Annali dell'economia italiana. Vol. V: 1901—1914.* Città di Castello: Leonardo da Vinci.

1962. *L'economia italiana dal 1860 al 1960.* Bologna: Zanichelli.

Cornaro, V. 1931. Le vicende economico monetarie dell'Italia dal 1849 al 1913. In *Banche di emissione, moneta e politica monetaria in Italia dal 1849 al 1929,* M. Alberti and V. Cornaro (eds.). Milan: GUF.

Cotula, F., Masera, R. and Morcaldo, G. 1979. Bilancio pubblico a prezzi correnti e a prezzi costanti in Italia: alcuni aspetti poco noti del 'crowding out' reale. Manuscript.

Cotula, F. and Micossi, S. 1977. Riflessioni sulla scelta degli obiettivi intermedi della politica monetaria nella esperienza italiana. *Contributi alla ricerca economica.* Rome: Banca d'Italia.

Da Pozzo. M. and Felloni, G. 1984. *La borsa valori di Genova nel secolo XIX.* Archivo Economico dell'Unificazione Italiana, series II, X. Torino: ILTE.

D'Adda, C. 1976. Le relazioni monetarie ed il costo delle deflazioni. *Un modello per l'economia italiana. Il modello econometrico dell'università di Bologna: struttura e simulazioni,* C. D'Adda *et al.* (eds.). Bologna: Il Mulino.

De Angelis, G. 1982a. La politica monetaria e creditizia ed i rapporti con l'estero. *Annali dell'economia italiana, vol. 6, tomo 1: 1923—1929.* Milan: IPSOA.

1982b. La politica monetaria e creditizia ed i rapporti con l'estero. *Annali dell'economia italiana, vol 7, tomo 1: 1923 — 1929.* Milan: IPSOA.

1982c. La politica monetaria e creditizia ed i rapporti con l'estero. *Annali dell'economia italiana, vol. 11, tomo 1: 1953—1958.* Milan: IPSOA.

De Cecco, M. 1968. *Saggi di politica monetaria.* Milan: Giuffre'.

1976. Banca d'Italia e conquista politica del sistema del credito. Tecnocrazia e politica nel governo della moneta tra gli anni '50 e '70. In *Il governo democratico dell'economia.* Bari: De Donato.

1979. *Moneta e impero. Il sistema finanziario internazionale dal 1880 al 1914.* Torino: Einaudi.

1990. *L'Italia e il sistema finanziario internazionale 1861— 1913.* Bari: Laterza.

De Felice, R. 1968. *Mussolini il fascista.* Vol. II: *L'organizzazione dello Stato fascista 1925— 1929.* Torino: Einaudi.

De Grauwe, P. and Fratianni, M. 1985. Interdependence, Macroeconomics and All That. *The World Economy*, 8, 1 (March): 63–80.

De Johannis, A.J. 1904. *La conversione della rendita.* Firenze: Barbera.

De Maria, G. 1928. I saggi di riporto e deporto della lira italiana dal 1921 al 1928. *Rivista internazionale di scienze sociali*, 32, 3: 22–51, 133–84.

De Mattia, R. 1959. *L'unificazione monetaria italiana.* Archivio economico dell'unificazione italiana, series III, vol. II. Torino: ILTE.

1967. *I bilanci degli istituti di emissione italiani dal 1845 al 1936, altre serie storiche di interesse monetario e fonti.* Rome: Banca d'Italia.

1969. *I bilanci degli istituti di emissione italiana.* Torino: ILTE.

1977. *Storia del capitale della Banca d'Italia e degli instituti predecessori.* Rome: Banca d'Italia.

1978. *Storia del capitale della Banca d'Italia e degli istituti predecessori.* Rome: Banca d'Italia.

1990. *Gli istituti di emissione in Italia. I tentativi di unificazione (1843—1892).* Bari: Laterza.

1991. *Storia delle operazioni degli istituti di emissione italiani dal 1845 al 1936 attraverso i dati dei loro bilanci.* Rome: Banca d'Italia.

De Rosa, L. 1963. Il Banco di Napoli e la crisi economica del 1888—1894. Part I. *Rassegna economica*, 27, 2 (May–August): 349–431.

1964a. Il Banco di Napoli e la crisi economica del 1888—1894. Part II. *Rassegna economica*, 28, 1 (January–April): 19–111.

1964b. Il Banco di Napoli e la crisi economica del 1888—1894. Part III. *Rassegna economica*, 28, 2 (May–August): 352–430.

1965. Il Banco di Napoli e la crisi economica del 1888—1894. Part IV. *Rassegna economica*, 29, 1 (January–April): 88–146.

1982. Economics and Nationalism in Italy (1961—1914), *The Journal of European Economic History*, 11, 3: 4–11.

De Vita, A. 1947. Le variazioni del potere d'acquisto della lira. *Congiuntura Economica*, 2, 16 (June): 4–11.

De Vita, A. (ed.). 1949. *Annuario della congiuntura economica italiana 1938 — 1947.* Firenze: Vallecchi.

Del Vecchio, G. 1928. Considerazioni tecniche sopra il ritorno al biglietto convertibile. *Giornale degli economisti*, serie IV, XLIII, LXVIII (April): 270–88.

1932. *Cronache della lira in pace e guerra.* Milan: Treves.

Del Vecchio, E. 1979. La via italiana al protezionismo. Le relazioni economiche internazionali dell'Italia 1878—1888 (5 volumes). Roma: Archivio storico della Camera dei Deputati.

Dell'Amore, G. 1961. Il processo di costituzione della banca centrale in Italia. *Economia e storia*, 6.

Denison, E.F. 1979. *Accounting for Slower Economic Growth: the United States in the 1970s.* Washington, DC: The Brookings Institution.

Di Nardi, G. 1953. *Le banche di emissione in Italia nel secolo* XIX. Torino: UTET.

Dornbush. R. 1980. *Open Economy Macroeconomics.* New York: Basic Books.

Economic Report of the President. 1982. Washington, DC: US Government Printing Office.

Eichengreen, B. 1989. Hegemonic Stability Theories of the International Monetary System. In *Can Nations Agree?*, R. N. Cooper, B. Eichengreen, C. R. Henning, G. Holtham and R. D. Putnam (eds.). Washington, DC: Brookings Institution.

Eichengreen, B. and Wyplosz, C. 1993. The Unstable EMS. *Brookings Papers on Economic Activity*, 1: 51–124.

Einaudi, L. 1947. Discorso all'Assemblea Costituente del 18 giugno. *Interventi e relazioni parlamentari*, Vol. II. Torino: Einaudi.

　　1960a. *Cronache economiche e politiche di un trentennio (1893 — 1925).Vol.*I*: 1893 — 1902.* Torino: Einaudi.

　　1960b. *Cronache economiche e politiche di un trentennio (1893 — 1925).Vol.* III*: 1910 — 1914.* Torino: Einaudi.

Einzig, M. 1935. *World Finance 1914 — 1935.* New York: MacMillan.

Epstein, G. and Schor, J.B. 1989. The Divorce of the Banca d'Italia and the Italian Treasury: a Case Study of Central Bank Dependence. *State, Market, and Social Regulation: New Perspectives on Italy.* In P. Lange and M. Regini (eds.). Cambridge: Cambridge University Press.

Fazio, A. 1969. Monetary Base and the Control of Credit in Italy. Banca Nazionale del Lavoro. *Quarterly Review*, 89 (June): 146–69.

　　1979. La politica monetaria in Italia dal 1947 al 1978. *Moneta e Credito*, 32, 127: 269–320.

　　1984. Evoluzione dei metodi di controllo monetario. *Banche e Banchieri*, 11, 9–10: 703–14.

Ferrara, F. 1868. Del corso forzoso e della maniera di abolirlo. *Nuova Antologia*, 1: 503–25.

　　1879. *La convenzione monetaria 5 novembre 1878 ed il corso forzoso.* Milan: Hoepli.

Ferraris, C.F. 1879. *La convenzione monetaria 5 Novembre 1878 ed il corso forzoso.* Milan: Hoepli.

Filosa, R., Rey, G.M. and Sitzia, B. 1976. Uno schema di analisi quantitativa dell'economia italiana durante il fascismo. In *L'economia italiana nel periodo fascista*, P. Ciocca and G. Toniolo (eds.). Bologna: Il Mulino.

Foa, B. 1949. *Monetary Reconstruction in Italy.* New York: King's Crown Press.

Formentini, S. 1986. *Livello e occupazione del debito pubblico interno dall?unità ad oggi.* Tesi di laurea. Milan: Università Cattolica del Sacro Cuore.

Fratianni, M. 1971. Bank Credit, Money Supply Processes, and Monetary and Fiscal Policies in an Open Economy: The Italian Experience,1958 — 1969,Ph.D dissertation, Ohio State University.

　　1972. Bank Credit and Money Supply Processes in an Open Economy: A Model Applicable to Italy. *Metroeconomica*, 24 (January–April): 24–69.

1976. On the Effectiveness of Monetary Policy under Fixed Rates of Exchange. *Journal of Monetary Economics*, 2, 1: 63–79.

1986. Conditions in Which Very Rapid Inflation Has Appeared: A Comment. In *The National Bureau Method, International Capital Mobility and Other Essays*, K. Brunner and A.H. Meltzer (eds.). Carnegie-Rochester Conference Series on Public Policy, Vol. 24. Amsterdam: North-Holland.

1987. Italy in the Eighties: Opportunities and Prospects. *Review of Economic Conditions in Italy*, 2: 253–77.

1988. Money Growth in Italy: The Long Record, Paper presented at the XIX Konstanzer Seminar on Monetary Theory and Monetary Policy. Konstanz, Germany.

1993a. Attitudes Toward Inflation and the Viability of Fixed Exchange Rates: Evidence from the EMS-Comment. In *A Retrospective on the Bretton Woods System*, M. Bordo and B. Eichengreen (eds.). Chicago: The University of Chicago Press.

1993b. Le Implicazioni Fiscali di Maastricht per l'Italia. *Sviluppo economico*, 1, 2: 139–59.

Fratianni, M. and Huang, H. 1995. Central Bank Reputation and Optimal Conservativeness, LSE Financial Market Group Discussion Paper no. 216. London: London School of Economics.

Fratianni, M. and Nabli, M..1979. Money Stock Control in the EEC Countries. *Weltwirtschaftliches Archiv*, 115, 3: 401–23.

Fratianni, M. and Ranuzzi de Bianchi, P. 1971. La moneta potenziale e la base monetaria aggiustata in Italia dal 1958 al 1969. *Bancaria*, 27, 3: 361–7.

Fratianni, M. and Spinelli, F. 1982. The Growth of Government in Italy: Evidence from 1861 to 1979. *Public Choice*, 39, 2: 221–43.

1984. Italy in the Gold Standard Period, 1861–1914. *A Retrospective on the Classical Gold Standard, 1821—1931*, M. Bordo and A.J. Schwartz (eds.). Chicago: University of Chicago Press.

1985. Currency Competition, Fiscal Policy and the Money Supply Process in Italy from Unification to World War I. *Journal of European Economic History*, 14 (Winter): 473–99.

Fratianni, M. and von Hagen, J. 1990. Public Choice Aspects of European Monetary Unification. *The Cato Journal*, 10: 389–411.

1992. *The European Monetary System and European Monetary Union*. Boulder and London: Westview.

1993. European Monetary Union and Central Bank Dependence. *Regional Science and Urban Economics*, 23: 401–25.

Frenkel, J. A. and Johnson, H.G. (eds.). 1976. *The Monetary Approach to the Balance of Payments*. London: George Allen and Unwin.

Friedman, M. and Schwartz, A.J. 1963. *A Monetary History of the United States, 1867—1960*. Princeton: Princeton University Press.

1982. *Monetary Trends in the United States and the United Kingdom. Their Relation to Income, Prices, and Interest Rates, 1867–1975*. Chicago: Chicago University Press (for the NBER).

Gangemi, L. 1961. Due processi di difesa della lira nel quadro delle vicende monetarie italiane dal 1918 al 1959. In *Studi in onore di Epicarmo Corbino*, D. de Marco (ed.). Milan: Giuffrè.

Garelli, A. 1879. *Le banche*. Biblioteca dell'economista, Serie Ⅲ, Vol. Ⅵ. Torino: UTET.

Giavazzi, F. and Giovannini, A. 1989. *Limiting Exchange Rate Flexibility: The European Monetary System*. Cambridge, MA: MIT Press.

Giavazzi, F. and Spaventa, A. 1990. The New EMS. In *The European Monetary System in the 1990s*, P. de Grauwe and L. Papademos (eds.). London: Longman.

Gilbert, R.A. and Wood, G.E. 1986. Coping with Bank Failures: Some Lessons from the United States and the United Kingdom. Federal Reserve Bank of St. Louis. *Review* 68, 10 (December): 5–14.

Gille, B.1968. *Les investissements francais en Italie (1815 — 1914)*. Archivio storico dell'unificazione italiana, serie Ⅱ, vol. ⅩⅥ. Torino: ILTE.

Giovannini, A. and Piga, G. 1992. Understanding the High Interest Rates of Italian Government Securities. Typescript, May.

Goodman, J. 1991. The Politics of Central Bank Dependence. *Comparative Politics*, 23, 3: 329–50.

Graziani, A. 1969. *Lo sviluppo dell'economia italiana come sviluppo di una economia aperta*. Torino: Einaudi.

Grifone, P. 1971. *Il capitale finanziario in Italia*. Torino: Einaudi.

Grilli, E., Kregel, J.A. and Savona, P. 1982. Terms of Trade and Italian Economic Growth: Accounting for Miracles. Banca Nazionale del Lavoro *Quarterly Review*, 143, 4: 395–416.

Griziotti, B. 1926. *La politica finanziaria italiana. Studi sui problemi monetari e finanziari*. Milan: Istituto Editoriale Scientifico.

Gualerni, G. 1976. *dustria e fascismo*. Milan: Vita e Pensiero.

1980. *Ricostruzione e industria. Per una interpretazione della politica industriale nel secondo dopoguerra 1943 — 1951*. Milan: Vita e Pensiero.

1982. *Lo stato industriale in Italia 1890 — 1940*. Milan: Etas Libri.

Guarnieri, F. 1953. *Battaglie economiche tra le due grandi guerre*. Milan: Garzanti.

Hafer, R.W. and Hein, S.E. 1984. Predicting the Money Multiplier: Forecasts from Component and Aggregate Models. *Journal of Monetary Economics*, 14, 3: 375–84.

Harjoullis, G.S. 1992. *Global Bonds – Italy Special* (May 19). New York: Morgan Stanley.

Hawtrey, R.G. 1927. *The Gold Standard in Theory and Practice*. London: Longmans.

Heilperin, M.A. 1968. *Aspects of the Pathology of Money*. London: Joseph.

Hildebrand, G.H. 1965. *Growth and Structure in the Economy of Modern Italy*. Cambridge, MA: Harvard University Press.

Hirschman, A.O. 1948. Inflation and Deflation in Italy. *American Economic Review*, 38, 4: 598–606.

Holbrick, K. 1959. *Italy in International Cooperation*. Padova: Cedam.

Il Sole-24 Ore. 1991. Il Divorzio (July 26). Milan: Il Sole-24 Ore.

International Monetary Fund. various issues. *International Financial Statistics*. Washington, DC: International Monetary Fund.

Isco. various issues. *Quadri della contabilità nazionale*. Rome: Isco.

Istat. various years. *Annuario statistico italiano*. Rome: Istat.

　　1957. *Indagine statistica sullo sviluppo del reddito nazionale dell'Italia dal 1861 al 1956*. Annali di Statistica, serie Ⅷ, vol. Ⅸ. Rome: Istat.

　　1976. *Sommario di statistiche storiche dell'Italia 1861— 1975*. Rome: Istat.

Jannaccone, P. 1918. Relazioni fra commercio internazionale, cambi esteri e circolazione monetaria in Italia nel quarantennio 1871—1913. *Riforma Sociale* XXV, XXIX, XI–XII (November-December). Reprinted in: *Prezzi e mercati*. Torino: Einaudi, 1951.

Kendrick, J.W. 1981. International Comparisons of Recent Productivity Trends. *Contemporary Economic Problems*, W. Fellner (ed.). Washington, DC: American Enterprise Institute.

Keohane, R.O. 1984. *After Hegemony: Cooperation and Discord in the World Political Economy*. Princeton, NJ: Princeton University Press.

Keynes, J.M. 1923. *A Tract on Monetary Reform*. London: Macmillan.

Kindleberger, C.P. 1973. *The World in Depression, 1929–1939*. Berkeley and Los Angeles: University of California Press.

　　1984. *A Financial History of Western Europe*. London: Allen and Unwin.

Klein, B. 1978. The Measurement of Long and Short Term Price Uncertainty: A Moving Regression Time Series Analysis. *Journal of Monetary Economics*, 16 (July): 438–53.

Klein, M. and Neumann, M.J.M. 1989. Seigniorage: What is it and Who Gets it? Projektbereich B, Discussion Paper N. B-124, University of Bonn.

Kreinin, M.E. and Officer, L.H. 1978. *The Monetary Approach to the Balance of Payments: A Survey*. Princeton Studies in International Finance, no. 43. Princeton: Princeton University Press.

Laidler, D. 1991. *The Golden Age of the Quantity Theory*. Hemel Hempstead, Hertfordshire: Philip Allan.

Lanzarone, G. 1948. La politica del credito e dei mercati finanziari in Italia. *Congiuntura Economica*, 3, 28–9 (July–August): 4–7.

League of Nations. 1922. *The Recommendations and Their Applications. A Review of Two Years. vol. II, Italy*. Geneve: Kundig.

Lehefeld, R.A. 1923. *Restoration of the World's Currencies*. London: Kings.

Lesourd, J.A. and Gerard, C. 1978. *Storia economica dell'Ottocento e del Novecento*. Milan: Isedi.

Lindbeck, A. 1983. The Recent Slowdown of Productivity Growth. *Economic Journal*, 93: 13–34.

Lindert, P.H. 1969. *Key Currencies and Gold 1900—1913*. Princeton Studies in International Finance, no. 24. Princeton: Princeton University Press.

Lutz, F.A. and Lutz, V. 1950. *Monetary and Foreign Exchange Policy in Italy*. Princeton Studies in International Finance, no. 1. Princeton: Princeton University Press.

Lutz, V. 1950. Italy: Economic Recovery and Development. *The Economics of*

Freedom: The Progress and Future of Aid Europe. H.S. Ellis (ed.). New York: Harper and Brothers.

Maddison, A. 1982. *Phases of Capitalist Development.* Oxford: Oxford University Press.

Majorana, G. 1893. *I dati statistici nella questione bancaria.* Rome: Loescher.

Mancini, M. 1947. Aspetti dell'andamento dei depositi bancari e postali rispetto alla circolazione in periodo bellico. *Congiuntura Economica*, 11, 12 (February): 4–9.

Mankiw, J.A., Miron, J.A. and Weil, D.J. 1987. The Adjustment of Expectations to a Change in Regime: A Study of the Founding of the Federal Reserve. *American Economic Review*, 77, 3 (June): 358–74.

Marcoaldi, F. (ed.). 1986. *Vent'anni di economia e politica. Le carte De' Stefani (1922 — 1941).* Milan: Angeli.

Marconi, M. 1979. Lineamenti di un trentennio di politica monetaria. *Capitale industriale e capitale finanziario: il caso italiano*, F. Vicarelli (ed.). Bologna: Il Mulino.

Martello, T. 1883. *La moneta e gli errori che corrono attorno ad essa.* Firenze: Le Monnier.

Masera, R.S. 1983. Inflation, Stabilization and Economic Recovery in Italy After the War: Vera Lutz's Assessment. Banca Nazionale del Lavoro, *Quarterly Review*, 144 (March): 29–50.

McCallum, B. 1989. *Monetary Economics: Theory and Policy.* New York: MacMillan Publishing.

Mengarelli, G. (ed.). 1976. *Toria monetaria e struttura finanziaria in Italia.* Venezia: Marsilio.

Menichella, D. 1956. The Contribution of the Banking System to Monetary Equilibrium and Economic Stability: the Italian Experience. Banca Nazionale del Lavoro. *Quarterly Review*, 9, 36–7 (January–June): 5–21.

Mesalles, V. 1968. Banknote Remittances: Italy's Recent Experience. Banca Nazionale del Lavoro. *Quarterly Review*, 84 (March): 87–99.

Meyer, P. A. and Neri, J. A. 1975. A Keynes–Friedman Money Demand Function. *American Economic Review*, 65, 4: 610–25.

Meyer, R.H. 1970. *Banker's Diplomacy. Monetary Stabilization in the Twenties.* New York: Columbia University Press.

Michaely, M. 1968. *Balance-of-Payment Adjustment Policies.* New York: National Bureau of Economic Research.

Migone, G. 1971. *Problemi di storia nei rapporti tra Italia e Stati Uniti.* Torino: Rosenberg and Sellier.

Miller, H.S. 1940. Italian Monetary and Exchange Policies under Fascism. *American Economic Review*, 30, 3: 554–60.

Minervini, G. 1987. Tre controlli sul pubblico risparmio, ma chi li coordina? *Corriere della Sera* (1 August).

Minford, P. 1994. The Political Economy of the Exchange Rate Mechanism, *Open Economies Review*, 5: 235–47.

Mitchell, B.R. 1962. *Abstract of British Historical Statistics.* Cambridge: Cambridge University Press.

1978. *European Historical Statistics*. New York: Columbia University Press.

Mochi, C. 1982. Commercio e turismo. *Annali dell'economia italiana, vol. 8, tomo 2: 1930 — 1938.* Milan: IPSOA.

Modigliani, F. and Jappelli, T. 1986. Politica fiscale e risparmio in Italia a partire dal 1860. *Rivista Milanese di Economia,* 18 (April–June): 41–78.

Modigliani, F. and Tarantelli, E. 1973. A Generalization of the Phillips Curve for a Developing Country. *Review of Economic Studies,* 40, 2 (April): 203–23.

1977. Market Forces, Trade Union Action, and the Phillips Curve in Italy. Banca Nazionale del Lavoro. *Quarterly Review,* 120, 1: 3–36.

Molinari, A. 1928. La rivalutazione della lira, i prezzi al minuto ed i salari. *Giornale degli economisti,* serie IV, XLIII, 67 (April): 334–9.

Monzilli, A. 1896. *Note e documenti per la storia delle banche di emissione in Italia.* Citta' di Castello: LAPI.

Moreau, E. 1986. *Memorie di un governatore della Banca di Francia.* Bari: Cariplo-Laterza.

Morgenstern, O. 1959. *International Financial Transactions and Business Cycles.* Princeton: Princeton University Press.

Mühleman, M. 1896. *Monetary Historical Statistics.* New York: Columbia University Press.

Muscatelli, V. A. and Spinelli, F. 1993. An Econometric and Historical Perspective on the Long-run Stability of the Demand for Money: The Case of Italy. Typescript.

Negri, G. 1990. *Giolitti e la nascita della Banca d'Italia nel 1893.* Bari: Laterza.

Nurkse, R. 1944. *International Currency Experience: Lessons of the Inter-war Period.* Princeton: Princeton University Press.

OECD. 1973. *Monetary Policy in Italy.* Paris: OECD.

Various issues. *Economic Outlook.* Paris: OECD.

Onida, F. 1974. *La bilancia dei pagamenti come vincolo alla politica economica.* Milan: Angeli.

Pantaleoni, M. 1895. La caduta della Societa' Generale di Credito Mobiliare Italiano. *Giornale degli Economisti* (April, May and November). Reprinted in *Studi storici.* Bologna: Zanichelli, 1936.

Paradisi, M. 1976. Il commercio con l'estero e la struttura industriale. In *L'economia italiana nel periodo fascista,* P. Ciocca and G. Toniolo (eds.). Bologna: Il Mulino.

Parlato, G. 1982. La politica sociale e sindacale. *Annali dell'economia italiana, vol. 6, tomo I: 1915 — 1922.* Milan: IPSOA.

Penati, A. and Tullio, G. 1983. Total Domestic Credit as an Intermediate Target of Monetary Policy in Italy. In *Monetary Policy, Fiscal Policy and Economic Activity. The Italian Experience,* F. Spinelli and G. Tullio (eds.). Aldershot: Gower.

Putnam, R. D. 1993. *Making Democracy Work: Civic Traditions in Modern Italy.* Princeton, NJ: Princeton University Press.

Rasche, R. and Johannes, J. 1987. *Controlling the Growth of Monetary Aggregates.* Boston: Kluwer Academic Publishers.

Rasi, G. 1982a. La politica economica ed i conti della nazione. *Annali dell'economia italiana, vol. 6, tomo 1: 1915—1922*. Milan: IPSOA.

1982b. La politica economica ed i conti della nazione. *Annali dell'economia italiana, vol. 9, tomo 1: 1939—1945*. Milan: IPSOA.

1982c. La politica economica ed i conti della nazione. *Annali dell'economia italiana, vol. 10, tomo 1: 1946—1952*. Milan: IPSOA.

Repaci, F.A. 1962. *La finanza pubblica italiana nel secolo 1861–1960*. Bologna: Zanichelli.

Rey, G.M. 1978. Una sintesi dell'economia italiana durante il fascismo. In *L'econmia italiana 1861—1940*, G. Toniolo (ed.). Bari: Laterza.

Ripa di Meana, A. and Sarcinelli, M. 1990. Unione monetaria, competizione valutaria e controllo dlela moneta: è d'aiuto la storia italiana? Ministero del Tesoro, *L'unione economica e monetaria: problemi e strategie*. Rome: Istituto Poligrafico e Zecca dello Stato.

Robbins, L. 1935. *Di chi la colpa della grande crisi?* Torino: Einaudi.

Rolnick, A.J. and Weber, W.E. 1986. Gresham's Law or Gresham's Fallacy? Federal Reserve Bank of Minneapolis. *Quarterly Review*, 10, 1 (Winter): 17–24.

Rosa, G. 1975. *Aspetti quantitativi dello sviluppo industriale italiano*. Rome: S.I.P.I.

1982. *L'aggiustamento dell'industria italiana: aspetti settoriali, dimensionali e territoriali*. Rome: S.I.P.I.

Rossi, C. 1950. *L'assalto alla Banca di sconto*. Milan: Ceschina.

Rossi, L. 1954. Economia e buon senso. *Rivista di politica economica*, 44, 6 (June): 644–51.

Rozenraad, C. 1899. Il prestito italiano per l'abolizione del corso forzoso. *Biblioteca dell? Economista*, Appendix to Goshen, *La teoria dei cambi esteri*, serie 4, vol. II, parte II.

Saidi, N. and Huber, G. 1983. Postwar Business Cycles and Exchange Rate Regimes: Issues and Evidence. Paper presented at the Konstanz Seminar on Monetary Theory and Monetary Policy (June), Konstanz.

Saint-Etienne, C. 1984. *The Great Depression, 1929—1938: Lessons for the 1980s*. Stanford: Hoover Institution Press.

Sannucci, V. 1990. Molteplicità delle banche di emissione: ragioni economiche ed effetti sull'efficacia del controllo monetario (1860—1890). *Ricerche per la storia della Banca d'Italia*, Vol I. Bari: Laterza.

Sarcinelli, M. 1965. La creazione di liquidità e la politica della banca centrale in Italia dal 1958 al 1964. In *Letture di politica economica e finanziaria*, a cura di Banca Popolare di Milano. Milan: Banca Popolare di Milan.

Savona, P. 1993. Sviluppo, profitti e finanza in Italia. *Sviluppo Economico*, 1, 1: 29–58.

Simpson, E.S. 1949–50. Inflation, Deflation and Employment in Italy. *The Review of Economic Studies*. 17, 3: 203–25.

Smid, A. 1948. Un indice del corso delle azioni alla borsa di Milano. In *Congiuntura Economica*, 28–29 (July–August), pp. 8–14.

Southard, F.A. 1946. *The Finances of European Liberation with Special Reference to Italy*. New York: King's Crown.

Spinelli, F. 1980. The Demand for Money in the Italian Economy: 1867—1965. *Journal of Monetary Economics*, 6, 1: 83–104.

　1989. *Per la storia monetaria dell'Italia*, Vol. I. Torino: Giappichelli.

　1990. *Per la storia monetaria dell'Italia*, Vol. II . Torino: Giappichelli.

　1991. *Per la storia monetaria dell'Italia*, Vol III . Torino: Giappichelli.

Spinelli, F. and Fratianni, M. 1991. *La storia monetaria d'Italia*. Milan: Mondadori.

Spinelli, F. and Toso, L. 1990. Il tasso di cambio settimanale a breve della lira nelle rilevazioni de Il Sole 24 Ore:1865 — 1985.In F. Spinelli, *Per la storia monetaria dell'Italia*, vol. II. Torino: Giappichelli.

Spinelli, F. and Vismara, D. 1990. Quali garanzie per i sottoscrittori dei titoli di stato? Una rilettura del rapporto della Commissione Economica dell'Assemblea Costituente. In *Per la storia monetaria dell'Italia*, Vol. II, F. Spinelli (ed.). Torino: Giappichelli.

Sraffa, P. 1922. The Bank Crisis in Italy. *Economic Journal* (June). Reprinted in F. Cesarini and M. Onado (eds.). 1979. *Struttura e stabilità del sisterna finanziario*. Bologna: Il Mulino.

Stern, R.M. 1967. *Foreign Trade and Economic Growth in Italy*. New York: Praeger.

Stringher, B. 1926. Unificazione dell'emissione e deflazione cartacea. *Nuova Antologia*, fasc. 1311 (1 November): 64–83.

Supino, C. 1895. *Storia della circolazione bancaria in Italia dal 1860 al 1894*. Torino: Bocca.

　1929. *Storia della circolazione cartacea in Italia dal 1860 al 1928*. Milan: Società Editorale Libraria.

Swoboda, A.K. 1983. Exchange Rate Regimes and U.S. European Policy Interdependence. *International Monetary Fund Staff Papers* 30, 1: 75–108.

Tabellini, G. 1988. Monetary and Fiscal Policy Coordination with a High Public Debt. In *High Public Debt: The Italian Experience*, F. Giavazzi and L. Spaventa (eds.). Cambridge: Cambridge University Press.

Tagliacarne, G. 1928. Prezzi all'ingrosso e rivalutazione della lira. *Giornale degli Economisti*, serie IV, 43 (67): 329–33.

Tasca, A. 1927. La rivalutazione della lira e i prestiti americani. *Lo stato operaio* (March–April): 278–86.

Tattara, G., and Toniolo, G. 1976. L'industria manifatturiera: cicli, politiche e mutamenti di struttura (1921–37). In *L'economia italiana nel periodo fascista*, P. Ciocca and Toniolo, G. (eds.). Bologna: Il Mulino.

Thaon di Revel, P. 1942. La finanza di guerra. *Rivista ternazionale di Scienze Economiche*, 14,3: 203–38.

Toniolo, G.1989. *La Banca d'Italia e l'economia di guerra 1914 — 1919.*Bari:Laterza.

Triffin, R. 1964. *The Evolution of the International Monetary System: Historical Reappraisal and Future Perspective*. Princeton Studies in International Finance, n. 12. Princeton: Princeton University Press.

Trupiano, G. 1982. La politica fiscale e la finanza pubblica. In *Annali dell'economia italiana*, vol. VI , tomo 1, *1915 — 1922*, a cura di IPSOA. Milan: IPSOA.

Tullio, G. 1977. 'Monetary Equilibrium and Balance of Payments Adjustment:

Empirical Tests of the U.S. and Italian Balance of Payments'. Ph.D. dissertation. University of Chicago.

Tullio, G. 1981. Demand Management and Exchange Rate Policy: The Italian Experience. International Monetary Fund, *Staff Papers,* 28 (March): 80–117.

United Nations Economic Commission. 1950. *Economic Survey of Europe in 1949.* Geneva.

US Congress-Senate Commission of Gold and Silver Inquiry. 1925. *European Currency and Finance.* Washington, DC: US Government Printing Office.

Valli, V.1976. *L'economia e la politica economica italiana (1945—1975).*Milan:Etas Libri.

van Ypersele, J. 1979. Operating Principles and Procedures of the EMS. In *The EMS: Its Promise and Prospects*, P. H. Trezise (ed.). Washington, DC: Brookings Institution.

Viner, J. 1937. *Studies in the theories of in International trade.* New York: Harper and Brother.

Vitale, E. 1972. *La riforma degli istituti di emissione e gli scandali bancari in Italia, 1892—1896.* Roma: Archivio Storico della Camera dei Deputati.

Volpi, G. 1928. La riforma monetaria illustrata dal ministro delle Finanze (speech at the Senate on February 17, 1928). *Giornale degli economisti,* Serie IV, XLIII , LXVII: 247–68.

White, H. 1980. A Heteroskedasticity-consistent Co-variance Matrix Estimator and Direct Test for Heteroskedasticity. *Econometrica,* 48: 817–38.

Willis, H. 1901. *A History of the Latin Monetary Union.* Chicago: University of Chicago Press.

Yeager, L.B. 1976. *International Monetary Relations: Theory, History and Policy.* New York: Harper and Row.

1981. *Experiences with Stopping Inflation.* Washington, DC: American Enterprise Institute.

Zamagni, V. 1976. La dinamica dei salari nel settore industriale. In *L'economia italiana nel periodo fascista*, P. Ciocca and G. Toniolo (eds.). Bologna: Il Mulino.

译者附录

一、历史年表（1861—2002 年）

时间		事件
1861 年	2 月 18 日	全意大利第一届议会开幕，统一的意大利王国宣告成立
	3 月 23 日	卡米罗·卡沃尔出任意大利王国第一任总理
1864 年	9 月 15 日	意大利与法国达成关于罗马问题的"9 月协议"
1865 年	1 月	意大利王国迁都佛罗伦萨
1866 年	4 月 8 日	法国与普鲁士签订秘密军事同盟协议
	6 月 20 日	意大利对奥地利帝国宣战，参加普奥战争
	10 月 3 日	意大利与奥地利国签订"意奥协议"
	10 月 21 日	威尼斯地区正式并入意大利王国
1870 年	7 月 19 日	普法战争爆发
	10 月 2 日	罗马正式并入意大利王国
1871 年	1 月 26 日	意大利王国宣布罗马为首都
1882 年	5 月 15 日	意大利与法国签订"意法商约"
	5 月 20 日	意、德、奥签订"三国同盟条约"
1882 年		意大利工人党成立
1884 年		意大利全国劳工同盟成立、意大利社会革命党成立
1885 年		意大利全国劳工同盟并入意大利工人党

时间		事件
1887 年		意大利入侵埃俄比亚；意大利同意延长"三国同盟条约"5 年
1891 年		意大利同意延长"三国同盟条约"12 年；与德国、奥地利签订商约
1895 年		意大利工人党改称意大利社会党
1902 年		意大利与法国签订"意法协议"
1911 年	9 月 29 日	意大利与土耳其爆发战争
1912 年	7 月	墨索里尼担任社会党领导人
1914 年	6 月 28 日	发生"萨拉热窝事件"
	7 月 28 日	第一次世界大战爆发
	11 月 29 日	意大利社会党开除墨索里尼
1915 年	2 月	意大利与德、奥的谈判破裂
	4 月 26 日	签订"伦敦协议"
	5 月 20 日	意大利向奥地利国宣战
1916 年	8 月	意大利对德国宣战
1917 年	10 月 10 日	意大利在卡普雷托战役中失败
1918 年	11 月 3 日	奥地利签署在意大利展现投降的文件
1919 年	10 月 10 日	协约国集团与奥地利签订和约
1920 年	1 月 10 日	协约国与土耳其签订和约
	11 月 12 日	意大利与南斯拉夫签订领土条约
1922 年	10 月	墨索里尼担任意大利总理
1935 年	3 月	意大利入侵埃俄比亚
1939 年	4 月	意大利占领阿尔巴尼亚；签订"钢铁条约"，承诺意大利在战争中支持德国
	9 月	第二次世界大战爆发
1940 年	6 月 10 日	意大利宣布参战
1944 年	6 月	盟军解放罗马
1945 年	4 月 28 日	墨索里尼被处死
1946 年	6 月 2 日	举行全民公投，将意大利王国变为共和；女性首次获得选举权

续表

时间		事件
1948 年	1 月 1 日	新宪法生效；前意大利银行行长恩诺蒂担任首任共和国总统；德·加斯佩里担任首届总理
1949 年		意大利以创始国身份加入北约
1955 年		意大利加入联合国
1957 年	3 月	意大利以创始国身份加入欧洲经济共同体
1979 年	3 月	意大利加入欧洲货币体系
1990 年		意大利签订"申根条约"
1991 年	12 月 11 日	意大利签署"马斯特里赫条约"
1992 年	9 月	意大利退出欧洲货币体系
1993 年	11 月 1 日	"马斯特里赫条约"正式生效，意大利成为欧盟成员国
1995 年	3 月	"申根条约"正式生效
1999 年	1 月 1 日	欧盟正式启动欧元，意大利加入欧元区
2002 年	1 月 1 日	欧元现钞正式流通，意大利货币里拉不再使用

二、地名、机构名等对照表

中文译名	英文	释义
安科纳	Ancona	位于意大利的中东部，是一个港口城市
意大利商业银行	Banca Commerciale Italiana	成立于 1894 年，是意大利最大的商业银行之一
兴业银行	Banca Generale	意大利商业银行
意大利银行	Banca d'Italia（BI）	意大利的中央银行，总部在罗马；1893 年由托斯卡纳国民银行、托斯卡纳信贷银行和国民银行合并而成
波特法克国家银行	Banca dello Stato Pontifico	1950 年由罗马那银行更名而成
热那亚银行	Banca di Genova	1844 年在热那亚成立，后与都灵银行合并为撒丁国民银行

中文译名	英文	释义
那波利银行	Banca di Napoli	成立于 1816 年，1862 年更名为那波利银行
法伦兹商业银行	Banca di Sconto di Firenze	成立于 1862 年，1857 年与利沃诺商业银行合并组建托斯卡纳国民银行
利沃诺商业银行	Banca di Sconto di Livorno	成立于 1937 年，1957 年与佛罗伦萨商业银行合并组建托斯卡纳国民银行
都灵银行	Banca di Torino	1847 年在都灵成立，后与根纳银行合并为撒丁国民银行
西西里银行	Banca delle Due Sicilie	
雷伽兹奥尼银行	Banca dello Quattro Legazioni	
意大利斯肯托银行	Banca Italiana di Sconto	曾是意大利一家大银行，1921 年倒闭
国民银行	Banca Nazionale	意大利银行的前身
撒丁国民银行	Banca Nazionale degli Stati Sardi	即国民银行
托斯卡纳国民银行	Banca Nazionale Toscana	
罗马那银行	Banca Romana	1835 年由法国和比利时投资者设立；曾是意大利 6 家发钞银行之一
帕尔玛银行	Banca degli Stati Parmensi	1858 年在帕尔玛市设立
西西里银行	Banca di Sicilia	由几家银行于 1850 年合并组建
塔斯卡纳工商信贷银行	Banca Tascana di Creito per le Industrie ed I Commerci d'Italia	1860 年在佛罗伦萨设立
托斯卡纳信贷银行	Banca Toscana di Credito	
罗马银行	Banco di Roma	成立于 1880 年，总部在罗马；1991 年与几家银行合并组建新的罗马银行（Banca di Roma）

续表

中文译名	英文	释义
拉夫罗国民银行	Banco Nazionale del Lavoro	成立于 1913 年，总部在罗马；2006 年被法国巴黎银行收购
法兰西银行	Bank of France	法国中央银行
统计月报	Bollettino Statistico	意大利银行发布的月报
博洛尼亚市	Bologna	地名，位于意大利北部，是意大利人口第七大城市
布瑞斯卡	Brescia	地名，位于意大利北部
德意志联邦银行	Bundesbank	德国中央银行
卡珀里托	Caporetto	城市名，位于斯洛文尼亚的最西部；曾被意大利占领，第二次世界大战后属于南斯拉夫
意大利投资银行	Cassa Depositi e Prestiti	成立于 1850 年，总部在罗马；意大利财政部是最大股东
欧共体委员会	Commission of EC	
《每晚导报》	Corriere della Sera	意大利最早的报纸之一，1876 年创刊，总部在米兰
意大利信贷银行	Credito Italiano	成立于 1870 年，1998 年与意大利联合信贷银行合并，组成新的联合信贷银行（UniCredit）
布雷西亚农业信贷银行	Credito Agrario Bresciano	成立于 1883 年，总部在意大利的布瑞斯卡市
墨比莱阿信贷银行	Credito Mobiliare	
艾米利	Emilia	地名，位于意大利北部
艾斯圭里奥	Esquilino	地名，位于罗马的历史城区
佛罗伦萨市	Florence	位于意大利中部，是托斯卡纳尼地区的首府
热那亚市	Genoa	位于意大利西北部，是意大利第六大城市
格雷欣定律	Greshan law	以英国金融家格雷欣的名字命名，认为"劣币驱逐良币"

中文译名	英文	释义
哈瑞斯银行	Harris Bank	成立于 1882 年，是一家总部设在纽约的商业银行
高级委员会	High Council	意大利银行的决策机构
意大利墨比里尔信贷银行	Istituto Mobiliare Italiano	成立于 1931 年，是一家投资银行，总部在米兰
皮埃蒙特王国	Kingdom of Piedmont	意大利统一前的王国，位于意大利西北部
撒丁王国	Kingdom of Sardinnia	意大利统一前的王国，位于意大利西北部
利沃诺市	Leghorn	位于意大利西部，是一个港口城市
拉丁货币联盟	Latin Monetary Union	1865 年成立，由法国、意大利、比利时和瑞士 4 国组成；1927 年解散
伦巴第	Lombardy	地名，位于意大利北部
梅塞尼亚	Messina	意大利城市，位于西西里岛上
蒙达多瑞	Modadori	意大利的一家出版公司
意大利雷根诺国民银行	Nazionale nel Regno d'Italia	
帕尔玛市	Parma	位于意大利北部
佩萨罗	Pesaro	地名，位于意大利中东部
皮埃蒙特国民银行	Piedmontese Banca Nazionale	
罗斯柴尔德银行	Rothschild bank	成立于 1812 年，总部在巴黎
萨尔贝克指数	Sauerbeck index	
威尼加阿商人银行	Stabilimento Mercantile di Venezia	
托斯卡纳地区	Tuscany	地名，位于意大利的中西部
都灵市	Turin	位于意大利西北部，是重要的经济和文化中心，曾是意大利的首都

续表

中文译名	英文	释义
意大利外汇局	Ufficio Italiano dei Cambi（UIC）	意大利银行的下属机构，成立于1945 年；负责管理外汇市场、外汇储备和汇率
威尼托	Veneto	位于意大利东北部
威尼斯市	Venice	位于意大利东北部，由 118 个小岛组成，是威尼托地区的首府

三、人名对照表

中文译名	英文	释义
阿布拉特	Abrate	人名
阿克雷	Ackley，G	
阿莱辛纳	Alessina，A	
阿尔博提	Alberti，M	
阿曼特亚	Amantia，A	
本尼阿米诺·安德里阿塔	Andreatta，B	1928—2007 年，意大利经济学和政治家
阿佐里尼	Azzolini，V	
里克卡尔多·巴奇	Bachi，R	
保罗·巴菲	Baffi，P	1911—1989 年，意大利经济学家和银行家；1975—1979 年，任意大利银行行长
沃尔特·巴格浩特	Bagehot，W	1826—1877 年，英国经济学家和商人
巴贝瑞	Barberi，B	
巴塞维	Basevi，G	
贝尼尼*	Benini，R	
比尼·斯马赫	Bini–Smaghi，L	
布鲁费尔德	Bloomfield，A	

续表

中文译名	英文	释义
博卡多	Boccardo	人名
布恩霍夫*	Boonhoff, E. J	
布内里*	Bonelli, F	
米歇尔·博多	Bordo, M	1942— ，加拿大经济学家
博格塔	Borgatta, G	
鲍克斯	Box, G. E. P	
布瑞斯卡阿尼·图龙尼	Bresciani Turroni, C	1882—1963 年，意大利经济学家和统计学家
布鲁恩斯	Bruins, G. M	人名
卡尔·布鲁内	Brunner, K	1916—1989 年，瑞士经济学家
布鲁诺*	Bruno, M	
博格	Burger, A. E	
布萨卡	Busacca, R	
布提格里奥内*	Buttiglione, L	
卡甘*	Cagan, P	
坎布里—迪格尼	Cambray – Digny	1820—1906 年，意大利政治家，曾任财政部长
卡米罗·卡沃尔	Camillo Cavour	1810—1861 年，意大利政治家，撒丁王国总理，意大利统一后的首任总理
卡里阿里*	Calliari, S	
坎诺阿	Canovai, T	
卡塔纽	Cattaneo	人名
卡皮耶	Capie, F	
卡拉恩萨*	Caranza, C	
卡达雷利	Cardarelli, S	
圭多·卡里	Carli, G	1914—1993 年，意大利经济学家、银行家和政治家；1960—1975 年任意大利银行行长

中文译名	英文	释义
卡塞尔	Cassel, G	1866—1945 年，瑞典经济学家，斯德哥尔摩大学教授
卡斯特隆纽弗	Castronuovo, V	
楚拉奎*	Chouraqui, J. C	
卡罗·阿泽里奥·钱姆皮	Ciampi, C. A	1920—2016 年，意大利银行家和政治家，曾任意大利银行行长、政府总理和共和国总统
塞安克	Cianci, E	
塞奥卡	Ciocca, P	
科恩	Cohen, J. S	
科法罗尼尔雷	Confalonieri, A	
科普拉·德安娜	Coppola d' Anna, F	
科比诺	Corbino, E	
科纳罗	Cornaro, V	
科图拉*	Cotula, F	
科瑞弗恩	Crifone	人名
达·博兹奥	Da Pozzo, M	
德·安吉里斯	De Angelis, G	
德·塞科	De Cecco, M	
德·费里斯*	De Felice, R	
德·加斯佩里	De Gasperi	1881—1954 年，意大利政治家，意大利基督教民主党的创立者，1945—1953 年任意大利总理
德·格拉维*	De Grauwe, P	
德·约翰尼斯	De Johannis	人名
德·马里阿*	De Maria, G	
德·玛蒂亚	De Mattia, R	
德·罗萨	De Rosa, L	
德·斯特芬尼	De Stefani	人名

中文译名	英文	释义
德·维塔	De Vita, A	
德尔·维克茨奥	Del Vecchio, G	
戴尔阿莫*	Dell' Amore, G	
丹尼森*	Denison, E. F	
迪·纳蒂	Di Nardi, G	
多恩布施*	Dornbush, R	1942—2002 年，美国经济学家，麻省理工大学教授
艾亨格林	Eichengreen, B	
恩诺蒂	Einaudi, L	1874—1961 年，意大利经济学家和政治家，1948—1955 年任意大利总统
恩赛格	Einzig, M	人名
艾尔玛斯·维克	Elmus Wicker	人名
伊皮卡莫·克比诺	Epicarmo Corbino	1890—1984 年，意大利政治家，曾任财政部长
艾普斯特恩	Epstein, G	
法布瑞兹诺·奥尼塔	Fabrizio Onida	人名
安东尼奥·法兹奥	Fazio, A	1936—　，意大利经济学家和银行家，曾任意大利银行行长
费洛尼	Felloni, G	人名
弗朗塞斯科·费拉拉	Ferrara, F	1810—1900 年，意大利经济学家，曾任意大利财政部部长
费拉瑞斯	Ferraris, C. F	
费里珀·科萨拉诺	Filippo Cesarano	人名
弗罗萨	Filosa, R	
弗奥阿	Foa, B	
弗蒙提尼	Formentini, S	
米歇勒·弗拉迪阿尼	Fratianni, M	本书作者之一
弗兰克尔	Frenkel, J. A	
米尔顿·弗里德曼	Friedman, M	

续表

中文译名	英文	释义
冈格米	Gangemi，L	
卡瑞里	Garelli，A	
杰拉德*	Gerard，C	
吉阿法兹	Giavazzi，F	
吉尔博特	Gilbert，R. A	
吉奥里提	Giolitti	人名
吉奥范尼尼	Giovannini，A	
吉雷	Gille，B	
古德曼*	Goodman，J	
乔治·S. 哈尔里斯	Gorge S. Harjoullis	人名
格拉兹阿尼*	Graziani，A	
格里弗恩*	Grifone，P	
恩兹欧·格瑞里	Grilli，E	
格里兹奥提*	Griziotti，B	
格尔博托·格勒尼	Gualerni，G	
格阿尼尔尼*	Guarnieri，F	
吉亚勒尼	Gyalerni	人名
哈费尔*	Hafer，R. W	
翰姆布洛	Hambro	人名
霍特雷	Hawtrey，R. G	
黑普林	Heilperin，M. A	
黑恩*	Hein，S. E	
希尔德布拉德	Hildebrand，G. H	
赫史曼	Hirshman，A. O	
霍夫曼	Hoffman	人名
霍布里克*	Holbrick，K	
皇*	Huang，H	
胡贝尔*	Huber，G	
詹纳科内	Jannaccone，P	
加佩里	Jappelli，T	

续表

中文译名	英文	释义
约金斯	Jenkins, G. M	
约翰尼斯*	Johannes, J	
约翰·劳	John Law	1671—1729 年，苏格兰经济学家，曾任法国财政大臣
约翰逊	Johnson, H. G	
朱	Jung	人名
肯德里克*	Kendrick, J. W	
科奥翰内*	Keohane, R. O	
凯恩斯	Keynes, J. M	1883—1946 年，英国经济学家，20 世纪最著名经济学家之一，现代宏观经济学的奠基人
金德伯格	Kindleberger, C. P	1910—2003 年，美国经济史学家
克莱恩	Klein, B	1962— ，美国经济学家
克莱恩	Klein, M	
克雷宁*	Kregel, J. A	
克莱宁	Kreinin, M. E	
大卫·雷德尔	Laidler, D	
兰萨隆内	Lanzarone, G	
雷赫费尔德*	Lehefeld, R. A	
雷索德*	Lesourd, J. A	
林德贝克*	Lindbeck, A	
林德特	Lindert, P. H	
鲁吉·帕斯尼提	Luigi Pasinetti	人名
鲁吉·斯帕冯塔	Luigi Spaventa	人名
费·鲁兹	Lutz, F. A	
维·鲁兹	Lutz, V	
曼迪森*	Maddison, A	
玛费奥·潘塔里奥尼	Maffeo Pantaleoni	人名
马格拉尼	Magliani	1824—1891 年，意大利金融家，曾任意大利财政部长

中文译名	英文	释义
玛杰拉纳	Majorana, G	
曼基尼	Mancini, M	
曼昆	Mankiw, J. A	1958— ，美国宏观经济学家，哈佛大学教授
马拉尼*	Marani, U	
马科尔迪*	Marcoaldi, F	
马科尼*	Marconi, M	
马里奥·萨辛尼里	Mario Sarcinelli	人名
马特洛*	Martello, T	
马瑟拉	Masera, R. S	
马歇尔	Marshall	1842—1924 年，英国经济学家
麦卡伦姆	Mc Callum	1935— ，美国货币经济学家，卡内基—梅隆大学教授
阿兰·梅尔茨	Meltzer, A. H	1928—2017 年，美国经济学家
蒙格拉里*	Mengarelli, G	
唐纳托·梅尼赫拉	Menichella, D	1896—1984 年，意大利银行家；1948—1960 年，任意大利银行行长
梅萨勒斯	Mesalles, V	
梅耶尔	Meyer, R. H	
米切利*	Michaely, M	
米赛利	Miceli	人名
米克斯*	Micossi, S	
米格恩	Migone, G	
米勒	Miller, H. S	
明那维尼*	Minervini, G	
明福德*	Minford, P	
米隆	Miron, J. A	
米切尔*	Mitchell, B. R	
莫赤*	Mochi, C	

中文译名	英文	释义
莫迪格利安尼	Modigliani, F	1816—2003 年，意大利 - 美国经济学家，麻省理工大学教授；1985 年，诺贝尔经济学家获得者
莫里纳里*	Molinari, A	
蒙兹利	Monzilli, A	
莫瑞奥	Moreau, E	法国经济学家，曾任法兰西银行行长
摩根斯特恩*	Morgenstern, O	
穆勒曼	Muhleman, M	
穆斯卡特里*	Muscatelli, V. A	
墨索里尼	Mussolini	1883—1945 年，意大利政治家；1922—1943 年，任意大利总理
纳比里	Nabli, N	
内格利	Negri, G	
纽曼	Neumann, M. J. M	
纽克斯*	Nurkse, R	
奥费瑟	Officer, L. H	
奥利维提	Olivetti	人名
奥尼达	Onida, F	
玛费奥·潘塔里奥尼	Pantaleoni, M	1857—1924 年，意大利经济学家和银行家，曾任罗马银行行长
潘拉迪西	Paradisi, M	
帕拉托*	Parlato, G	
保罗·萨冯纳	Paolo Savona	人名
保罗·斯洛斯·拉比尼	Paolo Sylos Labini	人名
保罗·萨恩·雷维尔	Paolo Thaon di Revel	1859—1948 年，意大利海军将领和政治家，曾任意大利财政部长和参议院议长
保罗·德·格拉奥维	Paul de Grauwe	1946— ，比利时经济学家
潘纳提	Penati, A	

中文译名	英文	释义
皮格	Piga, G	
普莱提	Prati	
普莱斯*	Price, R. W. R	
普特曼	Putnam, R. D	
拉弗·冯亚	Ralph Vonghia	人名
拉斯赫*	Rasche, R	
拉斯	Rasi, G	
雷格奥卡拉布利亚	Reggio Calabria	地名，位于意大利南部
雷纳托·德·玛蒂亚	Renato de Mattia	人名
雷帕茨	Repaci, F. A	
雷	Rey, G. M	
理查德·斯拉	Richard Sylla	人名
里帕·迪·米纳	Ripa di Meana, A	
洛宾斯*	Robbins, L	
洛林克*	Rolinck, A. J	
洛马内利	Romanelli	人名
罗萨*	Rosa, G	
罗思*	Rossi. C	
罗森拉德	Rozenraad, Z	
萨克斯*	Sachs, J	
萨阿迪*	Saidi, N	
圣·艾提恩	Saint – Etienne, C	
萨努茨	Sannucci, V	
萨塞尼里	Sarcinelli, M	
萨文纳	Savona, P	
舒赫	Schor, J. B	
安娜·舒瓦茨	Schwartz, A. J	1915—2012 年，美国经济学家
斯克司马洛	Scoccimarro	意大利政治家，曾任金融部部长
希拉	Sella	人名
斯克司马洛	Scoccimarro	人名
辛普森	Simpson, B	

中文译名	英文	释义
斯密德*	Smid, A	
斯蒂兹亚	Sitzia	人名
斯缪·布瑞坦	Smuel Brittan	
索特哈德*	Southard, F. A	
斯帕法塔	Spaventa, A	
弗兰克·斯宾里尼	Spinelli, F	本书作者之一
斯拉法*	Sraffa, P	
斯特凡诺·米克斯	Stefano Micossi	人名
斯特恩*	Stern, R. M	
斯特林赫尔	Stringher, B	
萨默斯	Summers, L	1954— ，美国经济学家，曾任世界银行副行长、美国财政部长和哈佛大学校长
苏皮诺	Supino, C	
斯沃博达*	Swoboda, A. K	
塔贝里尼*	Tabellini, G	
塔格里阿卡恩	Tagliacarne, G	
塔拉恩特里*	Tarantelli, E	
塔丁尼	Tardini, P	
塔斯卡*	Tasca, A	
塔塔拉	Tattara, G	
萨奥·迪·瑞弗尔*	Thaon di Revel, P	
托马斯·梅尔	Thomas Mayer	人名
托尼奥罗	Toniolo, G	
托索*	Toso, L	
特里芬	Triffin, R	1911—1993 年，美国经济学家，提出了著名的"特里芬难题"
特拉皮诺	Trupiano, G	
图里奥	Tullio, G	
图龙尼	Turroni	人名

中文译名	英文	释义
维阿里*	Valli, V	
冯·雅波斯里*	van Ypersele, J	
菲戈*	Verga, G	
维那	Viner, J	
维斯马拉*	Vismara, D	
维塔勒	Vitale, E	
维托·坦兹	Vito Tanzi	人名
弗皮·迪·米斯舒拉塔	Volpi di Misurata	人名
沃里皮	Volpi, G	1877—1947 年，意大利企业家和政治家，曾任意大利财政部长
朱根·冯·哈根	van Hagen, J	
韦伯*	Weber, W. E	
威尔	Weil, D. J	
怀特	White, H	
威利斯	Willis, H	
伍德	Wood, G. E	
威普洛斯	Wyplosz, C	
雅格	Yeager, L. B	
扎阿马格尼	Zamagni, V	

注释：*表示该作者名字仅在引文中出现。

四、货币名称对照表

中文译名	英文	释义
达卡提	ducati	意大利统一前的地方货币名称
弗瑞尼	fiorini	意大利统一前的地方货币名称
斯库多	Scudo	意大利统一前的地方货币名称
托斯坎	tuscan	意大利统一前的地方货币名称